修學引導叢書 8

學著做菩薩

《瑜伽菩薩戒品》講記

濟群法師——著

目次

緒論

菩薩戒是為菩薩道修行服務的，對大乘行者來說，正確認識菩薩戒非常重要。和聲聞戒相比，菩薩戒在深度、廣度上有很大差別。聲聞戒主要制身口二業，菩薩戒不僅制身口，同時還要制心。用心不對，起心動念中就會犯戒。此外，聲聞戒屬於攝律儀戒，重點在於止惡。而菩薩戒包括三聚淨戒，不僅要止息惡行，還要積極行善，所以除了攝律儀戒，還有**攝善法戒**和**饒益有情戒**。其中，攝善法戒是關於如何修習善行的規定，饒益有情戒是關於如何利益眾生的規定，在內容上比聲聞戒更廣泛。從受持時間來說，聲聞戒的有效期是盡形壽，即「盡形壽不殺生，盡形壽不偷盜」等，而菩薩戒是要盡未來際地斷惡修善，自利利他。

漢傳佛教屬於大乘，不僅要重視聲聞別解脫戒，還要遵循菩薩戒。出家人受戒時，往往沙彌戒、比丘戒、菩薩戒一起受，即三壇大戒。對在家居士來說，通常是先受五戒、八戒等別解脫戒，在此基礎上，才有資格進一步受菩薩戒。

那麼，菩薩和聲聞的最大區別在哪裡？或者說，菩薩道和解脫道修行的最大區別在哪裡？其實，不論解脫道也好，菩薩道也好，都是生命覺醒之道，都在完成覺醒的修行。不同在於，聲聞偏向個人解脫，最高目標是證悟阿羅漢果，入無餘涅槃，重在自利。而菩薩不僅要自己解脫，還要帶領一切眾生共同解脫。

在今天這個時代，我們會面對三大語系、不同宗派的教義，容易眼花繚亂，莫衷一是。但從解脫道和菩薩道的高度來認識，整個佛教就變得簡單了。因為所有的宗派、法門，不外乎解脫道和菩薩道，聲聞需要解脫，菩薩同樣需要解脫；念佛需要解脫，修禪同樣需要解脫。有人認為菩薩不需要嚮往涅槃、厭離生死，這是不對的。如果沒有斷除生命中的迷惑和煩惱，就會成為自身難保的泥菩薩。所以說，解脫能力是聲聞和菩薩行者必須具備的。這也是菩薩在輪迴中救度眾生而不沉迷的資本。否則，自利尚且很難，遑論利他？

此外，菩薩和聲聞的根本區別就是菩提心，這是大乘佛教的不共思想。從究竟意義上說，菩提心就是覺醒的心，發菩提心就是開發覺醒的心。認識到覺醒對生命的重大價值，我們要以發菩提心作為人生目標。

一、菩提心和菩薩行

菩提心包括願菩提心和行菩提心，這兩種屬於世俗菩提心。此外，還有證悟空性後的勝義菩提心。願菩提心就是一種崇高願望，以利益一切眾生、幫助眾生解除輪迴痛苦為目標。《瑜伽師地論·菩薩地·發心品》說：「又諸菩薩起正願心求菩提時，發如是心，說如是言：願我決定當證無上正等菩提，能作有情一切義利，畢竟安處究竟涅槃及以如來廣大智中。如是發心定自希求無上菩提，及求能作有情義利，是故發心以定希求為其行相。」可見，發心就是一種希求，一種意願。菩薩行者以智慧觀察生命，認識到菩提心是最有價值的心理，選擇並確定這一發心。

從世俗菩提心而言，發心表現為自利和利他兩個面向，一是我要成就無上菩提，圓滿開發覺醒的心；二是我要利益眾生，幫助眾生解除輪迴，共同覺醒。從勝義菩提心層面，則是《金剛經》所說的「如是滅度無量無邊眾生，實無眾生得滅度者」，超越自他一切分別。

發起願菩提心之後，接著是行菩薩行。相關內容，大乘經論有諸多記載。那麼，如何使菩薩行更有效，使願心真正落到實處？基於這一需要，就形成了菩薩戒，以戒律對菩薩的行為作出規定。因為出處不同，所以菩薩戒有多個版本。有的源於大乘經典，如出自《梵網經》的「梵網菩薩戒」，以及出自《瓔珞菩薩戒經》、《優婆塞戒經》的菩薩戒。我們現在學習的「瑜伽菩薩戒」，出自大乘論典《瑜伽師地論》。

菩提心、菩薩行和空性見，是大乘菩薩道的三大內涵。其中，又以菩提心為核心，這是崇高的利他主義願望，是積極入世，幫助眾生解除輪迴痛苦，引導眾生走向覺醒的精神。

漢傳佛教雖然屬於大乘，但這種精神並沒有得到很好的弘揚。很多人受了菩薩戒，但我們問問自己：是不是發起了菩提心？具備了菩薩的慈悲情懷？現實的佛教徒中，從出家眾到在家眾，這種精神並沒有真正得到體現。從社會民眾的觀感來說，多半覺得學佛人消極避世，佛教對社會沒什麼作用。為什麼有這些看法？關鍵在於我們沒有做好，沒能把大乘精神弘揚出來，以菩薩的發心和行為要求自己，把菩薩品質變成自身人格。

更遺憾的是，這不是個別情況，而是整個教界的普遍現象。原因固然很多，如歷史、社會、文化背景等。但最根本的，是對菩提心認識不足。在印度傳統中，菩薩行者在受菩薩戒之前，必須先受菩提心戒。《瑜伽師地論》、《顯揚聖教論》都說到：如果發起菩提心，就要找一位菩薩行者為戒和尚，由他作證，對十方三寶和一切眾生宣誓，確定以成就無上菩提、利益一切眾生作為自己盡未來際的使命。這個誓言非常重要。

第一章　總頌

云何菩薩戒波羅蜜多？嗢柁南曰：自性、一切、難、一切門、善士、一切種、遂求、二世樂、清淨。如是九種相，是名略說戒。謂九種相戒，名為菩薩戒波羅蜜多。一自性戒，二一切戒，三難行戒，四一切門戒，五善士戒，六一切種戒，七遂求戒，八此世他世樂戒，九清淨戒。

《瑜伽師地論》的特點，是講述一個內容前會有總頌，以簡練的偈頌，把要表達的義理概括出來。「云何菩薩戒波羅蜜多？」戒波羅蜜多，即通過持戒修行抵達彼岸，成就無上菩提。換言之，和無上菩提相應的戒，才能稱為戒波羅蜜多，否則就不能稱為戒波羅蜜多。什麼是菩薩的戒波羅蜜多？

「嗢柁南曰。」嗢柁南是偈頌，用簡明的語言，含攝豐富的義理。

「自性、一切、難、一切門、善士、一切種、遂求、二世樂、清淨。」這裡包括九層含義，所以按內容把文字點斷了。如果用偈頌的形式表現，就是「自性一切難，一切門善士，一切種遂求，二世樂清淨」。

「如是九種相，是名略說戒。謂九種相戒，名為菩薩戒波羅蜜多。」《瑜伽師地論》中，通過九種相來說明菩薩戒的內涵，引導我們完整、深入地認識菩薩戒。接下來整個這一品，都是圍繞對九種相的解釋，但我們在科判上，並不是完全按九種相的並列關係來說明，而是根據其重點，將九種相分為三個方面。

第一是自性戒，體現菩薩戒的自體，即菩薩戒的內涵包含哪幾方面。

第二是一切戒，是菩薩戒含攝的一切內容，這是整個《戒品》的關鍵所在。我們了解菩薩戒，重點是從一切戒去認識，主要有三聚淨戒、四重四十三輕。

第三到第九為難行戒、一切門戒、善士戒、一切種戒、遂求戒、此世他世樂戒、清淨戒，這七種相是從不同角度說明戒的差別。這裡只是簡單介紹，接下來會對每個內容作詳細說明，比如難行戒有幾個方面，為什麼叫難行戒等等。

第二章　自性戒

第一節　自性略標

所謂自性戒，是菩薩戒的自體和內涵：菩薩戒到底有什麼特點？由哪些方面組成？《戒品》中，從「功德數量、功德所作、此諸功德因果道理、德數決定」四個方面加以說明。

一、功德數量

云何菩薩自性戒？謂若略說，具四功德，當知是名菩薩自性戒。何等為四？一從他正受，二善淨意樂，三犯已還淨，四深敬專念，無有違犯。

「云何菩薩自性戒？」自性就是自體。唯識講到每個法時，都會闡明它的體和用，即法的自體是什麼？作用是什麼？我們學過《百法》，對這一點應該很清楚。現在講到菩薩戒，同樣要認識它的自體和內涵。怎麼去認識？

「謂若略說，具四功德，當知是名菩薩自性戒。」簡單地說，菩薩戒的自體具備四個要素。這不是一般的要素，而是善的，可以使我們完成菩薩道修行的要素，又稱四種功德。由此可以認識菩薩戒的內涵，叫作菩薩自性戒。

「何等為四？」菩薩戒到底由哪四種要素組成？

「一從他正受。」第一是受戒。通常情況下，我們需要找到一位菩薩行者作為戒師，在他的見證下受戒。雖然菩薩戒可以自誓受，但這是沒有戒師時所開的方便。如果可以找到戒師，還是要「從他正受」。這是我們成為菩薩行者、獲得菩薩戒體的首要條件。

「二善淨意樂。」我們受戒時，必須對菩薩戒和菩薩道修行具足信心，而且是善的、沒有染汙的清淨信心，確定以成就無上菩提、利益一切眾生為目標。這種正確發心，是我們獲得戒體的根本。善淨意樂中，包含我們對大乘三寶的信心，以及求受菩薩戒的崇高意願。

「三犯已還淨。」作為凡夫來說，因為無始以來的貪嗔痴慢疑，難免會犯戒，使內心被煩惱染汙。這就必須通過真誠、如法的懺悔，恢復菩薩身分。所謂懺悔則清淨，懺悔則安樂。

「四深敬專念，無有違犯。」受戒之後，怎麼才能認真持戒，無有違犯？關鍵是對戒生起尊重、恭敬之心，將此當作身口意的最高準則。如果你對戒有這樣一份敬重，從受戒開始，就能保有持戒的正念。所謂持戒的正念，就是受戒後不斷串習，熟悉四重四十三輕的條文，並把心安住在這些規範上，處處以菩薩戒要求自己，戰戰兢兢，如履薄冰。這樣做的時候，就不會在有意無意中犯戒。

這是構成菩薩戒的四個部分。

二、功德所作

由諸菩薩從他正受故，於所學戒若有違犯，即外觀他，深生愧恥。由諸菩薩善淨意樂故，於所學戒若有違犯，即內自顧，深起慚羞。由諸菩薩於諸學處犯已還淨、深敬專念初無違犯二因緣故，離諸惡作。如是菩薩從他正受，善淨意樂為依止故，生起慚愧。由慚愧故，能善防護所受尸羅。

由善防護所受戒故，離諸惡作。

以上四種內涵，對菩薩戒的實踐有什麼意義？為什麼說它是四種功德？作用究竟在哪裡？

「由諸菩薩從他正受故，於所學戒若有違犯，即外觀他，深生愧恥。」菩薩戒是從他正受，需要有戒師為我們授戒，還要祈請十方諸佛菩薩作證。如果我們在實踐菩薩戒的過程中，因為無法戰勝煩惱而犯戒，此時想到戒和尚和十方三寶的見證，就會生起深深的慚愧之心，發願改過。這是外在力量對我們的約束。

「由諸菩薩善淨意樂故，於所學戒若有違犯，即內自顧，深起慚羞。」菩薩行者以善淨意樂受戒，其中包含對十方三寶的信心，以及「我要成就無上菩提、利益一切眾生」的崇高願望。所以發菩提心之後，對自己是有定位、有標準、有要求的。一旦被無明、煩惱戰勝而犯戒，就是違背了這種崇高意願。我們想到曾經的發心和定位，就會生起深深的羞恥之心，發願戰勝煩惱。這是內在意樂對我們的作用。如果一個人對自己沒有定位、標準和要求，踩著西瓜皮，滑到哪裡算哪裡，是很麻煩的。現代社會正是因為缺乏這些規範，人們就會隨著自我感覺，為所欲為，既沒有道德底線，也不感到羞恥，怎麼能改過自新呢？

前面介紹了菩薩行者受戒中的兩個因素。接著，介紹後兩個因素對持戒修行的重要性。

「由諸菩薩於諸學處犯已還淨、深敬專念初無違犯二因緣故，離諸惡作。」學處，就是戒相。我們要嚴格遵循菩薩的行為規範，一旦違背戒相，就要迅速懺悔，使身心恢復清淨。同時還要對所受戒律深深地尊重、恭敬，讓自己對持戒保持正念，絕不違犯。因為這兩種因緣，使菩薩行者能遠離犯戒。所謂惡作，即不善、犯戒的行為，其中還有故意的成分。

這兩點都很重要，不僅要在犯戒後及時懺悔，還要對持戒保持正念，不再違犯。每種煩惱和行為都是積累而成的，比如貪嗔痴、殺盜淫妄，經過不斷重複，力量會越來越強大。社會上的人因為沒有戒的約束，會在不知不覺中縱容欲望，使不良串習瘋狂增長，積重難返。對於菩薩行者來說，如果在犯戒後立刻懺悔，就會阻止不善心行的積累。否則，這種積累將形成心理力量，使我們在未來不斷犯戒。另一方面，我們還要強化持戒的觀念，不斷防非止惡，讓內在戒體日益強大，這樣就越來越不容易犯戒。

「如是菩薩從他正受，善淨意樂為依止故，生起慚愧。」菩薩行者對三寶具足信心，以正確發心和崇高意願為依止，從戒師那裡獲得戒體。因為具備這些前提，一旦犯戒，就能生起羞恥心和慚愧心。

「由慚愧故，能善防護所受尸羅。」慚愧是我們生起善法、保有人身、學做菩薩的基礎。儒家認為，羞恥心是人不同於禽獸的關鍵，由此才會成為合格的人。佛法認為，有慚有愧則有善法。因為懂得羞恥和慚愧，我們才能防護並踐行所受的戒。

「由善防護所受戒故，離諸惡作。」因為認真防護、努力實踐所受的戒，我們就能遠離一切惡作，遠離一切犯戒行為。

三、此諸功德因果道理

> 又於是中，從他正受，善淨意樂，此二是法。犯已還淨，深敬專念，無有違犯，此二是前二法所引。

前面講到，菩薩戒由四個因素構成，這裡說明它們之間的關係。

「又於是中，從他正受，善淨意樂，此二是法。」在四個因素中，從他正受和善淨意樂屬於受戒的法，是我們受戒時應該具備的內外兩種因素。我們學習《行事鈔》時講到受比丘戒的條件，為「能受有五、所對有六、發心乞戒、心境相當、事成究竟」。受菩薩戒相對簡單，這兩點是指能受和所受。從他正受是所受，即外在因素；善淨意樂是能受，即受戒者自身必須具備的心理因素。

「犯已還淨，深敬專念，無有違犯，此二是前二法所引。」此外，犯戒後要及時懺悔，恢復清淨；同時對所受的戒深生敬重，時時憶念，絕不違犯。這兩點是建立在前兩個因素的基礎上，因為你受了戒，才談得上持戒，以及犯戒後的懺悔。

四、德數決定

又於是中，從他正受，善淨意樂，深敬專念，無有違犯。由此三法，應知能令不毀菩薩所受淨戒。犯已還淨，由此一法，應知能令犯已還出。

德數決定，說明菩薩戒為什麼由四個因素組成。因為它們能完整表達菩薩戒的內容，不需要多，但也不能少。

「又於是中，從他正受，善淨意樂，深敬專念，無有違犯。由此三法，應知能令不毀菩薩所受淨戒。」

我們受菩薩戒，如果能具備四個因素中的三點，一是從他正受，二是善淨意樂，三是深敬專念，無有違犯，這樣就能如法受戒，而且不毀犯所受淨戒。

「犯已還淨，由此一法，應知能令犯已還出。」一個人要做到徹底不犯戒，是很不容易的。萬一犯戒，只要迅速懺悔，就可以使戒體恢復清淨。所以犯已還淨這一法，能使犯戒者找到出路，通過懺悔恢復清淨的菩薩身分。

第二節　戒的殊勝

關於菩薩戒的殊勝，本論從「妙善、無量、饒益、大果勝利」四個方面加以說明。

一、妙善

如是菩薩具四功德自性尸羅，應知即是妙善淨戒。正受隨學，能利自他，利益安樂無量眾生，哀愍世間諸天人等，令得義利、利益安樂故。

「如是菩薩具四功德自性尸羅，應知即是妙善淨戒。」第一點殊勝，完整具備四種功德的菩薩戒，可稱為妙善淨戒。何以為妙？因為此戒能幫助我們遠離自他憂惱。戒又稱尸羅，為清涼義，能遠離熱惱。聲聞戒重點在於止惡，尚且能遠離熱惱，而菩薩戒是三聚淨戒，功用更大，不僅可以使自己遠離熱惱，還能令無量眾生遠離熱惱，生起種種善行，可謂又妙又善。

「正受隨學。」我們看到菩薩戒的利益，如法受持菩薩戒，獲得戒體，關鍵還要隨行隨學，按菩薩戒的行為標準要求自己。我們知道，沙彌戒是打造沙彌人格的規範，比丘戒是打造比丘人格的規範，而菩薩戒則是打造菩薩人格的規範。學做菩薩不是一句空話，是有具體規範的，符合這個標準，才能成為合格的菩薩。

「能利自他，利益安樂無量眾生。」菩提心是以一切眾生為所緣對象。我們受持菩薩戒，用菩薩的行為標準規範自己，這樣做的時候，不僅能利益自己，還能利益一切眾生。因為菩薩戒是三聚淨戒，攝律儀戒和攝善法戒的重點是利益自己，饒益有情戒的重點是利益眾生。所以我們在踐行菩薩戒的過程中，可以給無量眾生帶去利益和安樂。其中，利益包括暫時和究竟兩種。引導眾生走上人天善道，是暫時的利益；引導眾生走向解脫之道，是究竟的利益。從安樂的角度，也有暫時和究竟兩種。幫助眾生獲得人天果報，是暫時的安樂；幫助眾生證悟涅槃，成就無上菩提，是究竟的安樂。

「哀愍世間諸天人等，令得義利、利益安樂故。」同時還以悲心哀愍六道一切眾生，包括世人乃至天人，給他們帶去種種利益和安樂。

總之，菩薩戒具有妙善的殊勝，能給自他帶來無限利益，妙不可言。

二、無量

應知即是無量淨戒，攝受無量菩薩所學故。

「應知即是無量淨戒，攝受無量菩薩所學故。」第二點殊勝，是菩薩戒含攝之廣，無量無邊。三聚淨戒不只是四重四十三輕，這些只是其中的代表，真正的菩薩戒可以攝受菩薩所學的無量法門。換言之，菩薩需要修學的一切法門都沒有離開三聚淨戒。

三、饒益

應知即是饒益一切有情淨戒，現前能作一切有情利益安樂故。

「應知即是饒益一切有情淨戒，現前能作一切有情利益安樂故。」第三點殊勝，受持菩薩戒的當下，就能給一切有情帶去利益和安樂。關於這一點，前面已經作了說明。聲聞戒是偏向自我解脫的戒律，菩薩戒不僅有側重自利的攝律儀戒、攝善法戒，還有側重利他的饒益有情戒。受持菩薩戒，就是向十方三世諸佛菩薩及一切有情宣誓：我發願盡未來際地利益眾生。

四、大果勝利

應知即是能獲大果勝利淨戒，攝受隨與無上正等菩提果故，是名菩薩自性戒。

「應知即是能獲大果勝利淨戒，攝受隨與無上正等菩提果故。」第四點殊勝，通過受持菩薩自性戒，能獲得大果勝利。所謂大果勝利，就是幫助我們成就無上菩提。也就是說，菩薩戒是導向成佛的戒律。

「是名菩薩自性戒。」以上，是菩薩自性戒具有的四種殊勝。如果我們依此實踐，將成就妙善、無量、饒益和大果勝利。

第三章　一切戒

一切戒，總的介紹菩薩戒的全部內容，重點是三聚淨戒。此外還講到菩薩戒的受戒和戒相，即四重四十三輕。這一部分是我們學習菩薩戒的核心。

第一節　釋所受戒——三聚淨戒

一、戒的差別

云何菩薩一切戒？謂菩薩戒略有二種：一在家分戒，二出家分戒，是名一切戒。又即依此在家、出家二分淨戒，略說三種：一律儀戒，二攝善法戒，三饒益有情戒。

「云何菩薩一切戒？」一切戒指什麼？這部分說明戒的差別分類，即菩薩戒到底由哪幾部分組成。「謂菩薩戒略有二種：一在家分戒，二出家分戒，是名一切戒。」如果對菩薩戒作一個簡單區分，可以根據戒子的身分分為兩種。我們知道，佛弟子有在家眾和出家眾之分。在家眾受菩薩戒，稱為在家分戒；出家眾受菩薩戒，稱為出家分戒。二者的主要區別，在於學人之前所受的別解脫戒是什麼。總之，在家戒和出家戒總稱為一切戒。

別解脫戒共七種，分別對應七種不同身分。其中在家有兩種，即優婆塞戒、優婆夷戒（又稱近事男戒、近事女戒），以所受在家別解脫戒為基礎，再來受菩薩戒，屬於在家分戒。出家戒有五種，分別是沙彌戒、沙彌尼戒（又稱勤策男戒、勤策女戒）、式叉摩那戒（又稱正學女戒）、比丘戒、比丘尼戒。如果受了出家別解脫戒，再來受菩薩戒，就屬於出家分戒。

雖然同樣是受瑜伽菩薩戒，但因為身分不同，對有些戒的開遮也不一樣。比如瑜伽菩薩戒講到，在特殊情況下，菩薩甚至可以開淫戒，但只有在家菩薩可以開，出家菩薩必須防護聲聞律儀，是絕對不能開的。

「又即依此在家、出家二分淨戒，略說三種：一律儀戒，二攝善法戒，三饒益有情戒。」在家和出家二分淨戒是根據所受別解脫戒作為區分，戒相本身並沒有差別，都是四重四十三輕。其中，又根據內容分為三聚淨戒，這是普遍且清晰的區分。所謂聚，就是把相同內容彙聚一處。第一，將有關別解脫戒的內容彙聚起來，為攝律儀戒；第二，將有關修習善法的內容彙聚起來，為攝善法戒；第三，將有關饒益有情的內容彙聚起來，為饒益有情戒。

從菩薩道修行來說，三聚淨戒的安立非常完整。菩薩要完成兩項修行，一是自成熟，自己通過修行走向覺醒；一是他成熟，幫助一切眾生走向覺醒。通過攝律儀戒和攝善法戒，可以完成自成熟的修行；通過饒益有情戒，可以完成他成熟的修行。所以三聚淨戒含攝了自利利他、自覺覺他的各個項目。

從修行次第說，三聚淨戒的安排也很合理。在菩薩的修行中，從止惡到修善，從自度到度他，從自己成就解脫到引導眾生成就解脫，有一個相對的次第，三聚淨戒正是建立在這樣的先後次第上。

第一是攝律儀戒，偏向止惡，通過阻止外在不善行，進一步調伏六根，調伏三業，阻止內在的貪嗔痴，斷除殺盜淫妄等不善行。第二是攝善法戒，在菩薩道修行中，所修一切善法都屬於攝善法戒的範疇。但如果沒有止惡，我們的很多善行往往會夾雜不善。只有在止惡的基礎上，所修善行才是清淨、如法的。

第三是饒益有情戒，因為攝律儀戒和攝善法戒主要偏向自度自修，作為菩薩行者，還要通過饒益有情戒，進一步利益眾生。

二、戒的自性

前面已經介紹攝律儀戒、攝善法戒、饒益有情戒的名稱，接著分別對三聚淨戒作詳細闡述。

1・攝律儀戒

律儀戒者，謂諸菩薩所受七眾別解脫律儀，即是苾芻戒、苾芻尼戒、正學戒、勤策男戒、勤策女戒、近事男戒、近事女戒。如是七種，依止在家、出家二分。如應當知，是名菩薩律儀戒。

首先說明攝律儀戒的內涵是什麼。

「律儀戒者，謂諸菩薩所受七眾別解脫律儀。」攝律儀戒，是指菩薩所受的七眾別解脫律儀，即在家、出家的七種身分。

「即是苾芻戒、苾芻尼戒。」苾芻是玄奘三藏的翻譯，傳統的翻譯為比丘、比丘尼，有淨乞食、破煩惱、淨持戒、能怖魔等義。又說苾芻為西域之吉祥草，以此比喻比丘、比丘尼的功德。苾芻戒、苾芻尼戒，即比丘、比丘尼受持的戒律。

「正學戒。」正學戒，又稱式叉摩那尼戒。沙彌尼在受具足戒之前，必須用兩年時間學習如何成為比丘尼。這一階段所受的戒為正學戒。漢地有些持戒道場中，依然保留了這一傳統。

「勤策男戒、勤策女戒。」這也是玄奘三藏的翻譯，屬於意譯。因為沙彌要不斷接受比丘的教導和策勵，所以稱為勤策。通常所說的沙彌、沙彌尼，則是音譯。

「近事男戒、近事女戒。」即優婆塞戒、優婆夷戒。為了更好地修學佛法，在家二眾需時常親近、奉事三寶，故稱「近事」。

「如是七種，依止在家、出家二分。」以上所說的七種，主要依在家、出家的不同身分分為兩類，前五種為出家戒，後二種為在家戒。

「如應當知，是名菩薩律儀戒。」菩薩律儀戒是建立在七眾別解脫戒的基礎上，從這個意義上說，七眾別解脫戒也屬於菩薩戒的一部分。

這就涉及一個問題：聲聞別解脫戒能不能等同於菩薩律儀戒呢？事實上，二者的要求及廣度、深度都有區別，並不能完全等同。從範圍上，聲聞戒重點制身和口，菩薩戒還進一步制心；從戒體上，聲聞戒是盡形壽，菩薩戒是盡未來際；從發心上，聲聞行者只需要發出離心，菩薩行者必須以利益一切眾生為使命。雖然別解脫戒是菩薩律儀戒的一分，也是菩薩戒建立的基礎，但菩薩律儀戒的內涵會更深廣。

2．攝善法戒

第一，略標

攝善法戒者，謂諸菩薩受律儀戒後，所有一切為大菩提，由身語意積集諸善，總說名為攝善法戒。

接著介紹攝善法戒。

「攝善法戒者，謂諸菩薩受律儀戒後，所有一切為大菩提，由身語意積集諸善，總說名為攝善法戒。」所謂攝善法戒，含攝了菩薩道修行的一切善法。菩薩受持律儀戒之後，他所做的一切，都是為了成就無上佛果。由身語意三業積集的一切善行，總的稱為攝善法戒。

那麼，菩薩在成就無上佛果的過程中，究竟要修習哪些善法呢？《戒品》講到八個方面。

第二，廣釋分八

以下，從「發生三慧、於殊勝田積集資糧、隨喜功德及有德者、習近堪忍、迴向發願、供養三寶、修不放逸、修資糧道所依之善」八個方面，說明攝善法戒的內涵。

．發生三慧

此復云何？謂諸菩薩依戒住戒，於聞、於思、於修止觀、於樂獨處精勤修學。

首先是修習三慧，即聞慧、思慧、修慧。

「此復云何？謂諸菩薩依戒住戒，於聞、於思、於修止觀、於樂獨處精勤修學。」受持菩薩戒的行者，以菩薩戒作為行為準則，安住於菩薩戒，絕不捨棄。在此基礎上，菩薩還要聽聞大乘經教，如理思惟，並進一步修習止觀，對聞思的教理加以實踐，將此轉化為自己的正見、正知、正念，而不是停留在理論和說法上。這是修行的關鍵所在。作為菩薩來說，還要喜歡獨處，有助於精進地修習止觀。雖然菩薩要以利他為使命，但必須具備相應的能力，所以在修行之初，還是要有一定時期的獨處靜修。

總之，菩薩要在持戒的基礎上，進一步導向定和慧。無上菩提的核心，就是生命內在的覺醒智慧，而開發智慧離不開聞思，離不開止觀。所以戒定慧是善法之本。

・於殊勝田積集資糧

如是時時於諸尊長，精勤修習合掌、起迎、問訊、禮拜、恭敬之業，即於尊長勤修敬事。於疾病者，悲愍、殷重、瞻侍、供給。

其次是積集資糧。修行離不開資糧，菩薩行者要成就無上菩提，更要在殊勝福田中積累成佛資糧，包括敬田、恩田和悲田。

「如是時時於諸尊長，精勤修習合掌、起迎、問訊、禮拜、恭敬之業，即於尊長勤修敬事。」諸尊長，包括父母，以及教導我們修學佛法的師長，屬於恩田和敬田。見到這些有恩有德的尊長，我們要合掌以示敬意，還要起身迎接，並且問訊、禮拜、恭敬承事。這個過程既是修恭敬心，也在積累成佛資糧。同時，不是修一次兩次，而要時時刻刻地修，精進不懈地修。

「於疾病者，悲愍、殷重、瞻侍、供給。」疾病者是悲田。對於這些人，我們要心生悲憫，盡心盡力地看望、侍奉他們，為他們提供生活和治療所需。這一點，首先要從自己身邊做起，看到同學、師長、常住僧眾病了，要以慈悲心去照顧他們。

・隨喜功德及有德者

於諸妙說，施以善哉；於有功德補特伽羅，真誠讚美；於十方界一切有情一切福業，以勝意樂，起淨信心，發言隨喜。

第三是隨喜功德。這是讓心開放的妙法，也是積集資糧的捷徑。「於諸妙說，施以善哉。」我們聽到法師宣說正法，或是聽到有人討論法義，說得很精采，可以給人啟迪，引導人們轉迷為悟，就要真誠地隨喜讚歎。這是一種非常好的品行和修行。「於有功德補特伽羅，真誠讚美。」補特伽羅，就是有情。對於身邊有德行的人，比如有些人對三寶具足信心，或是持戒精嚴，或是教理通達，或是禪修修得很好，只要對方有某方面的德行，我們都要發自內心地真誠讚美，見賢思齊。

「於十方界一切有情一切福業，以勝意樂，起淨信心，發言隨喜。」我們不僅要隨喜身邊的有德者，同時還要以開闊的心量，對十方世界一切有情所做的善事，以非常強大的意樂和清淨心去隨喜他們、讚歎他們。這也是《普賢行願品》的修行原理。普賢菩薩的隨喜功德，不僅對諸佛菩薩、十方聖賢的所有成就真誠隨喜，同時對法界一切有情所做的一絲一毫的善行，都要真誠隨喜。隨喜是攝善法戒的重要內容，也是作為菩薩必須具備的素養。

·習近堪忍

於他所作一切違犯，思擇安忍。

第四，要學習並培養堪忍的能力。忍辱是六度之一，也是菩薩必須具備的素養。《瑜伽師地論·菩薩地·忍辱品》中，對菩薩應該如何修習忍辱講得非常詳細。

「於他所作一切違犯，思擇安忍。」違犯，包括別人對你的一切傷害，不管是利益受損，還是被強權侵害，或是遭受誹謗和人身攻擊，我們都要以智慧面對，安然接納。為什麼要思擇安忍？因為我們雖然受了菩薩戒，但目前還是凡夫，面對他人的攻擊，並不容易接納並忍耐，可能嗔心馬上就被調動起來，此時就要做一些觀想。

《瑜伽師地論》說到幾種思路。**無我想**，思惟一切有情都是無我的，既然無我，誰傷害誰呢？**親善想**，思惟在無盡輪迴中，一切眾生都和我們有過父母兄弟姐妹的關係，既然曾經是親人，有什麼可計較的呢？**苦想**，思惟眾生本來就深陷煩惱，身不由己，我們不要再給他增加痛苦了。因為真正傷害我們的不是他，而是他的煩惱，其實他自己也是煩惱的受害者。同時還要想到，我們追求無上菩提，所有眾生都是自己發願幫助和救度的對象，難道還能對他們生氣嗎？

當我們面對逆境時，經過這樣一系列觀想，就可以用智慧化解問題。此時不需要強硬地忍耐，就能平靜地接受，甚至覺得沒什麼需要忍耐的。所以真正的忍辱不是強忍，而是以智慧處理對境。

・迴向發願

以身語意已作、未作一切善根，迴向無上正等菩提，時時發起種種正願。

「以身語意已作、未作一切善根，迴向無上正等菩提，時時發起種種正願。」作為菩薩行者，對身語意三業已作和未作的一切善行，都要迴向無上菩提，時時發起正願，提醒自己——我的生命目標是成就無上菩提，廣度一切眾生。發願是對目標的提醒，迴向則是把所做的一切指向這個目標。只有時時提醒，我們才不會陷入貪嗔痴的不良需求中，不會偏離修行目標，同時不斷強化這個目標。所以我們每天學習結束，包括做任何善行，都要如法迴向。

此外，還要時時發起正願。《瑜伽師地論》講到五種、十種，無非是兩個指向，一是**成就無上菩提**，二是**利益一切眾生**，所有願望都要指向這兩點。發願非常重要，十方諸佛菩薩，以及我們熟悉的阿彌陀佛、藥師琉璃光如來、地藏菩薩、觀音菩薩，每位佛菩薩在因地修行時都曾發起宏誓偉願，依此修行，才能最終成就佛果。

所以我們首先要明確，自己是菩薩道行者，給自己一個準確的定位。接下來學習瑜伽菩薩戒的時候，就知道這是我們的行為規範。否則可能覺得這是菩薩的戒律，和我沒關係，學了半天和自己聯繫不起來。我覺得，瑜伽菩薩戒的所有規定特別高尚，也特別合情合理。如果我們真正按這樣要求自己，在菩提道上會走得很順利。

・供養三寶

以一切種上妙供具，供佛法僧。

「以一切種上妙供具，供佛法僧。」接下來要修供養，幫助我們培植福田，積累資糧。我們要以各種上妙供具，以殷重心供養佛法僧三寶。當然好不好是相對的，不是說你沒錢也一定要怎樣，每個人可以根據自己的實際條件修供養，關鍵是有虔誠、清淨的供養心。在供養過程中，一方面可以積累資糧，一方面可以使三寶在我們心目中的分量得到強化。

・修不放逸

於諸善品恆常勇猛精進修習，於身語意住不放逸。

「於諸善品恆常勇猛精進修習。」諸善品，主要指菩薩修習的六度四攝。對於這些內容，菩薩要勇猛精進，而且是長時間地勇猛精進。修道如一人與萬人戰，不是你死我活，就是我死你活。當我們面對自身的強大串習、外在的種種誘惑，必須精進不懈，才能保持正知正念。精進中有一條叫披甲精進，就像戰士面對千軍萬馬，如果不勇敢的話，隨時會被對方置於死地。只有身披鎧甲，奮勇無畏，才能所向披靡。從輪迴走向解脫同樣如此，否則很容易被串習左右。所以在走向覺醒的過程中，精進不可或缺。

「於身語意住不放逸。」要讓自己的身語意三業安住在不放逸中。怎麼才能不放逸？關鍵是保持正念，比如把自己安住在戒律上，安住在正念上，不被貪嗔痴左右。

．修資糧道所依之善

於諸學處正念正知，正行防守，密護根門，於食知量，初夜後夜常修覺寤。親近善士，依止善友。於自愆犯，審諦了知，深見過失。既審了知，深見過已。其未犯者，專意護持。其已犯者，於佛菩薩、同法者所至心發露，如法悔除。

這部分所說的，主要是菩薩道的前行，即進入正行之前的基礎。

「於諸學處正念正知，正行防守。」學處即菩薩行者應該遵循的三聚淨戒，對這些內容要保持正念正知。正念是提醒自己依戒實踐，正知是知道「此應作，此不應作」，對哪些屬於持戒的範疇，哪些屬於犯戒的範疇，都要清清楚楚，使所行安住在該做的事情上。這裡的正念正知是從意業來說，正行防守是從身業來說，必須如法持戒。

「密護根門。」時時守護自己的眼耳鼻舌身意六根。我們知道，當六根面對六塵時，很容易引發貪嗔癡。這就必須在根塵接觸的過程中保持智慧觀照，就像守門員一樣，讓煩惱沒有進攻的機會。

「於食知量。」根據身體的實際需要吃飯，對食物不起貪嗔之心，不多吃也不少吃。同時在吃的時候保持覺知，清楚地知道每一次咀嚼，專注於此，讓吃飯成為訓練正念正知的增上緣。

「初夜後夜常修覺寤。」覺，是保持警覺。寤，指清醒的狀態，同悟。佛教中，將一天二十四小時分為晝夜六時。初夜為晚上六點到十點，後夜為凌晨二點到六點。在這些時間還要繼續禪修，即使在中夜睡覺時，也要帶著警覺入眠，繼續保持覺察，這也是一種禪修方式，而不是在睡覺時完全放逸。

「親近善士，依止善友。」修習菩薩道的過程中，我們要選擇身邊的同修道友，親近並依止善知識。這樣才能對自己產生正面影響，提醒、幫助並引導我們如法修行，是重要的增上緣。

「於自愆犯，審諦了知，深見過失。」愆犯，即過失，違犯戒律。從菩薩戒來說，過失包括兩方面，攝律儀戒中，做了不該做的事，是一種犯戒；攝善法戒和饒益有情戒中，應該做的事沒有去做，同樣是犯戒。作為菩薩行者，我們對該做和不該做的要保持覺察，看看自己違犯了沒有。同時要清楚地看到，這些錯誤做法給生命帶來的過患。

「既審了知，深見過已。其未犯者，專意護持。」通過觀察、思惟，深深知道犯戒的過失。對自己尚未違犯的戒條，能專心護持，絕不違犯。

「其已犯者，於佛菩薩、同法者所至心發露，如法悔除。」對已經違犯的戒條，我們要在佛菩薩及共同修習菩薩道的同法者面前，以至誠心坦誠發露，並以如法的方式悔除罪業。

第三，攝義

如是等類，所有引攝、護持、增長諸善法戒，是名菩薩攝善法戒。

「如是等類，所有引攝、護持、增長諸善法戒，是名菩薩攝善法戒。」以上是攝善法戒要做到的八個方面，包含引攝、護持、增長三項功能。引攝是引發和攝受，通過受持這些戒律，可以引發止觀修行，開啟智慧；護持是讓沒有生起的善心善行得以生起，已經生起的善心善行不會失去；增長是讓所修善法增長廣大。在菩薩道修行過程中，具有引攝、護持、增長功能的善法，就屬於攝善法戒。我們應該熟悉這些內容，時常憶念。

3．饒益有情戒

云何菩薩饒益有情戒？當知此戒略有十一相。何等十一？

謂諸菩薩於諸有情能引義利彼彼事業，與作助伴。於諸有情隨所生起疾病等苦，瞻侍病等，亦作助伴。

又諸菩薩依世出世種種義利，能為有情說諸法要，先方便說，先如理說，後令獲得彼彼義利。

又諸菩薩於先有恩諸有情所，善守知恩，隨其所應，現前酬報。

又諸菩薩於墮種種獅子、虎狼、鬼魅、王賊、水火等畏諸有情類，皆能救護，令離如是諸怖畏處。

又諸菩薩於諸喪失財寶、親屬諸有情類，善為開解，令離愁憂。

又諸菩薩於有匱乏資生眾具諸有情類，施與一切資生眾具。

又諸菩薩隨順道理，正與依止，如法御眾。

又諸菩薩隨順世間事務言說，呼召去來，談論慶慰，隨時往赴，從他受取飲食等事。以要言之，遠離一切能引無義違意現行，於所餘事心皆隨轉。

又諸菩薩若隱若露，顯示所有真實功德，令諸有情歡喜進學。

又諸菩薩於有過者，內懷親昵，利益安樂，增上意樂，調伏、呵責、治罰、驅擯，為欲令其出不善處，安置善處。

又諸菩薩以神通力，方便示現那落迦等諸趣等相，令諸有情厭離不善，方便引令入佛聖教，歡喜信樂，生希有心，勤修正行。

接著介紹饒益有情戒。

「云何菩薩饒益有情戒？當知此戒略有十一相。何等十一？」什麼是菩薩的饒益有情戒？因為饒益有情不是一句空話，必須有實際行動，到底有哪些行動？包括哪些方面？《戒品》中以十一相來說明，到底是哪十一種？

第一，與作助伴。菩薩要做眾生的助伴，以此幫助他們。其中包括兩方面，一是協助事業發展，二是救濟困苦眾生。

「謂諸菩薩於諸有情能引義利彼彼事業，與作助伴。」首先是作為有情的事業助伴。那是不是說，眾生從事任何事業，菩薩都要和他們一起做，都要去幫助他們呢？事實上，這個助伴是有前提的，就是能給對方帶來利益。比如世間的正當事業、慈善事業，或出世間的解脫和菩提事業。菩薩看到眾生從事這些有益的事業時，要主動幫助，積極參與。

「於諸有情隨所生起疾病等苦，瞻侍病等，亦作助伴。」此外，菩薩看到眾生身處疾病等痛苦中，尤其是沒人照顧的情況下，要去做瞻病人，看護並幫助他們。

第二，為說法要。菩薩要為眾生宣說佛法，以此饒益對方。雖然佛法的最高境界是無所得，但從世俗意義上說，學佛也是有利益的，包括暫時和永久的利益，世間和出世間的利益。因為菩薩知道眾生不肯做沒利益的事，所以為他們開示種種法要，告訴他們什麼才是真正的利益，如何才能得到世間的暫時利益、生命的永久利益。

「又諸菩薩依世出世種種義利，能為有情說諸法要，先方便說，先如理說，後令獲得彼彼義利。」菩薩引導眾生的過程中要有善巧方便，根據眾生的根機，先引發他們的興趣，然後再如理說、如實說。或是先說暫時的世間利益，再說究竟的解脫利益，所謂「先說端正法，再說正法要」。這也是《維摩經》所說的「先以欲鉤牽，後令入佛智」。總之，必須有善巧方便，才能令眾生獲得更多利益。

第三，知恩報恩。菩薩對眾生要有感恩心和報恩心。

「又諸菩薩於先有恩諸有情所，善守知恩，隨其所應，現前酬報。」菩薩對有恩於己的眾生，要牢記不忘，然後根據對方的需要，以對他們最有利益的方式，盡快報答這份恩情。

第四，令離怖畏。當眾生處在怖畏、恐懼之中，幫助他們擺脫恐懼。

「又諸菩薩於墮種種獅子、虎狼、鬼魅、王賊、水火等畏諸有情類，皆能救護，令離如是諸怖畏處。」菩薩看到眾生被獅子、虎狼等野獸攻擊，或是被妖魔鬼怪等特殊力量侵擾，或是被政治、黑社會等勢力迫害，或是遭遇水火等自然災害。總之，當眾生處於災難和恐懼的時候，菩薩要幫助他們脫離險境，解除恐懼。這是實實在在的幫助，當然前提是根據自身能力來做。

第五，開解憂愁。菩薩要對眾生善加開導，令他們不再憂愁。

「又諸菩薩於諸喪失財寶、親屬諸有情類，善為開解，令離愁憂。」菩薩看到眾生失去財富，比如企業破產、因自然災害受損等；或是看到眾生失去親屬，比如父母、配偶、兒女等至親死亡。遭受這些打擊時，很多人會陷入悲痛。作為菩薩來說，要以慈悲心善巧開導，幫助他們走出困境和痛苦。

第六，施與資具。菩薩要為有困難的眾生作財布施。

「又諸菩薩於有匱乏資生眾具諸有情類，施與一切資生眾具。」菩薩看到有些眾生極度貧困，甚至連基本生活都不能保障，就要盡己所能，布施對方所需的飲食、用品，幫助他們解決生活困難。

第七，如法御眾。這裡主要指管理寺院、住持道場。

「又諸菩薩隨順道理，正與依止，如法御眾。」作為菩薩行者，要通過你的管理和引導為大眾帶來利益，而不是通過道場為自己謀利。管理有如法和非法之分，引導有正確和錯誤之別，這就涉及幾個問題：管理的定位是什麼？引導的目的是什麼？做了什麼樣的管理和引導？隨順道理，是指菩薩住持道場時，要隨順三乘教法之理，以及管理寺院的原則。正與依止，是為寺院僧眾提供所需的生活條件，以及修行的依止和引導。如法御眾，是依戒律如法管理大眾。

第八，如隨心轉。菩薩要隨順有情的願望做事。《普賢行願品》的十大願王中，有一條是恆順眾生。有人聽到恆順眾生，以為眾生有要求我們都得滿足。事實上，恆順是有標準的，必須是善法，否則就麻煩了。如果有人要殺人放火你也恆順，就不知順到哪裡去了。隨喜也是同樣，我們要隨喜眾生的善行功德，但不隨喜惡行。這一條，既指出了隨順的內容，也指出了不該隨順之處。

「又諸菩薩隨順世間事務言說，呼召去來，談論慶慰，隨時往赴，從他受取飲食等事。」菩薩可以在哪些方面隨順眾生呢？比如和世人一起討論事務，或是他們有喜慶喪葬等事需要幫忙招呼，或是他們需要你的安慰和支持，或是他們要請你吃飯之類，菩薩都是要隨順的。一方面，他們確實需要你的幫助；另一方面，你可以和眾生結歡喜緣，便於今後引導他們走上解脫道和菩提道。總之，菩薩要處處為人民服務，包括與之應酬等事。但這不是沒有原則的，下面兩句就告訴我們什麼不能做。

「以要言之，遠離一切能引無義違意現行，於所餘事心皆隨轉。」總的來說，菩薩隨順的標準，就是遠離一切沒有利益的行為，以及引發這些行為的因緣。我們要觀察，自己的隨喜和隨順對有情有沒有真正的利益？會不會有負面作用？如果有情從事不如法甚至是犯法行為，就不可以隨順。此外，只要是正當的生活所需，菩薩都要隨順並幫助他們。

第九，顯示功德。菩薩引導眾生的前提，是得到他們的認同，否則他們就不可能聽你的。所以菩薩的顯示功德，不是為了自我標榜，而是為了利益眾生。

「又諸菩薩若隱若露，顯示所有真實功德，令諸有情歡喜進學。」菩薩為了得到眾生的認同，可以用隱祕或顯露的方式，來彰顯自己的功德和能力，讓有情心生歡喜，願意跟隨你修學。這裡需要看清楚，你是為了自我表現，還是出於對眾生的慈悲，目的是讓眾生對你所說的法具備信心，從而引導眾生。如果是前者，甚至為了得到名聞利養而表現，就變成邪命了。這點至關重要，發心變了，行為的性質也會改變。

第十，調伏有過眾生。對於有過失甚至犯罪的眾生，菩薩要去調伏他們，不能因為看到眾生有錯就不理他，捨棄他，否則慈悲是不圓滿的。

「又諸菩薩於有過者，內懷親昵，利益安樂，增上意樂。」菩薩對那些有過失、犯戒或犯罪的眾生，不能排斥，更不能討厭，而要懷著親切、關愛的心，想著怎樣才能幫助他們，給他們帶去利益和安樂。增上意樂就是強大的意願，對眾生充滿慈悲，一心想要幫助這個眾生，不是隨意地做一做。

「調伏、呵責、治罰、驅擯。」菩薩幫助眾生的方式有很多種。只有輕微過失的，可以指出過錯，讓他們認識到問題所在。罪過比較輕的，可以口頭批評，但純粹出於慈悲，不帶絲毫嗔恨，否則就達不到效果，也會讓對方心生牴觸。罪過相對重的，可以進行懲罰，比如跪香等。罪過更重的就要驅擯，比丘戒中叫作擯出，就是暫時把他們趕出寺院半年或一年，令其自我反省。

「為欲令其出不善處，安置善處。」菩薩的利他行不僅有攝受，也有折伏。不管什麼調伏方式，都是出於慈悲，是為了幫助眾生改變不善的串習和行為，將他們安置在善行中。如果不這麼做，菩薩是會犯戒的，相關道理下面會說到。

第十一條，示現神通。菩薩為了度化眾生的需要，特殊情況下可以示現神通。

「又諸菩薩以神通力，方便示現那落迦等諸趣等相，令諸有情厭離不善，方便引令入佛聖教，歡喜信樂，生希有心，勤修正行。」那落迦，地獄的音譯。對那些罪大惡極、死不悔改的眾生，菩薩可以適當示現神通，比如為他顯一顯地獄相，帶他到地獄走一走，讓他對惡道之苦心生恐懼，再也不敢作惡。有些人不見棺材不掉淚，必要時可以運用特殊方式加以引導，讓他們對三寶生起歡喜心，對修學生起希有心，引導他們走上菩薩道。

以上，簡要介紹了三聚淨戒的內涵，攝律儀戒主要立足於七眾別解脫戒，攝善法戒的內涵有八相，饒益有情戒則包括十一種修行，主要提供綱領性的內容。後面還有四重四十三輕戒，也是建立在三聚淨戒的基礎上，但對每條做法有更詳細的規定，並有判罪標準。

三、三聚淨戒的圓滿之因

云何菩薩住律儀戒，住攝善法戒，住饒益有情戒？善護律儀戒，善修攝善法戒，善行一切種饒益有情戒？

前面已經講到三聚淨戒的內涵特徵，這裡進一步指出，怎樣才能安住於三聚淨戒，成就三聚淨戒的修行。

「云何菩薩住律儀戒，住攝善法戒，住饒益有情戒？」作為菩薩行者，如何才能安住在律儀戒，安住在攝善法戒，安住在饒益有情戒？凡夫的串習是貪嗔痴，與三聚淨戒相違，所以這種安住必須有方法。「善護律儀戒，善修攝善法戒，善行一切種饒益有情戒？」安住之後，怎樣才能善於防護律儀戒，使之不被損壞？怎樣才能善於踐行攝善法戒，廣修一切善法？怎樣才能善於落實饒益有情戒，不捨一切眾生？

以下，分別說明攝律儀戒、攝善法戒和饒益有情戒各有哪些圓滿之因。

1．攝律儀戒圓滿之因

攝律儀戒的圓滿之因共有十點，分別是：第一，不顧過去諸欲；第二，不樂未來諸欲；第三，不著現在諸欲；第四，樂住遠離；第五，言論尋思悉皆清淨；第六，不自輕蔑；第七，柔和；第八，堪忍；第九，不放逸；第十，軌則、正命清淨。

第一，不顧過去諸欲

謂諸菩薩住別解脫律儀戒時，捨轉輪王而出家已，不顧王位，如棄草穢。如有貧庶為活命故，棄下劣欲而出家已，不顧劣欲，不如菩薩清淨意樂，捨輪王位而出家已，不顧一切人中最勝轉輪王位。

善護律儀戒的第一條圓滿之因，叫作不顧過去諸欲，就是不會在乎過去擁有的地位和五欲之樂。

「謂諸菩薩住別解脫律儀戒時，捨轉輪王而出家已，不顧王位，如棄草穢。」菩薩行者安住於別解脫律儀戒，捨棄轉輪王位而出家。過去有很多國王、王族捨棄王位和榮華富貴出家，釋迦牟尼佛當年也是捨棄王子身分，剃髮染衣，一心修行。不顧到什麼程度？他們放棄王位就像倒垃圾一樣，沒有絲毫的在乎和執著。

「如有貧庶為活命故，棄下劣欲而出家已，不顧劣欲。」這裡舉了一個比喻。比如貧苦人雖然有些下劣的生活物資，但現在為了活命去出家，當然願意放棄那些東西。因為放棄的本來就不值錢，沒什麼可留戀的。

「不如菩薩清淨意樂，捨輪王位而出家已，不顧一切人中最勝轉輪王位。」菩薩以清淨、純粹的發心，捨棄人間最殊勝的轉輪王位，就像貧苦人捨棄那些下劣條件般不在乎，而且比他們更不在乎。因為執著是凡夫的串習，哪怕再少再差，只要是自己的，多少還是會執著。但菩薩已經看到出家的意義，為了修行捨棄王位，捨棄曾經的榮華富貴，就像倒垃圾一樣，沒有絲毫執著。

出家的關鍵就是出離，要捨棄對一切的占有，出世俗家，出五蘊家，出輪迴家。關於這一點，我們要向佛陀和諸大菩薩學習，他們對世間的身分、地位、財富等，棄之若敝屣。這是受持別解脫律儀的重要基礎。

第二，不樂未來諸欲

又諸菩薩住律儀戒，於未來世天魔王宮所有妙欲不生喜樂，亦不願求彼諸妙欲，修行梵行。於彼妙欲尚如實觀，猶如趣入廣大種種恐畏稠林，況餘諸欲。

第二條圓滿之因，菩薩行者不能貪著未來的五欲之樂。放棄世間富貴，並不是為了得到其他欲樂。佛陀佛經中，記載了佛陀度化弟弟難陀尊者出家的故事。難陀對他的妻子非常愛戀，捨不得出家修行。佛陀就把他帶到天上觀光，讓他看到，天上有五百美女正在等待，如果他修行到一定程度，就可以上去當天主。通過這個方式，使他放棄對妻子的愛戀。當然，這只是佛陀方便接引的手段。事實上，確實有人不是為了解脫出家，而是想著來世能生天享福。如果以這種動機修行，就不是正確的發心。

「又諸菩薩住律儀戒，於未來世天魔王宮所有妙欲不生喜樂，亦不願求彼諸妙欲，修行梵行。」菩薩行者安住於律儀戒，對來世能生到天上，享受天魔王宮中所有的欲界天福報沒有任何興趣，不起絲毫貪著。因為菩薩看到，這種五欲之樂是短暫、脆弱、不究竟的，不會為了追求天上的五欲之樂去修梵行。

「於彼妙欲尚如實觀，猶如趣入廣大種種恐畏稠林，況餘諸欲。」菩薩如實觀察，發現五欲之樂的本質是痛苦的，會帶來種種痛苦和煩惱，就像進入充滿獅子、虎狼、鬼魅的原始森林，令人恐怖。既然菩薩對天上的五欲之樂都沒有希求，何況普通的欲望，就更不在乎了。

第三，不著現在諸欲

又諸菩薩既出家已，於現在世尊貴有情種種上妙利養恭敬，正慧審觀，尚如變吐，曾不味著。何況於餘卑賤有情，所有下劣利養恭敬。

第三條圓滿之因，出家菩薩也不貪著現在的五欲之樂。過去的已經過去，未來的尚未到來，說不貪著比較容易，但對眼前的享樂呢？

「又諸菩薩既出家已，於現在世尊貴有情種種上妙利養恭敬，正慧審觀，尚如變吐，曾不味著。」菩薩出家後，對今世施主們供養的種種上好物品，包括吃的、用的、住的，以及對你的種種恭敬，以智慧如實審察，看到這些就像吐出的穢物一樣，自然不會有任何貪著。

「何況於餘卑賤有情，所有下劣利養恭敬。」菩薩看清五欲的過患，對再好的供養都不受誘惑，何況是眾生給予的下劣、普通的供養，更不可能在乎了。

第四，樂住遠離

又諸菩薩常樂遠離，若獨靜處。若在眾中，於一切時，心專遠離，寂靜而住。不唯於是尸羅律儀而生喜足，依戒住戒，勤修無量菩薩等持，為欲引發證得自在。

第四條圓滿之因，菩薩行者要樂住遠離。雖然菩薩要積極入世，度化眾生，但入世是以出世為基礎。

從個人解脫的修行來說，遠離是持好律儀戒的重要前提。我們知道，律儀戒是幫助我們培養出離解脫之心，通過遠離，可以避免外境的誘惑，減少對世間的貪著。如果沒有出世的超然，入世時很容易陷入對五欲六塵的執著，所以遠離是第一道保險機制。

「又諸菩薩常樂遠離，若獨靜處。若在眾中，於一切時，心專遠離，寂靜而住。」菩薩行者要遠離喧鬧，在阿蘭若等安靜的場所獨處，確保一定時間的靜修。即便身處大眾中，和大家同吃同住同修行，內心還是要保持超然和安靜，而不是貪戀團體氛圍，更不會陷入對團體的執著。總之，要把出世靜修和入世弘法結合起來。

「不唯於是尸羅律儀而生喜足，依戒住戒，勤修無量菩薩等持，為欲引發證得自在。」等持，即禪定。作為菩薩行者，受持律儀戒只是修行的開始，不能得少為足，以為這就夠了。在此基礎上，還要精進修習各種禪定，由此開啟智慧，擺脫迷惑煩惱，成就解脫自在的人生。

第五，言論尋思悉皆清淨

又諸菩薩雖處雜眾，而不樂為乃至少分不正言論。居遠離處，不起少分諸惡尋思。或時失念暫爾現行，尋便發起猛利悔愧，深見其過，數數悔愧。深見過故，雖復暫起不正言論、諸惡尋思，而能速疾安住正念，於彼獲得無復作心。由此因緣，則能拘檢。習拘檢故，漸能如昔於彼現行深生喜樂，於今安住彼不現行喜樂亦爾，又能違逆令不現起。

第五條圓滿之因，作為菩薩行者，在任何情況下，都要保持如法的言談和清淨的內心。

「又諸菩薩雖處雜眾，而不樂為乃至少分不正言論。」社會上的各種公共場所，三教九流都有。菩薩行者雖然身處這些混雜的群體中，但不會人云亦云，說些不如法的言論，比如世俗八卦、男女色情、誨淫誨盜之類。因為菩薩的內心是清淨的，不會心隨境轉，在那些場合中忘乎所以。

「居遠離處，不起少分諸惡尋思。」菩薩遠離人群獨處時，並不會因為沒有其他人看到就胡思亂想。有些人覺得，反正就我自己一個人，愛怎麼想都沒關係，不傷害任何人。其實這是不行的，儒家講君子要慎獨，因為獨處最容易放逸，尤其需要收攝身心。菩薩行者也是同樣，獨處時必須保持正念，不胡思亂想，也不起任何不善思惟。

「或時失念暫爾現行，尋便發起猛利悔愧，深見其過，數數悔愧。」如果偶爾失去正念，進入不善尋思，產生錯誤想法和不當言論，必須馬上意識到問題所在，看到這種心行的過失，同時生起猛利的慚愧心，反覆地自我批評並懺悔。

「深見過故，雖復暫起不正言論、諸惡尋思，而能速疾安住正念，於彼獲得無復作心。由此因緣，則能拘檢。」拘檢，檢束。因為菩薩能看清失念的過患，養成自我觀照的習慣，即使偶爾出現不當言論或不善思惟，也能迅速發現，再次提起觀照，把心帶回正念。通過反覆訓練，錯誤言論和想法的力量就會越來越弱。隨著覺察和觀照力的不斷提升，心就會自我約束，不再失去正念。

「習拘檢故，漸能如昔於彼現行深生喜樂，於今安住彼不現行喜樂亦爾，又能違逆令不現起。」很多人喜歡吹牛皮，說八卦，天南地北閒聊，說起來歡天喜地，覺得其樂無窮。但隨著觀照力的提高，就能習慣於自我約束，從內心的安靜、清明中感到快樂。這種快樂的程度，絕不亞於過去胡說八道、胡思亂想時的快樂。當然，喜歡吹牛的人可能沒辦法想像，一個內心安靜的人，不說話也很快樂。當我們這樣踐行，讓內心安靜下來，還能扭轉串習，讓不良串習不再現起。遠離不正言論和諸惡尋思，是菩薩成就律儀戒的前提，因為犯戒往往和不正言論、諸惡尋思有關。

第六，不自輕蔑

又諸菩薩於諸菩薩一切學處，及聞已入大地菩薩廣大無量、不可思議、長時最極難行學處，心無驚懼，亦不怯劣。惟作是念：彼既是人，漸次修學，於諸菩薩一切學處，廣大無量、不可思議、淨身語等諸律儀戒成就圓滿。我亦是人，漸次修學，決定無疑當得如彼淨身語等諸律儀戒，成就圓滿。

第六條圓滿之因，叫作不自輕蔑。菩薩行者受持菩薩戒，必須以佛菩薩為榜樣。很多人看到佛菩薩持戒的精神，看到他們的功德智慧、修行成就，可能會心生怯弱：「我行嗎？我有能力去做嗎？」所以不輕視自己，勇於承擔這一身分，是我們持好菩薩戒的重要心態。

「又諸菩薩於諸菩薩一切學處，及聞已入大地菩薩廣大無量、不可思議、長時最極難行學處，心無驚懼，亦不怯劣。」這裡的一切學處不僅指攝律儀戒，也包括攝善法戒、饒益有情戒。作為菩薩行者，聽到那些已入十地的大菩薩們廣大無量、不可思議的心行，以及長時間踐行菩薩道過程中的大無畏精神，比如佛本生故事中的剝皮為紙、刺血為墨、捨身飼虎、割肉餵鷹，並不感到害怕，也不因此後退。這點特別重要，一旦害怕後退，菩薩道就走不下去了。

「惟作是念：彼既是人，漸次修學，於諸菩薩一切學處，廣大無量、不可思議、淨身語等諸律儀戒成就圓滿。」菩薩行者聽到佛菩薩的事蹟，就要想到：十方諸佛及大菩薩們並不是天生的，他們原來也和我們一樣，是六道中的無明凡夫，正是通過不懈努力，才能圓滿菩薩學處，成就廣大、無限、不可思議的淨戒，使身語意三業徹底清淨，成就一切功德和智慧。

「我亦是人，漸次修學，決定無疑當得如彼淨身語等諸律儀戒，成就圓滿。」對比佛菩薩的事蹟後想到：我也是和他們一樣的人，只要努力去做，通過有次第的修學，將來一定能像他們那樣，成就身語意的清淨律儀，圓滿戒的修行。

作為菩薩行者，必須有這樣的擔當，才能持好菩薩學處。

第七，柔和

又諸菩薩住律儀戒，常察己過，不伺他非。普於一切兇暴犯戒諸有情所，無損害心，無嗔恚心。菩薩於彼由懷上品法大悲故，現前發起深憐愍心，欲饒益心。

第七條圓滿之因，菩薩行者要內心調柔，寬以待人，才能持好律儀戒。

「又諸菩薩住律儀戒，常察己過，不伺他非。」菩薩安住於律儀戒，要有自我檢討的能力，時常反省、認識自己的過失。從儒家來說，須吾日三省吾身；從學佛來說，要時時訓練覺察和觀照。否則的話，心往往會陷入無明、情緒之中，看不清自己。不用佛法對照自己，反而拿來要求別人，何其顛倒！作為修行人，我們要時常檢討自身過失，而不是去尋找別人的缺點。正相反，我們要善於看到他人的長處，真誠隨喜他人的功德。這是作為菩薩不可或缺的素養。

「普於一切兇暴犯戒諸有情所，無損害心，無瞋恚心。」作為菩薩行者，對於一切生性殘暴或犯戒的有情，不能生起損害心、嗔恨心。按凡夫心的常規運作模式，如果對方損害了我，就會引發嗔心，還想進一步報復對方，所謂以牙還牙。

「菩薩於彼由懷上品法大悲故，現前發起深憐愍心，欲饒益心。」菩薩行者對一切眾生懷有無限大悲，包括那些兇暴、犯戒的有情，即便受到對方傷害，依然保持悲心。前面講到，菩薩面對眾生的傷害時，要通過無我想、無常想、親善想等觀想，轉變心靈頻道，從嗔恨轉到慈悲。這樣才能對他們生起深深的憐愍，知道他們是被煩惱控制，本身也是嗔恨的受害者，是在情緒中不能自主。有了這樣的認識，才會想著怎麼幫助他擺脫不善的行為和情緒。

所以菩薩要具備柔和的素養，才能真正利益眾生。如果內心很粗暴，一觸即發，遇到對境就很難控制了，眾生也不願意接受你的幫助。

第八，堪忍

又諸菩薩住律儀戒，雖復遭他手足、塊石、刀杖等觸之所加害，於彼尚無少恚恨心。況當於彼欲出惡言，欲行加害。況復發言毀辱、呵責，以少苦觸作不饒益。

第八條圓滿之因，是堪忍，也就是忍辱，比柔和更進一步。

「又諸菩薩住律儀戒，雖復遭他手足、塊石、刀杖等觸之所加害，於彼尚無少恚恨心。」菩薩安住於律儀戒，雖然遭到他人拳打腳踢，甚至用石頭、刀杖加以傷害，但不會生起絲毫嗔恨。這是很不容易的，因為這是實實在在的傷害，會讓身心受傷。

「況當於彼欲出惡言，欲行加害。況復發言毀辱、呵責，以少苦觸作不饒益。」通常情況下，我們被人傷害時會很生氣，會用惡毒的語言破口大罵，甚至想要同樣地傷害對方。菩薩面對這樣的人和逆境，能以佛法智慧去處理，不起嗔恨，自然不會惡口相向，更不會用語言諷刺、侮辱、呵責對方，不會給對方哪怕一點點傷害。總之，菩薩被他人傷害時，沒有絲毫報復之心。

因為菩薩具備堪忍的素養。這種堪忍不是硬在那裡忍著，氣得臉紅脖子粗，最後把自己氣爆炸了，五臟六腑都受內傷了。真正的堪忍是以智慧化解，覺得這事根本無所謂，沒什麼好忍的。因為你知道對方是不正常的狀態，就像看到神經病，對他只是憐憫和同情，而不會和他生氣。這是通過觀想改變境界後的堪忍，因為理解，所以接納。

第九，不放逸

又諸菩薩住律儀戒，具足成就五支所攝不放逸行：一、前際俱行不放逸行，二、後際俱行不放逸行，三、中際俱行不放逸行，四、先時所作不放逸行，五、俱時隨行不放逸行。謂諸菩薩於菩薩學正修學時，若於過去已所違犯如法悔除，是名菩薩前際俱行不放逸行。若於未來當所違犯如法悔除，是名菩薩後際俱行不放逸行。若於現在正所違犯如法悔除，是名菩薩中際俱行不放逸行。若諸菩薩先於後時當所違犯，發起猛利自誓欲樂：謂我定當如如所應行，如如所應住，如是如是行，如是如是住，令無所犯，是名菩薩先時所作不放逸行。若諸菩薩即以如是先時所作不放逸行為所依止，如如所應行，如如所應住，如是如是行，如是如是住，不起毀犯，是名菩薩俱時隨行不放逸行。

第九條圓滿之因，是具備不放逸的素養。所有犯戒行為都來自貪嗔痴和不良串習，稍有放逸，就會讓煩惱有可乘之機。

「又諸菩薩住律儀戒，具足成就五支所攝不放逸行：一、前際俱行不放逸行，二、後際俱行不放逸行，三、中際俱行不放逸行，四、先時所作不放逸行，五、俱時隨行不放逸行。」作為安住律儀戒的菩薩行者，要完整成就五種不放逸行。從時間來說，包括過去、未來、現在。前際是過去，後際是未來，中際是現在，此外還有先時所作和俱時隨行。總之，自始至終都要保持不放逸的狀態，下面分別解釋。

「謂諸菩薩於菩薩學正修學時，若於過去已所違犯如法悔除，是名菩薩前際俱行不放逸行。」菩薩踐行三聚淨戒時，對於過去已經發生的犯戒行為，能如法懺悔，清除內心由犯戒造成的汙垢，叫作「菩薩前際俱行不放逸行」。

「若於未來當所違犯如法悔除，是名菩薩後際俱行不放逸行。」未來尚未到來，怎麼可能犯戒呢？這裡是指菩薩行者有這樣的心行傾向，或是想著未來要做什麼犯戒行為，一旦生起這個念頭，也要如法懺悔，使身心保持清淨，絕不犯戒，叫作「菩薩後際俱行不放逸行」。用中醫的話說，就是「治未病」。

「若於現在正所違犯如法悔除，是名菩薩中際俱行不放逸行。」作為菩薩行者，對於現在踐行菩薩道過程中產生的犯戒行為，立刻就要如法懺悔，堅決斷除，叫作「菩薩中際俱行不放逸行」。

「若諸菩薩先於後時當所違犯，發起猛利自誓欲樂：謂我定當如如所應行，如如所應住，如是如是行，如是如是住，令無所犯，是名菩薩先時所作不放逸行。」第四支是「菩薩先時所作不放逸行」。如果菩薩想到未來可能犯戒，馬上生起覺察，從現在開始發起猛利誓言：我一定要嚴格按菩薩戒的規範行事，身口意都安住於菩薩戒，不讓自己有絲毫犯戒機會。

「若諸菩薩即以如是先時所作不放逸行為所依止，如如所應行，如如所應住，如是如是行，如是如是住，不起毀犯，是名菩薩俱時隨行不放逸行。」第五支是「菩薩俱時隨行不放逸行」，以第四支為基礎。菩薩以前面發起的猛利誓言和願望為依止，完全遵循菩薩戒，如實安住於菩薩戒，時時刻刻，對任何一條都不起毀犯。

總之，菩薩行者時刻都不能放逸，對於過去已所違犯、未來當所違犯、現在正所違犯的一切都保持關注。一旦發現犯戒行為立刻懺除，也不讓自己有任何犯戒的念頭。

第十，軌則、正命清淨

又諸菩薩住律儀戒，覆藏自善，發露己惡。少欲喜足，堪忍眾苦。性無憂戚，不掉不躁，威儀寂靜，離矯詐等一切能起邪命之法。

第十條圓滿之因，是軌則和正命清淨。

「又諸菩薩住律儀戒，覆藏自善，發露己惡。」菩薩行者安住於律儀戒時，要隱藏自己的功德，發露自己的不善行為。發露、懺悔是律儀戒的重點，一旦我們做了不善行為，不要把它隱藏起來，而要在佛菩薩和大眾面前發露，在他們的見證下懺已還淨。

「少欲喜足，堪忍眾苦。」作為菩薩行者，在生活上要少欲知足，因為很多犯戒行為都是欲望造成的，少欲就能從源頭減少犯戒機會。同時，還要對飢渴、嚴寒、酷暑等痛苦具有忍耐力，否則就容易懈怠放逸。

「性無憂慼，不掉不躁，威儀寂靜，離矯詐等一切能起邪命之法。」作為菩薩行者，內心要保持安寧和平靜，既不鬱鬱寡歡，也不掉舉躁動。表現於外在威儀，則是莊嚴寂靜，這是持好律儀戒的素養。邪命之法，就是以各種方式詐現有德，博得他人的恭敬供養，這是菩薩行者必須避免的。

菩薩成就如是十支，名住律儀戒，善護律儀戒。謂不顧戀過去諸欲，又不希求未來諸欲，又不耽著現在諸欲，又樂遠離不生喜足，又能掃滌不正言論、諸惡尋思，又能於己不自輕蔑，又性柔和，又能堪忍，又不放逸，又能具足軌則淨命。

最後是對十相加以總結。

「菩薩成就如是十支，名住律儀戒，善護律儀戒。」菩薩成就以上十個方面，就是安住於律儀戒，同時能善護律儀戒。

「謂不顧戀過去諸欲，又不希求未來諸欲，又不耽著現在諸欲，又樂遠離不生喜足，又能掃滌不正言論、諸惡尋思，又能於己不自輕蔑，又性柔和，又能堪忍，又不放逸，又能具足軌則淨命。」第一，不眷戀過去的五欲之樂；第二，不希求未來的五欲之樂；第三，不貪著現在的五欲之樂；第四，樂於遠離世俗，不僅僅以持戒為滿足，還要進一步修定發慧；第五，掃除不正言論和顛倒妄想；第六，不妄自菲薄，對菩薩道修行具有承擔精神；第七，性格調柔平和；第八，具有堪忍能力；第九，絕不懈怠放逸；

第十，具足軌則清淨，正命生活。

具備這十種素養，菩薩就能持好律儀戒。

2・攝善法戒圓滿之因十種

又諸菩薩已能安住攝善法戒，若於身財少生顧戀尚不忍受，何況其多。

又於一切犯戒因緣，根本煩惱、少分煩惱、忿恨等生亦不忍受。

又於他所發生恚害、怨恨等心亦不忍受。

又於所起懈怠、懶惰亦不忍受。

又於所起等至味著、等至煩惱亦不忍受。

又於五處如實了知，謂如實知善果勝利。

又能如實了知善因。

又能如實知善因果倒與無倒。

又如實知攝善法障。

是諸菩薩能於善果見大勝利，尋求善因，為攝善故，如實了知倒與無倒。由此菩薩獲得善果，不於無常妄見為常，不於其苦妄見為樂，不於不淨妄見為淨，不於無我妄見為我。如實了知攝善法障，為攝善故速疾遠離。

菩薩由此十種相故，名住攝善法戒。速能攝善一切種相，謂施漸次，若戒漸次，若忍漸次，若精進漸次，若靜慮漸次及五種慧。

菩薩行者安住攝善法戒，修習攝善法戒，同樣要具備十種素養。菩薩從發菩提心到成就無上菩提之間所修的善法，重點是六度。在此過程中，必須解除障礙六度的因素，才能圓滿種種善法。

「又諸菩薩已能安住攝善法戒，若於身財少生顧戀尚不忍受，何況其多。」第一，菩薩行者不能貪著身體和財富。哪怕只是對此生起少分貪著，菩薩行者都不認可，更不要提多分貪著了。為什麼不能對身體和財富有顧戀和貪著？因為這種心態是菩薩修習攝善法戒的障礙，會影響我們修習布施，影響布施波羅蜜的圓滿。

「又於一切犯戒因緣，根本煩惱、少分煩惱、忿恨等生亦不忍受。」第二，菩薩對於一切犯戒的因緣都不能忍受。犯戒主要是因為煩惱，包括根本煩惱，即貪、嗔、痴、慢、疑、惡見；還有少分煩惱，即忿恨等，屬於隨煩惱。這些都是修習攝善法戒的障緣。下面會講到，菩薩戒的每一條犯戒都有染違犯和非染違犯之分，區別就在於是否摻雜煩惱。比如菩薩本來應該踐行善法，積極幫助眾生，但因為懷著驕慢、嫌恨等煩惱，不願去做，就是染違犯。如果菩薩允許自己內心有這些煩惱，讓煩惱現行，將影響攝善法戒的實踐，影響戒波羅蜜多的圓滿。

「又於他所發生恚害、怨恨等心亦不忍受。」第三，當菩薩行者修行還不是很好的時候，如果受到他人傷害，通常會引起憤怒、怨恨，甚至想要報復對方。對於這些心理，菩薩行者是不認可也不接受的。只有不認可、不接受這些心理，才能通過修習慈悲等法門加以對治。如果認可這些心理，覺得以其人之道還治其人之身是正當的，就不是菩薩而是凡夫了，會影響忍辱波羅蜜的圓滿。

「又於所起懈怠、懶惰亦不忍受。」第四，對於自己內心的懈怠和懶惰，菩薩行者是不認可也不接受的。因為懈怠和懶惰會障礙精進的修行，必須努力對治，才能圓滿精進波羅蜜。

「又於所起等至味著、等至煩惱亦不忍受。」第五，對於修習禪定過程中產生的貪著，以及由此引發的煩惱，菩薩行者是不認可也不接受的。菩薩雖然修習禪定，但又不貪著禪悅，才能圓滿禪定波羅蜜。

以上五種障礙，分別對應六度中的布施、持戒、忍辱、精進和禪定。以下，則是菩薩成就般若波羅蜜需要如實了知的五處：一是**了知善果勝利**，二是**了知善因**，三和四是**了知善因果的倒與無倒**，五是**了知攝善法障**。下面進一步解釋。

「又於五處如實了知，謂如實知善果勝利。」菩薩需要從五處了知，修行證悟的善果是無上菩提，究竟能帶來什麼樣的殊勝利益。

「又能如實了知善因。」菩薩需要了知，通過什麼樣的因才能成就善果。這裡主要講述六度的修行。

「又能如實知善因果倒與無倒。」菩薩需要了知，從善因感果的過程，到底是正確還是錯誤的？是顛倒還是無顛倒的？這裡的倒與無倒算作兩點。

「又如實知攝善法障。」菩薩需要了知，成就善法有哪些障礙。

「是諸菩薩能於善果見大勝利，尋求善因。」菩薩行者看到善果帶來的殊勝利益，就需要進一步尋求善因：我應該修什麼因，才能得到相應的果報和利益？

「為攝善故，如實了知倒與無倒。」為了成就善法，應該如實了知什麼是正確的因果，什麼是錯誤的因果。只有遵循正確的因果，才能證悟空性實相，成就無上菩提。

「由此菩薩獲得善果，不於無常妄見為常，不於其苦妄見為樂，不於不淨妄見為淨，不於無我妄見為我。」菩薩因為如實了知而能保持正見，不會把無常看作常，把痛苦看作樂，把不淨看作淨，把無我看作有我。

「如實了知攝善法障，為攝善故速疾遠離。」菩薩如實了知善法產生的十種障礙，為了成就善法，必須擺脫以上所說的問題。因為攝善法戒的重點在於六度，所以要克服有關六度修行的障礙。當菩薩發現內心陷入這些障礙時，一方面是對此不認可、不接受，另一方面要積極採取措施，善加對治。這樣才能圓滿修習六度，成就攝善法戒。

「菩薩由此十種相故，名住攝善法戒。速能攝善一切種相，謂施漸次，若戒漸次，若忍漸次，若精進漸次，若靜慮漸次及五種慧。」菩薩因為這十種修行，才能真正安住於攝善法戒，快速圓滿攝善法應該成就的一切功德。前面講到，攝善法戒的修行有十種圓滿之因，分別是關於布施的次第修習，關於持戒的次第修習，關於忍辱的次第修習，關於精進的次第修習，關於靜慮的次第修習，以及關於智慧的五種修習。修習這十種相，可以對治踐行六度過程中的種種障礙，圓滿攝善法戒。

以上，對菩薩戒作了總的闡述，幫助我們了解菩薩戒的精神。下面會講到具體戒相，這些內容非常好，並不難懂，關鍵是去理解、去熟悉。

3．饒益有情戒十一相

又諸菩薩由十一相，名住一切種饒益有情戒。於一一相中，成就一切種。

菩薩應該怎樣饒益有情？前面講到饒益有情戒有十一相，但只是簡單介紹，這裡進一步詳細解讀。饒益有情不是一句空話，而要通過具體行為來表現。可以說，這些規定是打造菩薩的行為標準。當然，要做到並不容易。但只有依此實踐，才能成就饒益有情戒的一切功德。

第一，饒益救助伴者

．助伴事業

謂諸菩薩於諸有情彼彼事業，皆為助伴。謂於思量所作事業，及於功用所作事業，悉能與彼而作助伴。或於道路若往若來，或於無倒事業加行，或於守護所有財物，或於和合輾轉乖離，或於義會，或於修福，皆為助伴。

第一相，菩薩要作為眾生的助伴。這部分講到兩個內容，一是作為眾生開展事業的助伴，二是作為眾生身處痛苦時的助伴。

「謂諸菩薩於諸有情彼彼事業，皆為助伴。」對於眾生開展的自利利他的事業，菩薩要主動幫助他們。這裡有兩個前提，其一，必須是符合正命的事業；其二，必須有利於社會，有利於大眾，同時有利於自身生命的提升。究竟是哪些事業呢？

「謂於思量所作事業，及於功用所作事業，悉能與彼而作助伴。」人們在做事業的過程中，首先要思量——這事到底該不該做？怎麼做才是最有利的？作為菩薩行者，遇到這種情況，應該慈悲地給予幫助，為他們提供正確的指導意見，引導他們如理思考並作出選擇。所謂功用，就是確定要做這件事，然後去做。

「或於道路若往若來。」過去出門是很困難的，路途艱辛且險惡。如果有人外出經商、辦事、探親或旅行，需要尋求幫助，菩薩應該盡己所能，慈悲地提供幫助。

「或於無倒事業加行。」所謂無倒，即沒有顛倒的正命事業。菩薩看到眾生從事正命事業，尋求技術、資金、能力等方面的支持，應該盡力給予幫助。

「或於守護所有財物。」人們賺錢之後，應該怎麼儲存才不會貶值？怎麼投資才能繼續增值，讓這些錢轉化出更多的錢？菩薩有能力的話，也要給予指導。根據《瑜伽師地論》，菩薩要從五明處學，不管是金融、科技、文化，各行各業都要了解。在過去的印度，五明包括一切學問。聲明是語言、文字、音樂，醫方明是醫學，工巧明是科學技術，因明是辯論術，內明是佛法。菩薩發心利益眾生，各種能力都要具備，才能給予眾生需要的幫助，實踐、增長並圓滿慈悲心。但這並不是說，初發心就什麼都學，還是要有主次、內外之分。首先要學好大乘佛法，然後可以為了利他的方便，有一定時間了解外學。幫助眾生時，也要在力所能及的範圍內。

「或於和合輾轉乖離。」乖離，即牴觸、背離。對於眾生之間的不和，不論是人與人之間的矛盾，還是公司與公司之間的對立，乃至國家與國家之間的衝突，菩薩有能力的話，要主動調和他們的關係，避免進一步衝突。春秋戰國時有很多說客，發現諸侯之間產生衝突，就前去遊說，讓他們和好，不要爆發戰爭。在現實生活中，我們看到身邊有人發生衝突，也要善加開導，幫助他們解除矛盾、對立和衝突。

「或於義會。」義會是指定期舉辦的慈善活動，如慈善義賣之類，然後把錢拿去捐助有疾病和困難的人。菩薩看到這些有益的事業，應該盡力參與，提供幫助。

「或於修福，皆為助伴。」這是指不定期的培植福報的善行，比如供養、布施、有突發情況需要捐助等，菩薩也要盡己所能，以慈悲心積極參與。

總之，菩薩要通過助伴事業給予眾生幫助，達到饒益有情的效果。

．助伴有苦

於諸救苦亦為助伴，謂於遭遇疾疫有情瞻侍供給，盲者啟導，聾者撝義，手代言者曉以想像，迷方路者示以隅途，支不具者惠以荷乘，其愚騃者誨以勝慧，為貪欲纏所苦有情，開解令離貪欲纏苦。如是若為嗔恚、昏沉睡眠、掉舉惡作、疑纏所苦有情，開解令離疑纏等苦。欲尋思纏所苦有情，開解令離欲尋思苦。如欲尋思恚、害、親里、國土、不死、輕侮相應、族姓相應，所有尋思當知亦爾。他蔑他勝所苦有情，開解令離被蔑勝苦。行路疲乏所苦有情，施座施處，調身按摩，令其止息勞倦眾苦。

第一相的第二部分，是助伴有苦。所謂有苦，包括身苦和心苦。菩薩看到眾生有身體和心靈的痛苦，發心幫助他們擺脫痛苦，以此饒益有情。

「於諸救苦亦為助伴。」菩薩要通過解救眾生痛苦的方式來幫助他們。怎麼解救？

「謂於遭遇疾疫有情瞻侍供給。」對於罹患疾病、遭遇瘟疫的有情，菩薩有能力的話，要作為看病人去照顧他們，同時供給他們飲食、醫藥、費用等，通過各種方式幫助患者早日恢復健康。

「盲者啟導，聾者撝義。」對於看不見的盲人，菩薩要為他們作嚮導。對於聽不見的聾者，菩薩要通過對他有益的方式輔助他，引導他明白人生道理，或是明白你的意思。

「手代言者曉以想像。」對於以手代言、有語言障礙的啞者，要通過手勢、肢體語言等方式與之交流。現在有通用的手語，古代可能沒那麼規範，必須輔以想像才能順利溝通。

「迷方路者示以隅途。」對於迷路者，菩薩行者要為他指示引導，就像給他裝上 GPS 導航儀那樣。這裡包括現實的路，也包括人生的路、修行的路。有些人在人生旅途中，走著走著就看不到方向，找不到活著的意義。這時我們要以佛法開導，讓他們找到人生的價值，找到解脫的光明大道。

「支不具者惠以荷乘。」對於缺胳膊少腿、行動不便的肢體殘障者，菩薩要盡力給他們提供方便，讓他們得到行動的自由。荷乘，即車、轎等古代交通工具，現在可以是拐杖、義肢、輪椅、擔架、車輛等。

「其愚騃者誨以勝慧。」騃，即待。對於那些無明、愚痴的眾生，菩薩行者要以佛法智慧去啟蒙他，讓他明白人生道理。

「為貪欲纏所苦有情，開解令離貪欲纏苦。」對於被貪欲纏縛的眾生，菩薩看到他們深陷於煩惱，活得很苦很累，就要為他開導，幫助他減少乃至解除貪欲。

「如是若為嗔恚、昏沉睡眠、掉舉惡作、疑纏所苦有情，開解令離疑纏等苦。」這裡主要指五蓋造成的痛苦。五蓋是禪修中的五種障礙，會覆蓋清淨心。前面已經說了貪欲，接著說其他四種。有的眾生被嗔恨心折磨，在負面情緒中走不出來；有的眾生想要修行，卻被昏沉、睡眠所苦，整天無精打采；有的眾生身心躁動，總是陷入不善的妄念、行為和串習，難以自拔；有的眾生缺乏善根，懷疑三寶、四諦、因果。對於這些被五蓋所纏的受苦有情，菩薩要幫助他們解除煩惱，走上解脫之路。

「欲尋思纏所苦有情，開解令離欲尋思苦。」有些眾生被欲望的尋思纏所苦，對財色名食睡、色聲香味觸有強烈貪著，每天在欲望中胡思亂想，想著錢財，想著男女關係，想著世間虛名，想著美食，想著享樂……因為欲望激發的妄想，使他們身心焦灼。纏就是被煩惱困擾，難以脫身。在這種情況下，菩薩要為他們開導，幫助他們擺脫欲望帶來的身心困擾。

「如欲尋思恚、害、親里、國土、不死、輕侮相應、族姓相應。」每個人的需求和關注點不同，引發的煩惱也不一樣。有的人因為嗔恨引發種種妄想，被憤怒所控制；有的人整天想著傷害或報復他人，被惡念所控制；有的人特別在乎親戚、朋友、家庭等，被親情所控制；有的人對故土充滿眷戀，覺得走到哪裡都不如家鄉，無法安住；有的人希望自己長生不死，由此帶來困擾；有的人總是擔心被人輕視，又喜歡與人攀比，產生種種煩惱；也有的人執著種族問題，製造很多對立和衝突，這在當今世界尤為突出。

「所有尋思當知亦爾。」眾生的關注、需求和執著，使他們陷入相應的煩惱和痛苦中。在這種情況下，菩薩要對他們善加開導，幫助他們放下執著，走出煩惱。這才是真正的為眾生辦實事。現在我提倡建設修學型、服務型的寺院，為社會大眾發揮作用。這個服務不是去賣東西，而是淨化人心，推動心靈慈善。如果沒有菩薩精神，出家人還是過清淨日子更省事，因為和眾生打交道太麻煩了。但利他是菩薩的責任所在，既然發了這樣的願心，就要真正落到實處。

「他蔑他勝所苦有情，開解令離被蔑勝苦。」有的人自尊心很強，如果被人輕視，就會感到自卑、屈辱；也有的人特別好強，什麼事情都想超過別人，高人一等，但在現實生活中，他卻往往不如別人。這些眾生因為內心有某種設定和執著，給自己造成了種種痛苦。對於他們，菩薩行者要慈悲開導，幫助他們擺脫被輕視、戰勝的痛苦。

「行路疲乏所苦有情，施座施處，調身按摩，令其止息勞倦眾苦。」對於那些行路疲乏的眾生，菩薩有條件的話，要為他們安排座位、住處，讓他們可以好好休息；還要幫助他們按摩、調理，使他們去除疲勞，明天繼續趕路。古代交通不便，出門在外尤其辛苦，有些行善者就會在路上修建亭子，供人休息，還會免費提供茶水，給予方便。

總之，對有身心之苦的眾生，菩薩要幫助他們解除痛苦。

第二，饒益愚於正理者

又諸菩薩為諸有情如理宣說，謂於樂行惡行有情，為欲令斷諸惡行故，以相應文句、助伴、隨順、清亮、有用、相稱，應順常委分資糧法而為宣說，或復方便善巧宣說。如於樂行惡行有情，為欲令斷諸惡行故；如是於行慳行有情，為欲令彼斷慳行故；於現法中求財寶者，為欲令彼正少功力集多財寶，守護無失；於佛聖教懷憎嫉者，為欲令彼得清淨信，證清淨見，超諸惡趣，盡一切結，越一切苦，應知亦爾。

第二相，菩薩要為愚者開示正理，引導他們擺脫愚痴，具足正見，走入正道。

「又諸菩薩為諸有情如理宣說。」諸供養中，法供養最。佛法可以給眾生帶去究竟利益，引導眾生究竟解除痛苦，所以弘法是對眾生最好的幫助。作為菩薩行者，要契理契機地為有情宣說佛法，以此利益眾生。如理，即如佛法之理。

「謂於樂行惡行有情，為欲令斷諸惡行故。」有些喜歡做壞事的眾生，做了壞事覺得很得意。對於這樣的眾生，菩薩要為他們開示法義，幫助他們斷除惡行。這些眾生之所以喜歡做壞事，做了還得意洋洋，必然有自己的想法，不是隨便說說就能聽進去的。應該怎麼為他們開示呢？

「以相應文句、助伴、隨順、清亮、有用、相稱。」論中指出了開示的幾個要點。相應文句，是與實相相應的語言，且邏輯嚴謹；助伴，是有助於說法的事物或方法；隨順，即隨順佛法真理，有次第地引導對方；清亮，即思路清晰，表達流暢；有用，可以對他產生效果，而不是無效的；相稱，針對具體問題說法，對症下藥。

「應順常委分資糧法而為宣說，或復方便善巧宣說。」常委，指恆常宣說，不厭其煩。菩薩幫助眾生要有耐心，這並不是說，管他聽不聽都拚命說，而是建立在對機、有效的基礎上。但眾生剛強難調，不是說一兩次就可以的。有時雖然當下有了效果，但過段時間又故態復萌，就必須反覆宣說和引導。這些說法應該隨順聖道，為成就聖道資糧而說。同時要有方便善巧，知道什麼是適合對方的法，對他確實有幫助。

「如於樂行惡行有情，為欲令斷諸惡行故。」對那些喜歡做壞事的人，菩薩希望通過以上所說的善巧引導，幫助他們斷除惡行。

「如是於行慳行有情，為欲令彼斷慳行故。」對於慳貪、吝嗇的人，菩薩希望通過宣說佛法，幫助他們認識到財富的本質，從而斷除慳貪。

「於現法中求財寶者，為欲令彼正少功力集多財寶，守護無失。」對那些希望得到財富的人，菩薩要根據自己的能力給予指導，幫助他們以較少的投入賺到更多的錢。賺錢之後，還能進一步把錢保管好，讓它不要貶值，甚至可以升值。

「於佛聖教懷憎嫉者，為欲令彼得清淨信，證清淨見，超諸惡趣，盡一切結，越一切苦。」對於那些對佛法有偏見，甚至仇視、反感的人，菩薩行者同樣要善巧說法，引導他們消除誤解，進一步還能生起清淨的信心，證悟清淨的正見，從而遠離三惡道，斷除一切煩惱，擺脫一切輪迴痛苦。

「應知亦爾。」這部分講的是，眾生在某方面有煩惱串習。雖然表現不同，但都是因為缺乏正見。對於這樣的人，菩薩行者要以佛法智慧給予引導，幫助他們遠離愚痴。

第三，饒益有恩

又諸菩薩於其有恩諸有情所，深知恩惠，常思酬報。暫見申敬，讚言善來。怡顏歡慰，吐誠談謔。祥處設座，正筵令坐。若等若增助利供養，現前酬答，非以下劣。於彼事業，雖不求請，尚應伴助，況乎有命。如於事業，如是於苦，於如理說，於方便說，於濟怖畏，於衰惱處開解愁憂，於惠資具，於與依止，於隨心轉，於顯實德令深歡悅，於懷親愛方便調伏，於現神通驚恐引攝。如應廣說，當知亦爾。

第三相，菩薩行者應該利益對他有恩的人。

「又諸菩薩於其有恩諸有情所，深知恩惠，常思酬報。」菩薩對那些於己有恩的人，要在深知和銘記這些恩惠的前提下，常常想著怎麼報答。知恩才有感恩、報恩之心，這是菩薩行者應該具備的素養。

「暫見申敬，讚言善來。」申敬，表示敬意。菩薩看到這些有恩的人，要表達自己的恭敬、感恩之心，主動向對方問好。

「怡顏歡慰，吐誠談謔。」怡顏，以充滿歡喜和愉快的表情，面對有恩於己的人。談話時要保持真誠，但又不顯得死板，還要幽默風趣。這也是菩薩行者必須具備的素養。因為菩薩要引導並利益眾生，如果不真誠、不風趣，眾生看到你不喜歡，怎麼和他們結緣？

「祥處設座，正筵令坐。」筵，古人席地而坐時鋪的席。菩薩行者看到有恩於己的人前來，馬上要為他在最好的地方安排座位，把坐具擺放端正，請對方落座。

「若等若增助利供養，現前酬答，非以下劣。」報恩不是一句空話，還要有實際行動。對方給你多少好處，對你有多大幫助，菩薩行者報恩時要有更多的回報，至少也是平等的，而不是以下劣的物品回報對方。古人說，滴水之恩，報以湧泉。對於給你好處、恩德的人，要加倍回報。普通人尚且如此，何況菩薩行者？

「於彼事業，雖不求請，尚應伴助，況乎有命。」對有恩於己者從事的正當事業，即便他不求你幫忙，你也應該盡自己的能力和條件主動參與。何況對方有求於你，更應該不遺餘力地協助。

「如於事業。」前面說到，當有恩者事業發展需要時，菩薩要積極協助。此外，當有恩者面臨種種困境時，菩薩也要給予幫助。

「如是於苦，於如理說，於方便說。」當有恩者陷入痛苦時，菩薩要為他宣說佛法正理，善巧方便地加以引導，使他擺脫痛苦。

「於濟怖畏。」當有恩者陷入恐怖時，菩薩要盡己所能，幫助他走出令人怖畏的處境。

「於衰惱處開解愁憂。」當有恩者生活中遇到不幸和苦惱的時候，菩薩行者要安慰、開導、宣說正法，引導他解除憂愁。

「於惠資具。」當有恩者有物質、經濟方面的需求時，菩薩行者要給予幫助，為他提供需要的各種條件。

「於與依止。」當有恩者需要在法上得到依止時，菩薩行者要作為他的依止。

「於隨心轉。」當有恩者有需求時，菩薩要隨順對方。當然這種隨順是有前提的，下面會詳細解釋。

「於顯實德令深歡悅。」菩薩為了幫助眾生，會適當展現自己的德行，讓眾生對你生起信心，願意跟著你一起修學。這麼做不是自己要表現，而是為了創造利益眾生的因緣。

「於懷親愛方便調伏。」如果發現對方有什麼優點，菩薩要以慈悲愛護之心讚歎，令他歡喜，方便調伏。

「於現神通驚恐引攝。」如果對方陷入邪行，我們要以各種方式調伏，甚至用神通嚇唬，引導其出離不善處。

「如應廣說，當知亦爾。」作為菩薩來說，對有恩於我們的人，當他們有這些方面，包括其他方面的需要時，都要根據自己的能力，積極主動地給予幫助。

第四，救濟怖畏

又諸菩薩於遭怖畏諸有情類能為救護，謂於種種禽獸、水火、王賊、怨敵、家主、宰官、不活、惡名、大眾威德、非人、起屍、魍魎等畏，皆能救護，令得安隱。

第四相，當眾生遇到令人恐懼的處境時，菩薩行者應該幫助他們解除困境。

「又諸菩薩於遭怖畏諸有情類能為救護。」對於遭遇恐怖、畏懼等困境的眾生，菩薩行者要給予救護，幫助他們解除困境。有哪些困境呢？

「謂於種種禽獸、水火、王賊、怨敵、家主、宰官、不活、惡名、大眾威德、非人、起屍、魍魎等畏，皆能救護，令得安隱。」禽獸，被野獸攻擊的恐懼；水火，水災、火災帶來的恐懼；王賊，政治勢力或黑社會帶來的恐懼；怨敵，被冤家傷害帶來的恐懼；家主，身為僕人被主人欺凌、虐待帶來的恐懼；宰官，被官員或領導迫害帶來的恐懼；不活，因為經濟等問題擔心未來生存，沒有安全感；惡名，擔心名聲受損帶來的恐懼；大眾威德，看到人多而害怕怯場，被大家的威德震懾住；非人，妖魔鬼怪帶來的恐懼；起屍，對屍體的操縱方法，使人恐懼；魍魎，妖魔鬼怪帶來的恐懼。當眾生遇到這些狀況，菩薩行者要以種種方便幫助他們解除恐懼，獲得安全感。

第五，開解憂惱

又諸菩薩於處衰惱諸有情類，能善開解，令離愁憂。或依親屬有所衰亡，所謂父母、兄弟、妻子、奴婢、僮僕、宗長、朋友、內外族姻、親教軌範及餘尊重，時有喪亡，善為開解，令離憂惱。或依財寶有所喪失，謂或王賊之所侵奪，或火所燒，或水所溺，或為矯詐之所誑誘，或由事業無方損失，或為惡親非理橫取，或家生火之所耗費，於如是等財寶喪失，善為開解，令離憂惱。由是因緣，諸有情類生軟中上三品愁憂，菩薩皆能正為開解。

第五相，通過為眾生開解憂傷和苦惱，達到饒益有情的目的。

「又諸菩薩於處衰惱諸有情類，能善開解，令離愁憂。」衰惱，是由某方面損失帶來的苦惱；愁憂，是由各種逆境引起的憂傷。對處於衰損和苦惱中的種種有情眾生，菩薩要善巧開解，讓他們擺脫憂愁。究竟哪些問題會給眾生帶來憂愁？菩薩的服務範圍有哪些？或者說，菩薩的行為標準是什麼？我們看看菩薩戒是怎麼規定的。

「或依親屬有所衰亡，所謂父母、兄弟、妻子、奴婢、僮僕、宗長、朋友、內外族姻、親教軌範及餘尊重，時有喪亡，善為開解，令離憂惱。」首先是因為親屬重病或去世帶來的憂愁。父母、兄弟、妻子，指直系親屬的衰亡，對人影響最大。奴婢和僮僕，在現代相當於和自己有工作關係的，如員工、司機、家政人員等。宗長，指宗族中的長者。內外族姻，指父親和母親家族中的親戚。親教軌範，指和尚、羯磨師等直接教導自己的師長。及餘尊重，指自己尊重、在乎的人。當這些人重病或死亡，人們會因此陷入痛苦、憂愁之中，在這種情況下，菩薩行者要對他們慰問關懷，進行心理輔導，使他們擺脫憂愁。

「或依財寶有所喪失。」其次是財富損失帶來的憂愁。除了前面所說的親友去世，財富受損也會使人深受打擊。這是對我們影響最大的兩種逆境。

「謂或王賊之所侵奪，或火所燒，或水所溺，或為矯詐之所誑誘，或由事業無方損失，或為惡親非理橫取，或家生火之所耗費。」財富受損的方式很多，包括內因和外緣，包括人為因素和自然災害。比如被官府沒收；或是被盜賊偷竊、搶劫；或是被火燒、水溺；或是被人坑矇拐騙；或是因經營不善帶來損失；或是被無良親友霸占財產；或是有喜歡賭博、吸毒的不孝子孫，把家產迅速敗光。

「於如是等財寶喪失，善為開解，令離憂惱。」作為菩薩行者來說，當人因為財產受損而產生憂愁時，要善巧地為其開解，讓他們遠離憂愁。

「由是因緣，諸有情類生軟中上三品愁憂，菩薩皆能正為開解。」憂愁的程度在於兩方面，除了外在損失，也取決於自身素質。比如面對同樣的損失，每個人的憂愁程度並不一樣，而是有軟中上三品。軟是一般的憂愁，只是感到難過，還能正常生活；中是中等的憂愁，感到非常痛苦，但不至於走上絕路；上是嚴重的憂愁，感到活不下去了。菩薩要根據眾生不同程度的憂愁，為他們開導，幫助他們走出困境。

可見，菩薩真是最高級別的服務員，要為眾生提供全方位的服務。所以出家人也要培養服務意識，而不是高高在上的。

第六，饒益匱乏資具者

又諸菩薩備資生具，隨有來求，即皆施與。謂諸有情求食與食，求飲與飲，求乘與乘，求衣與衣，求莊嚴具施莊嚴具，求諸什物施以什物，求鬘塗香施鬘塗香，求止憩處施止憩處，求諸光明施以光明。

第六相，菩薩要幫助那些生活貧困、缺乏物資的人，以此饒益有情。

「又諸菩薩備資生具。」這句話很重要，備就是富有。菩薩和聲聞不同，為了幫助眾生，可以擁有豐富的物質條件。過去印度有些大富長者會開無遮大會，把倉庫打開，你要什麼就給你什麼。我們修習菩薩道，關鍵是學習這樣的精神，有條件也可以照做。

「隨有來求，即皆施與。」在條件允許的前提下，當他人有需求時，菩薩行者應該滿足對方，慷慨布施，不貪著，不吝嗇。

「謂諸有情求食與食，求飲與飲，求乘與乘，求衣與衣。」有人需要食物時，菩薩行者要布施對方食物；有人需要飲水時，菩薩行者要布施對方飲水；有人需要車乘時，菩薩行者要布施對方車乘；有人需要衣服時，菩薩行者要布施對方衣服。

「求莊嚴具施莊嚴具，求諸什物施以什物，求鬘塗香施鬘塗香，求止憩處施止憩處。」有人需要裝飾品時，菩薩行者要布施對方裝飾品；有人需要日用百貨時，菩薩行者要布施對方日用百貨；有人需要香水等物品時，菩薩行者要布施對方香水等物品；有人需要並尋找休息、居住的地方，菩薩行者要布施對方可以休息、居住的地方。

「求諸光明施以光明。」這裡的光明有兩層含義，既可以指現實中的燈具，也可以指內在的智慧光明。不論有情眾生需要哪一種光明，菩薩行者都要為他們點燈，指引他們走向光明。

第七，饒益求依止者

又諸菩薩性好攝受諸有情類，如法御眾，方便饒益。以無染心先與依止，以憐愍心現作饒益，然後給施如法衣服、飲食、臥具、病緣醫藥、資身什物。若自無有，應從淨信長者、居士、婆羅門等求索與之。於己以法所獲如法衣服、飲食、諸坐臥具、病緣醫藥、資身什物，與眾同用，自無隱費。於時時間，以其隨順八種教授而正教授，五種教誡而正教誡。此中所說教授教誡，當知如前「力種性品」已廣分別。

第七相，菩薩要饒益那些求依止的人。所謂求依止，比如對方需要生活或修學的環境，需要親近善知識。在禪宗叢林中，住持有領眾修行的責任。作為住持一方者，應該有什麼樣的發心？如何為大眾服務？

「又諸菩薩性好攝受諸有情類，如法御眾，方便饒益。」菩薩天性就喜歡幫助並引導眾生，所以叫「性好攝受諸有情類」。如法，是依法。御眾，是依佛法和戒律管理大眾。在管理過程中，菩薩行者要以各種方便幫助大家，引導大家走上菩提道。具體怎麼做呢？

「以無染心先與依止。」首先以沒有染汙的心，作為大眾的依止。不要有我相，覺得我是方丈，是住持，是老大，一切都以我為主，你們都要聽我的。有的人收徒弟或住持道場，不是想著成就大家，成就佛教事業，而是需要這個資源和身分，為自己的名利服務，這些都是有染汙的心。

「以憐愍心現作饒益。」同時要對道場大眾具備憐愍、慈悲之心，做種種利益他們的事，成就大家的學習、修行、發心。總的來說，就是為眾生，為佛教，而不是為了個人名利，成就自我感覺。

「然後給施如法衣服、飲食、臥具、病緣醫藥、資身什物。」要維護一個道場，創造穩定的生活環境和修行保障，必須為大眾提供衣服、飲食、臥具、湯藥，包括生病後的醫藥和治療，這在佛教中稱為四事供養。資身什物，則是四事以外的生活用品。有了這些基本條件，大家才能安心地修學、辦道。

「若自無有，應從淨信長者、居士、婆羅門等求索與之。」如果自己沒有這些物品，應該向對三寶有清淨信心的長者、居士、婆羅門等護法化緣，讓更多的人參與護持道場。

「於己以法所獲如法衣服、飲食、諸坐臥具、病緣醫藥、資身什物，與眾同用，自無隱費。」作為菩薩行者來說，對於自己如法獲得的四事供養，以及生活用品等，要和大家共用，而不是藏著自己用。

以上所說主要指物質上的依止和幫助。在生活穩定的基礎上，菩薩還要給予大眾法上的引導，這才是更重要的依止。

「於時時間，以其隨順八種教授而正教授，五種教誡而正教誡。」菩薩要時時如法引導大眾，包括偏向禪修和教理的八種教授，偏向戒律的五種教誡。八種教授中，有關於禪修的五停心的教授，如不淨觀、慈悲觀、緣起觀、界分別觀、安那般那（數息觀）。關於教理的，有中道見的引導，使大眾遠離斷見和常見。同時還要引導大眾遠離增上慢，即未得謂得、未證謂證的偏差，沒得到什麼果位卻以為自己得到了，沒證悟空性見卻以為自己證悟了。作為菩薩行者，要給予大眾相關引導，通過住持道場來饒益有情。

所謂五種教誡，《瑜伽師地論》云：「一者，遮止有罪現行。二者，開許無罪現行。三者，若有於所遮止開許法中暫行犯者，如法諫誨。四者，若有於彼法中數數輕慢而毀犯者，以無染濁，無有變異，親善意樂，如法訶擯，與作憶念。五者，若有於所遮止開許法中能正行者，慈愛稱歎真實功德，令其歡喜。當知是名略說菩薩五種教誡，所謂遮止、開許、諫誨、訶擯、慶慰。」

「此中所說教授教誡，當知如前『力種性品』已廣分別。」相關內容，《瑜伽師地論》的「力種性品」已經作了詳細介紹和辯析。

第八，饒益求隨心轉

又諸菩薩於有情心性好隨轉，隨心轉時，先知有情若體若性。知體性已，隨諸有情所應共住，即應如是與其共住；隨諸有情所應同行，即應如是與彼同行。

第八相，菩薩要隨順眾生的心願和需要，完成饒益眾生的修行。《普賢行願品》的十大願王中，也有一條是「恆順眾生」。究竟如何隨順？事實上，眾生的很多需求可能是不健康，甚至很無明的。如果盲目隨順，既不能利益眾生，也不利於自身修行，關於如何隨順的問題，《戒品》從七個方面為我們提出了標準，我覺得很重要。

「又諸菩薩於有情心性好隨轉。」菩薩利益眾生，必須本著慈悲心，以眾生的需要為需要，發自內心地願意隨順眾生。一般人都是以自我為中心，讓眾生圍著我轉，為我服務，最終成就我執。而菩薩是以眾生為中心，才能在恆順眾生的過程中弱化我執。這是隨心轉的修行意義。

「隨心轉時，先知有情若體若性。」隨順眾生，必須了解他們的性格、意願、喜好，這樣才能根據他們的特點提供服務。如果不了解，就無法準確理解他們的需求，怎麼恆順？

「知體性已，隨諸有情所應共住，即應如是與其共住；隨諸有情所應同行，即應如是與彼同行。」充分了解眾生的性格、興趣愛好之後，才能隨著他們的需要，和他們一起共住，一起做事。這裡的共住和同行，並不是必須住在一起或同進同出，主要在於三觀的認同。以下，從七個方面講述具體標準。

・之一

若諸菩薩欲隨所化有情心轉，當審觀察，若於如是如是相事現行身語，生他憂苦。如是憂苦，若不令其出不善處，安立善處，菩薩爾時於如是事現行身語，護彼心故，方便思擇，勵力遮止，令不現行。如是憂苦，若能令其出不善處，安立善處，菩薩爾時於如是事現行身語，住哀愍心，不隨如是有情心轉，方便思擇，勵力策發，要令現行。

復審觀察，若於如是他有情事現行身語，令餘有情發生憂苦。如是憂苦，若不令他或餘有情，或不令二出不善處，安立善處。菩薩爾時於如是事現行身語，護餘心故，方便思擇，勵力遮止，令不現行。如是憂苦，若能令他或餘有情，或能令二出不善處，安立善處。菩薩爾時於如是事現行身語，住哀愍心，不隨如是有情心轉，方便思擇，勵力策發，要令現行。

復審觀察，若於如是菩薩自事現行身語，生他憂苦。如是現行身語二業，非諸菩薩學處所攝，不順福德智慧資糧。如是憂苦，不能令他出不善處，安立善處。菩薩爾時於如是事，現行身語，護他心故，方便思擇，勵力遮止，令不現行。與此相違現行身語，如前應知。如生憂苦，如是廣說。生於喜樂，隨其所應當知亦爾。

恆順眾生共有七點，很有意思，大家要仔細領會。

「若諸菩薩欲隨所化有情心轉，當審觀察，若於如是如是相事現行身語，生他憂苦。」菩薩度化有情眾生，首先要得到對方的接納，這就必須隨順他們。但不是沒有原則的隨順，而要以智慧觀察，如果隨順他，和他一起去做事會帶來憂愁痛苦，這樣的憂苦有什麼意義？

「如是憂苦，若不令其出不善處，安立善處，菩薩爾時於如是事現行身語，護彼心故，方便思擇，勵力遮止，令不現行。」不善處，指三惡道。善處，包括解脫道、菩提道。如果隨順後會給眾生帶來憂愁和痛苦，不能讓他們擺脫不善行和惡道痛苦，安住善處，當然就不能隨順。因為眾生很無明，看不到行為的結果，但菩薩可以用智慧看到，順著眾生的某些願望，非但沒有絲毫利益，還會給他們的未來生命帶去憂苦。菩薩觀察到這種狀況，就要想方設法地堅決制止，不讓這樣的事發生。這種制止必須有方便善巧，照顧到對方感受，而不是生硬地製造對立，所以叫「護彼心故」。

「如是憂苦，若能令其出不善處，安立善處，菩薩爾時於如是事現行身語，住哀愍心，不隨如是有情心轉，方便思擇，勵力策發，要令現行。」反過來說，如果某件事會給眾生帶來暫時的憂苦，但這種痛苦是有價值的，可以引導他們走出惡道，走上善道。菩薩就要本著慈悲心，積極地推動這件事。雖然這件事是善法，但在眾生的感覺中，做起來並不開心，也沒什麼眼前利益，就不願意做。在這種情況下，菩薩要想方設法，以各種方便善巧，不遺餘力地推動，讓眾生看到此事的真正利益，而不是順著他們的情緒和好惡。這種情況，是通過不隨順來隨順。

以下所說的道理和前面很接近，不同在於，此事不僅涉及當事人，還會給別人帶來正面或負面的影響。在這種情況下，菩薩應該如何隨順？

「復審觀察，若於如是他有情事現行身語，令餘有情發生憂苦。」菩薩以智慧觀察，如果人做了這件事之後，會讓其他有情眾生產生憂愁或痛苦，就要對此做一個價值判斷。

「如是憂苦，若不令他或餘有情，或不令二出不善處，安立善處。菩薩爾時於如是事現行身語，護餘心故，方便思擇，勵力遮止，令不現行。」有時，一件事不僅給自己帶來痛苦，還會給身邊人帶來痛苦，但眾生因為無明而看不清，仍然樂此不疲地做著。菩薩以智慧看到，這樣的憂愁和痛苦不能讓當事人和相關有情眾生走出惡道，走上善道，就要積極主動地阻止，讓他們不再做這些事。護餘心故，就是不製造對立，通過方便善巧，讓他們接納你的正確意見。

「如是憂苦，若能令他或餘有情，或能令二出不善處，安立善處。菩薩爾時於如是事現行身語，住哀愍心，不隨如是有情心轉，方便思擇，勵力策發，要令現行。」反之，雖然這件事會給當事者或身邊人帶來暫時的憂愁和痛苦，但這種憂苦是有價值的，可以使他們走出不善道，走上解脫道和菩提道。在這種情況下，菩薩就不能隨順有情眾生。為什麼不隨轉？前提是當事人看不到此事的意義，不願接受這種憂苦。在這種情況下，菩薩要本著慈悲心，積極推動有情做這件事。

由此可以看到，菩薩的隨順是有原則的，不完全是隨著眾生眼前的需要或興趣。關鍵在於，做這件事能不能給眾生帶來利益。如果有利益，即使眾生不想做，菩薩也會積極推動。如果沒有利益，即使眾生想做，菩薩也要主動制止。因為眾生很無明，他的需要和興趣也很無明，如果一味隨順，就會和他一起墮落。

下面說到，對於菩薩自己要做的事，同樣要作出價值判斷。

「復審觀察，若於如是菩薩自事現行身語，生他憂苦。如是現行身語二業，非諸菩薩學處所攝，不順福德智慧資糧。」接著還要觀察，如果菩薩自己要做的事、要說的話，會給眾生帶來憂愁和痛苦。而且這樣的身業和語業並不在菩薩戒行持的範疇，甚至是有衝突的，也不能成就福德和智慧資糧。從這些判斷上說，這個行為對菩提道修行沒有任何價值，對菩薩的自身成長沒有任何幫助。

「如是憂苦，不能令他出不善處，安立善處。菩薩爾時於如是事，現行身語，護他心故，方便思擇，勵力遮止，令不現行。」這是從對其他眾生的影響來說。菩薩看到，這種給人帶來憂苦的行為，並不能使人走出不善道，導向善道，沒有絲毫價值。即使有人希望他做，菩薩還是要通過各種方式說服別人，不去做這件事。

「與此相違現行身語，如前應知。」菩薩恆順眾生，不只根據眾生眼前的需要，而是從生命成長的高度來觀察，這件事到底有沒有意義。如果菩薩看到，自己要做的這件事，雖然會讓自己產生憂苦，或是給身邊人帶來暫時的憂苦，但這個憂苦是有價值的，能讓自己和眾生增長福德和智慧資糧，使生命得到成長。對於這樣的正向行為，不論別人是否願意讓你做，菩薩都會積極推動，而且以方便善巧說服他人，一起來做好事。

「如生憂苦，如是廣說。生於喜樂，隨其所應當知亦爾。」和生憂苦的道理同樣，有些事會讓人產生喜樂，大家都願意去做。儘管如此，菩薩還是要對此作價值的考量和判斷，看看這件事對大家有沒有長久的利益，有沒有負面的影響。如果有利益，即使大家都不喜歡，也要去做。反之，如果沒有利益，即使大家都喜歡，也不能去做。比如有人非法獲取錢財，然後分給大家。雖然大家都很高興，但菩薩行者知道這是不如法的，不能因為大家高興，就順著大家的意思，而要堅決地制止這件事。事實上，凡夫的很多喜樂是有副作用的，雖然眼前高興了一下，但要付出很大的代價。所以菩薩恆順眾生並不簡單，不是眾生想怎樣就怎樣，而是要以智慧觀察，深知因果法則，從因上把好關。

・之二

又隨他心而轉菩薩，知他有情忿纏所纏，現前忿纏難可捨離，尚不讚歎，何況毀呰。即於爾時，亦不諫誨。

「又隨他心而轉菩薩，知他有情忿纏所纏，現前忿纏難可捨離，尚不讚歎，何況毀呰。」第二點，菩薩看到眾生處在強烈的憤怒中，被負面情緒牢牢抓住，難以平息，應該怎麼面對？首先不應該隨喜，否則就是煽風點火，但也不要去批評他。因為他已經很憤怒了，再批評就是火上加油，也是不對的。

「即於爾時，亦不諫誨。」當對方處在極度憤怒中，也不必去勸諫。因為人在那種無明的時刻，勸也沒用，還容易適得其反。憤怒時你就躲遠一點，讓他的燃料燒完就沒事了。

作為菩薩行者，要懂得審時度勢，觀察因緣，等他的憤怒平息，心靜下來，聽得進你說話時，再去和他擺事實，講道理。總之，勸誡需要善巧方便，觀察因緣。這說的是對憤怒有情眾生應該怎麼隨順。

·之三

又隨他心而轉菩薩，他雖不來談論慶慰，尚應自往談論慶慰，何況彼來而不酬報。

「又隨他心而轉菩薩，他雖不來談論慶慰，尚應自往談論慶慰。」第三點，菩薩要積極主動地關心他人。尤其是對新來的人，或是內心與你有隔閡的人，菩薩應該採取主動，去看望看望對方，和他們聊天，以示慰問。凡夫因為我執，或是自卑、孤僻等性格原因，往往對他人有一種陌生感。即使生活在一起，也是活在各自的心理狀態，如隔千里。如果把內心的隔閡和自我去掉，我們會發現，和任何人都沒有距離感，都可以順利地交流。

尤其是法義上的交流，對學佛非常重要。同學們要養成這個習慣，學了法義之後，和身邊人談一談，這本身也是一種學習方式，當你給別人說的同時，就在整理自己的思路，也會對別人有所啟發。如果對方因為受到啟發，進一步向你提出問題，對你又是一種促進。在彼此交流中，會激發出很多靈感，也能鍛鍊弘法能力，好處多多。三級修學就特別重視分享，大家在一起，通過分享共同進步。

「何況彼來而不酬報。」作為菩薩行者，即使別人不來找你，也要積極主動地關心對方，何況對方已經先來找你，更不能不接待、不回應。而且這種接待不是敷衍了事，而要真誠、熱情地回應對方。

・之四

又隨他心而轉菩薩，終不故意惱觸於他，唯除呵責諸犯過者，起慈悲心，諸根寂靜，如應呵責，令其調伏。

「又隨他心而轉菩薩，終不故意惱觸於他。」第四，作為發願隨順眾生的菩薩，絕不能故意傷害他人，讓人生氣，而要學會讓人歡喜，這是菩薩非常重要的素養。凡夫看誰不順眼的話，總想著說些什麼做些什麼，讓對方生氣了才高興。但作為菩薩行者，要處處想著對方，言行都要讓他人歡喜。這樣做的時候，對方也會讓你開心，就能互相增上，一起開心。

「唯除呵責諸犯過者。」當然，菩薩利益眾生也不是一味說些好話，該批評時還是要批評。對於那些犯有過失的眾生，如果為了讓他開心，就不批評指正，不對他加以責罰，也是不對的。讓對方開心的前提，是這麼做對他有利益。否則，這種開心是沒有價值，甚至有副作用的，因為你在縱容他的不善行為。

「起慈悲心，諸根寂靜，如應呵責，令其調伏。」菩薩應該如何批評眾生，才會給他們帶來實際幫助？很多時候，我們看不慣他人，覺得對方有缺點，但批評時充滿我執我見，甚至充滿情緒，對方是不會接受的，也起不到幫助的效果。所以菩薩調伏犯過者時，首先要看看自己內心有沒有嗔恨，是不是純粹出自慈悲。其次，雖然在批評別人，但自己的內心很安靜，很祥和。做到這兩點，再來擺事實，講道理，就容易讓對方接受，起到調伏的效果。所以，心懷慈悲和諸根寂靜是批評他人的重要前提，否則批評是不管用的，甚至會有反作用。

・之五

又隨他心而轉菩薩，終不嗤誚輕弄於他，令其赧愧，不安隱住，亦不令其心生憂悔。雖能摧伏得勝於彼，而不彰其墮在負處。彼雖淨信生於謙下，終不現相而起自高。

「又隨他心而轉菩薩，終不嗤誚輕弄於他，令其赧愧，不安隱住。」嗤誚，譏笑責備。赧愧，羞慚。第五點，修習隨順眾生的菩薩行者，絕不會嘲笑、譏諷、挖苦、捉弄眾生，讓眾生感到羞愧、難堪、內心不安。很多人喜歡通過嘲笑他人來表現自己，其實是對他人的一種語言傷害。這是菩薩必須避免的。

「亦不令其心生憂悔。」菩薩要關注並照顧眾生的感受，不讓他們生起憂悔。當然這是說沒意義的憂悔，比如被你嘲笑而感到憂悔。如果是有意義的憂悔，比如他做了壞事，你讓他生起懺悔、慚愧之心，這是對他有益的正確做法。

「雖能摧伏得勝於彼，而不彰其墮在負處。」菩薩雖然能在某些方面勝過對方，但在實際表現上，不會讓對方因為失敗而感到難堪。就像武林高手在過招時，明明可以讓對方一敗塗地，但手下留情，點到為止。對方知道自己敗了，但不覺得很難堪。菩薩也要有這種素養，讓對方心服口服，而不是感到挫敗。可能有人說，菩薩那麼慈悲的話，為什麼要「得勝於彼」呢？這是因為眾生我執很重，尤其是有成就的人，還有強烈的我慢。菩薩必須以智慧和能力戰勝他，對方才會接受你，進而接受佛法。雖然以這樣的方式攝受眾生，但菩薩出於慈悲，還是要保護對方的自尊。所以這不是世俗意義上的爭強好勝，也不是為了高人一等。

「彼雖淨信生於謙下，終不現相而起自高。」雖然有人出於對菩薩的信心，表現得很謙恭，但菩薩並不會因此覺得高高在上。我們在世間可以看到，有些人被他人恭敬、信任甚至追隨後，就會忘乎所以，覺得自己很了不起，目空一切。但菩薩不是這樣，別人恭敬他，他沒有絲毫執著，依然保持謙卑的心態。菩薩就是這麼打造出來的。我們一點點地學習，一點點地落實，確實就在向菩薩靠攏。

・之六

又隨他心而轉菩薩，於諸有情非不親近，不極親近，亦不非時而相親近。

菩薩恆順眾生，需要和他們保持適度的關係，這點非常重要。把握不好尺度，比如對他人過於熱情，會讓人產生負擔；對他人過於冷漠，則會讓人產生距離和疏遠感。人與人之間的距離也好，說話做事也好，都要恰到好處，才會讓人如沐春風，樂意和你來往。所以菩薩必須有智慧，知道在交往過程中保持什麼樣的度。

「又隨他心而轉菩薩，於諸有情非不親近。」發心恆順眾生的菩薩應該怎麼和人交往呢？首先是「非不親近」。如果你不和有情眾生親近，怎麼去度化他，幫助他？只有走近他，和他接觸、交流，才能讓對方接納你。

「不極親近。」但也不能過於親密。交往太頻繁，往往會給人造成負擔，甚至害怕看到你。所以既不是不親近，也不是極親近。那麼，一個月或一周見幾次才恰到好處？其實並沒有一定之規。因為每個人的性格不同，需求和接納程度不同，和你的因緣也不同，必須以智慧觀察，根據實際情況而定。

「亦不非時而相親近。」除了把握尺度外，還要考慮時間、場所等情況。尤其是對比較忙的人，會有特定的接待時間，以免影響他的工作和生活。如果你在不合適的時間出現，對方會不樂意，覺得生活安排被你打亂，把你視為不速之客。所以作為菩薩行者來說，要知道自己在什麼時間、場所出現才合適。把握好這些尺度，才能有效地隨順眾生。

．之七

又隨他心而轉菩薩，終不現前毀他所愛，亦不現前讚他非愛。非情交者不吐實誠，不屢希望，知量而受。若先許應他飲食等，終無假託不赴先祈。為性謙沖，如法曉諭。

生活中常常可以看到，有人覺得某個東西很好，很得意，卻被其他人直接否定了。雖然否定者並沒有惡意，只是性格如此，還是會讓對方聽了不高興。前面講到菩薩要「護彼心」，就是照顧他人的感受，知道什麼話該說、什麼話不該說。有些人覺得心直口快沒什麼，說明自己沒有藏著掖著，但要想到，如果這種心直口快會傷害別人，好什麼呢？祖師說「直心是道場」，有人理解為「我想什麼就說什麼，想發脾氣就發脾氣」。其實這根本不是直心，而是無明的心。真正的直心是平常心，是超越情緒的。如果所說的話對他的成長沒什麼幫助，只會讓人不開心，甚至覺得被詆毀，菩薩肯定不幹。

「又隨他心而轉菩薩，終不現前毀他所愛，亦不現前讚他非愛。」發心恆順眾生的菩薩，要了解眾生的習性，知道怎麼與其交流。比如對方喜歡的人、事或物品等，不要直接出言打擊；對方不喜歡的人、事或物品等，也不要拚命在他面前說這個人好、這件事好、這個東西好，嘮嘮叨叨，讓他聽了不高興。

當然，這個做法沒有絕對性，要聯繫第一條的內容來理解。如果菩薩看到眾生對這個人、事或物品貪著不捨，而且這種貪著會給他帶來極大的痛苦，可以本著慈悲心毀他所愛，讓他知道這個東西其實是不好的，目的是讓他放棄執著，獲得究竟的長遠利益。反過來說，眾生因為無明而排斥佛法，菩薩為了引導他，也要和他說佛法如何智慧、某個法門如何殊勝、某位善知識如何慈悲。

以上說的是常規狀況，比如對這個人、事或物品的愛與不愛，並不涉及太多價值判斷，只是出於個人的喜好和串習。在這種情況下，菩薩不必反其道而行之。如果你和眾生正面衝突，他們就可能不接納你了，如何進一步幫助、引導他們？即使我們本著慈悲，想要破除他對某些事的執著，也必須有善巧方便，而不是生硬地對立。

「非情交者不吐實誠。」這也是關於尺度的把握。所謂非情交者，就是雙方的交往還不是很深，就沒必要推心置腹地講很多自己的想法。一方面，對方未必有興趣；另一方面，交淺言深往往副作用很大。所以說，交流深度是取決於交往的深度。同時，要從利益他人的角度說話，在說的過程中保持覺察和安靜，而不是只顧自己訴說。這是菩薩很重要的修養。

「不屢希望，知量而受。」菩薩發心幫助眾生並努力踐行，但這麼做只是純粹的付出，是無所得的，並不對他人有什麼希望和期待，不是想著我為你做了什麼，你也得為我做；我對你這麼好，你也得對我好。如果別人真心想給你東西，得根據實際需要接受，不能因為對方熱情、慷慨就照單全收。

「若先許應他飲食等，終無假託不赴先祈。」如果你已接受別人的吃飯邀請，就不要推託，或接受另外的邀請。這樣失信會讓人不歡喜。

「為性謙恭，如法曉喻。」菩薩行者要性格謙下，待人恭敬，通情達理地和人交流。

以上七個方面，屬於第八條「饒益求隨心轉」，告訴我們，菩薩要通過這些方面隨順眾生，完成利益眾生的修行。我覺得這些內容很有道理，我們要努力領會。

第九，饒益正行

又諸菩薩性好讚揚真實功德，令他歡喜。於信功德具足者前，讚揚信德令其歡喜。於戒功德具足者前，讚揚戒德令其歡喜。於聞功德具足者前，讚揚聞德令其歡喜。於捨功德具足者前，讚揚捨德令其歡喜。於慧功德具足者前，讚揚慧德令其歡喜。

第九相，菩薩應該如何利益具有正行的眾生，進一步鼓勵他，推動他。

「又諸菩薩性好讚揚真實功德，令他歡喜。」菩薩要培養隨喜讚歎的習慣，看到他人有成就、善行、真實功德，哪怕一點一滴，都要發自內心地真誠讚美，令對方感到歡喜。《普賢行願品》也講到隨喜功德，是菩薩積集資糧、圓滿菩提的重要途徑。下面具體闡述。

「於信功德具足者前，讚揚信德令其歡喜。」在對三寶具足信心的人面前，讚揚他的信心，讓他歡喜。讚歎非常重要，可以給對方鼓勵。社會上，一個人在事業、學術等方面取得成就，會得到世人的認同和仿效，也會使他更有信心。學佛也是同樣，具有十足的信心前，如果得到道友的認同和鼓勵，就會信心倍增。所以大家要養成讚歎他人的習慣，看到身邊人有一絲一毫的進步和成就，都要真誠地讚歎他、鼓勵他。這種讚歎會形成良好的修學氛圍，使彼此互相增上。

「於戒功德具足者前，讚揚戒德令其歡喜。」對於具足戒功德的人，我們就讚揚他持戒清淨、精嚴的功德，令他感到歡喜，對自己的所行更有信心。

「於聞功德具足者前，讚揚聞德令其歡喜。」對於具足聞功德的人，我們就讚揚他廣學多聞、如理思惟的功德，令他感到歡喜。

「於捨功德具足者前，讚揚捨德令其歡喜。」對於具足布施功德的人，我們就讚揚他樂善好施、慷慨助人的功德，令他感到歡喜。

「於慧功德具足者前，讚揚慧德令其歡喜。」對於具足智慧功德的人，我們就讚揚他智慧深廣的功德，令他感到歡喜。

讚歎是有方便善巧的，不是在那裡盲目、誇張地說上一通。如果讓人感覺你言不由衷，對方反而不舒服。你要確實發現對方的優點在哪裡，把這個點抓準，然後恰如其分地讚歎。也可以稍微誇張一點點，但不能過，否則反而感覺假。如果讚歎到點上，對方會感到被理解，受到很大的鼓舞。從另一方面說，在讚歎別人功德的過程中，也意味著你對這種善行的認同，你的善心也會得到增長，隨喜別人的同時，也是在成就自己。

第十，饒益邪行

又諸菩薩性好悲愍，以調伏法調伏有情。若諸有情有下品過、下品違犯，內懷親愛，無損惱心，以軟呵責而呵責之。若諸有情有中品過、中品違犯，內懷親愛，無損惱心，以中呵責而呵責之。若諸有情有上品過、上品違犯，內懷親愛，無損惱心，以上呵責而呵責之。如呵責法，治罰亦爾。若諸有情有下中品應可驅擯過失違犯，菩薩爾時為教誡彼及餘有情，以憐愍心及利益心，權時驅擯，後還攝受。若諸有情有其上品應可驅擯過失違犯，菩薩爾時盡壽驅擯，不與共住，不同受用。憐愍彼故，不還攝受，勿令其人於佛聖教多攝非福，又為教誡利餘有情。

第十相，菩薩應該如何饒益邪行眾生。所謂邪行，指犯戒或產生不善行的眾生。對於這樣的人，我們往往會嫌棄他們，疏遠他們，但作為菩薩行者，還是要依法饒益對方。

「又諸菩薩性好悲愍，以調伏法調伏有情。」調伏法，即律中關於犯戒的制裁方式。作為菩薩行者，不僅要隨喜眾生，還會採用如法的方式處罰眾生，幫助他們改過自新。這也是菩薩的基本素養。

「若諸有情有下品過、下品違犯，內懷親愛，無損惱心，以軟呵責而呵責之。」這是針對受過菩薩戒的初發心菩薩。如果他們在持戒過程中有下品違犯，即輕微的過錯，菩薩出於對他們的悲愍心，同時沒有任何損惱他、傷害他、讓他難堪和苦惱的想法，在這一前提下，以委婉的方式批評對方。軟呵責，就是委婉、輕微的批評。關於什麼是下品、中品、上品，後面講述四重四十三輕戒時會具體講到，大體就是上品比中品更重，中品比下品更重。

「若諸有情有中品過、中品違犯，內懷親愛，無損惱心，以中呵責而呵責之。」如果眾生有中等的犯罪情況，菩薩還是以內懷親愛為前提，不帶任何嗔恨，以普通的批評呵責對方，指出其過錯，令其認識錯誤，改過自新。「內懷親愛」這點很重要，如果沒有這個前提，可能只是在宣洩情緒，談不上幫助眾生。

「若諸有情有上品過、上品違犯，內懷親愛，無損惱心，以上呵責而呵責之。」如果眾生有嚴重的過錯和犯戒情況，菩薩就要嚴厲地批評對方。雖然態度嚴厲，但不是出於嗔恨，依然以內懷親愛為前提，為了幫助而不是損惱對方。

「如呵責法，治罰亦爾。」菩薩對眾生的批評有下中上三等，即輕微、普通和嚴厲的批評。此外還有相應的責罰，方式也有三等，即呵責、治罰和驅擯。呵責是語言的批評，最輕微。治罰是行動的制裁，比如關到房間面壁三天，或是奪三十五事，取消你給別人說法等資格，屬於中等治罰。最嚴重的是驅擯，把你趕出僧團一段時間，甚至把你長期趕出僧團。菩薩要根據眾生所犯的過失，需要呵責就採用呵責的手段，需要處罰就採取處罰的手段，需要驅擯就採取驅擯的手段。

「若諸有情有下中品應可驅擯過失違犯，菩薩爾時為教誡彼及餘有情，以憐愍心及利益心，權時驅擯，後還攝受。」前面講到呵責分為三品，對於下品違犯、中品違犯、上品違犯，菩薩要分別給予下品、中品、上品的治罰，並在治罰過程內懷親愛，無損惱心。這裡說到，需要驅擯的也有不同情況。比如這種違犯雖然屬於可驅擯的範疇，但相對較輕，屬於下品和中品的違犯，菩薩為了幫助他，同時教育其他有情眾生，同樣要以慈悲心將他逐出僧團，但這麼做是暫時的，等他悔過後還可以繼續攝受他。

「若諸有情有共上品應可驅擯過失違犯，菩薩爾時盡壽驅擯，不與共住，不同受用。」如果有情眾生犯了必須驅擯的過失，而且程度非常嚴重，菩薩就要把他長期逐出僧團，永遠不和他共住，也不和他分享僧團的物質受用。

「憐愍彼故，不還攝受，勿令其人於佛聖教多攝非福，又為教誡利餘有情。」這麼做是出於對他的慈悲和憐憫。因為他在僧團待著，非但自己不修行，還會為非作歹，對別人產生影響。這樣不僅損害到自己，同時損害到團體，造下很大的罪過。把他趕出去，既可以阻止他在僧團繼續作惡，還能使他因此反省，生起慚愧心。

第十一，饒益應現神通調伏之有情

又諸菩薩為欲饒益諸有情故，現神通力，或為恐怖，或為引攝。

第十一相，饒益必須以神通調伏的有情眾生。在必要的時候，菩薩可以顯現神通，通過這種方式調伏有情眾生。

「又諸菩薩為欲饒益諸有情故，現神通力，或為恐怖，或為引攝。」這裡分為兩點，首先是以神通恐嚇他，其次是以神通攝受他，目的都是利益眾生，令眾生棄惡從善。

·以神通恐怖

謂為樂行諸惡行者，方便示現種種惡行諸果異熟，謂諸惡趣、小那落迦、大那落迦、寒那落迦、熱那落迦。既示現已，而告之言：汝當觀此，先於人中造作增長諸惡行故，今受如是最極暴惡、辛楚非愛苦果異熟。彼見是已，恐怖厭患，離諸惡行。復有一類無信有情，菩薩眾中隨事故問，彼作異思拒而不答。菩薩爾時或便化作執金剛神，或復化作壯色大身巨力藥叉，令其恐怖。由是因緣捨慢生信，恭敬正答。其餘大眾聞彼正答，亦皆調伏。

「謂為樂行諸惡行者，方便示現種種惡行諸果異熟，謂諸惡趣、小那落迦、大那落迦、寒那落迦、熱那落迦。」那落迦，即地獄。有些眾生以作惡為樂，屢教不改，對於這樣的人，菩薩要以神通為他們顯現惡行招感的異熟果報。那就是三惡道，尤其是地獄道中的小地獄、大地獄、八寒地獄、八熱地獄。

「既示現已，而告之言：汝當觀此，先於人中造作增長諸惡行故，今受如是最極暴惡、辛楚非愛苦果異熟。」菩薩以神通顯現惡道的恐怖景象後，告訴他說：你看這些人，都是曾經造作極大惡行，現在招感這種最慘烈、最痛苦、最無法接受的異熟苦果。

「彼見是已，恐怖厭患，離諸惡行。」這些人看到惡行的苦果後嚇壞了，再也不敢造作惡行了。很多人之所以作惡，是因為看不到這些行為的後果，才會一錯再錯。

「復有一類無信有情，菩薩眾中隨事故問，彼作異思拒而不答。菩薩爾時或便化作執金剛神，或復化作壯色大身巨力藥叉，令其恐怖。」有些人對佛法沒信仰，菩薩要去教化他的時候，對方不想了解，拒絕交流。經典記載，有外道拒不回答佛陀所問，護法力士就拿著金剛杵放在他頭上：你答不答？不答的話，頭就變成七塊。他嚇得馬上回答了。必要的時候，菩薩也可以這樣做，化作手持金剛杵的金剛，或是身形魁梧、力量巨大的藥叉，讓對方心生恐怖。

「由是因緣捨慢生信，恭敬正答。其餘大眾聞彼正答，亦皆調伏。」由於這樣的因緣，對方就能捨棄慢心，生起信心，恭敬地回答問題。其他人看到這個情況，聽到他的正答，也能因此得到調伏，接受佛法。所以說，神通可以作為菩薩教化眾生的方便。

・以神通引攝

或現種種神通變化，或一為多，或多為一，或以其身穿過石壁、山巖等障，往還無礙，如是廣說。乃至梵世身自在轉，現無量種神變差別。或復現入火界定等，或復示現共聲聞等種種神通，方便引攝，令諸有情踴躍歡喜。諸未信者，方便安處信具足中；諸犯戒者，方便安處戒具足中；諸少聞者，方便安處聞具足中；多慳吝者，方便安處捨具足中；諸惡慧者，方便安處慧具足中。

除了以神通讓對方心生畏懼，菩薩還能以神通顯現種種變化，讓對方看到自己的神力，從而生起信心。引攝，就是引導他們走上菩提道，修學佛法。

「或現種種神通變化，或一為多，或多為一，或以其身穿過石壁、山巖等障，往還無礙，如是廣說。」怎麼引導呢？佛教認為最好的引導方法是語言，沒有副作用。但在特殊情況下，菩薩也可以顯現種種神通，比如把一個身體顯現為很多身體，把很多身體顯現為一個身體，或是穿過石壁、山巖等障礙物，自在無礙地往返，諸如此類。

「乃至梵世身自在轉，現無量種神變差別。或復現入火界定等，或復示現共聲聞等種種神通，方便引攝，令諸有情踴躍歡喜。」或是化現為梵王身，展示無量神變，如經中常說的上身出火、下身出水等。或是顯現為入火界定等，或是示現和聲聞修行共同的種種神通。總之，可以通過不同方式引導有情，讓他們感到歡喜。對凡夫來說，確實會對擁有神力的人心生敬佩，願意聽從並依止，這樣就能接受對方的引導。

「諸未信者，方便安處信具足中；諸犯戒者，方便安處戒具足中；諸少聞者，方便安處聞具足中；諸多慳吝者，方便安處捨具足中；諸惡慧者，方便安處慧具足中。」菩薩通過顯現神通，以種種方便，引導那些對三寶沒有信心的人具足信心，安住於信；引導那些犯戒者清淨持戒，安住於戒；引導那些很少聞思的人，認真聞思經教，安住於法；引導那些慳貪吝嗇的有情，修習布施，安住於捨；引導那些生起惡慧的有情，修習智慧，安住正慧。

四、攝義

如是，菩薩成就一切種饒益有情戒，是名菩薩三種戒藏，亦名無量大功德藏。謂律儀戒所攝戒藏，攝善法戒所攝戒藏，饒益有情戒所攝戒藏。

這一段是攝義，即總結。

「如是，菩薩成就一切種饒益有情戒，是名菩薩三種戒藏，亦名無量大功德藏。」菩薩通過以上十一個項目，以方便善巧引導眾生、利益眾生，落實饒益有情戒的修行。其中包括菩薩的三種戒藏，通過三種戒的修行，可以成就無量功德。

「謂律儀戒所攝戒藏，攝善法戒所攝戒藏，饒益有情戒所攝戒藏。」藏，指含藏很多。三種戒藏，即律儀戒所攝的戒藏，包括一切別解脫律儀；攝善法戒所攝的戒藏，包括菩薩道修行過程中，從初發心到成就佛果的一切善法；饒益有情戒所攝的戒藏，包括菩薩一切饒益有情戒的修行。

菩薩戒和菩薩行到底有什麼區別？是不是等於菩薩行？當然，菩薩戒也屬於菩薩行的一部分，但不是全部。我們知道，菩薩行的重點是六度四攝，通過受持菩薩戒，可以讓菩薩行的實踐更有效，更具力量。所以菩薩行是菩薩戒的建立基礎，菩薩戒是實踐菩薩行的保障，二者相輔相成。

以上，介紹了三聚淨戒的相關內容，是我們進一步認識、實踐菩薩戒的重要基礎。接著要詳細介紹四重四十三輕的戒相。關於菩薩戒的規定，雖然我們現在做起來有一定距離，但所有這些行為規則，從攝律儀戒到攝善法戒、饒益有情戒的條文和內涵，確實非常精采，而且非常善巧，合情合理。希望同學們課後繼續熟悉這些內容，最好是背下來，這樣就可以在生活中反覆思惟，不斷提醒自己應該怎麼做。

第二節　釋受戒法

「瑜伽菩薩戒」戒品大體由三部分組成。第一是「釋所受戒」，即三聚淨戒，是菩薩戒的重要內容。第二是「釋受戒法」，即菩薩戒的羯磨受戒方法。任何一種戒都要通過受戒之後，對我們才是有效的。第三是「釋守護法」，是關於菩薩戒的戒相差別。我們成為菩薩行者之後，應該遵循哪些行為規則，是戒相所闡述的，具體且可操作。除了這三大內容，《戒品》還對菩薩戒作了一些相關說明，屬於輔助性的。

前面已經講了第一部分，我們通過對三聚淨戒的學習，看到菩薩戒的博大精深，廣大無邊，就能對此生起信心，希望成為菩薩行者，這就需要通過受戒取得菩薩資格。第二部分是關於如何受戒的內容，叫作「釋受戒法」。

我們知道，佛弟子有七眾之分，每種身分都是通過受戒取得的，每種戒都有相應的受戒法。受了五戒，才能成為五戒弟子；受了沙彌戒，才能成為沙彌；受了比丘戒，才能成為比丘。我們要獲得菩薩資格，同樣要受菩薩戒。漢傳佛教屬於大乘，所以對中國佛教徒來說，菩薩戒非常重要，關係到我們能否成為真正的大乘行者。

長期以來，在漢傳佛教系統中，大乘精神並沒有得到有效弘揚。我們雖然學的是大乘，自以為大乘行者，但有沒有真正落實大乘精神？其實未必。之所以這樣，和受菩薩戒有一定關係。

印度早期佛教有很多部派，對戒律有不同解讀，所以聲聞戒傳入中國時，出現了有部律、十誦律、四分律、五分律等。菩薩戒傳入中國之初，也有兩大流派。一是後秦高僧鳩摩羅什翻譯的「梵網菩薩戒」。前面說過，漢傳佛教歷來推崇《華嚴》、《法華》。「梵網菩薩戒」為頓立戒，和《華嚴》屬於同一思想體系，自古就深受重視。二是南北朝時由曇無讖傳入的《地持經》，屬於《瑜伽師地論》的一部分，和我們所學的內容為同本異譯。玄奘三藏翻譯《瑜伽師地論》後，將戒品中關於菩薩戒的內容單獨摘錄，即「瑜伽菩薩戒」。可惜的是，它也和唯識教法一樣，並沒有在中國得到大力弘揚。直到民國年間，才由太虛大師開始重視並大力宣導「瑜伽菩薩戒」。

受戒和持戒是密切相關的，即「受隨相應」。也就是說，我們受了什麼系統的菩薩戒，就要持與之相關的戒條。從「梵網菩薩戒」和「瑜伽菩薩戒」的對機者來看，前者是盧舍那佛為釋迦牟尼佛及諸大菩薩所說，屬於大菩薩的境界；後者是彌勒菩薩為娑婆世界眾生所說，和我們的心行更接近，開遮也更為善巧。所以在當今教界，推廣「瑜伽菩薩戒」具有特殊意義。

以下，從「請白、修集資糧、勸速授戒、修勝歡喜、問障難、正行法、結行法」七個方面，講述「瑜伽菩薩戒」的受戒法，告訴我們應該如何受戒，才能成為合格、如法的菩薩行者。

一、請白

若諸菩薩欲於如是菩薩所學三種戒藏勤修學者，或是在家，或是出家，先於無上正等菩提發弘願已。當審訪求同法菩薩，已發大願，有智有力，於語表義能授能開。於如是等功德具足勝菩薩所，先禮雙足，如是請言：我今欲於善男子所，或長老所，或大德所，乞受一切菩薩淨戒。唯願須臾不辭勞倦，哀愍聽授。

第一是「請白」，就是選擇一位戒師為我們傳授菩薩戒。

「若諸菩薩欲於如是菩薩所學三種戒藏勤修學者。」如果想成為菩薩行者，首先要了解菩薩應該學習的三種戒藏，即攝律儀戒、攝善法戒、饒益有情戒。勤修學，就是努力精進地修學。這裡有個問題：如果我們沒受菩薩戒，能不能學習並實踐三聚淨戒？答案是可以的。那麼，受不受戒有什麼區別？如果我們沒受戒就學習這些戒條，覺得這些要求很好，還可以進一步依此實踐。但這種實踐有一定自由性，今天想實踐就實踐，明天不想實踐就不實踐。但受了菩薩三聚淨戒之後，已在十方諸佛菩薩前宣誓，力量是不一樣的，會對自己有督促、推動、約束的作用。因為這是菩薩行者必須做的，沒有可做可不做的選擇。所以，如果我們要精進修學三聚淨戒，不是自己隨便看一看、實踐一下就行了，而要得到菩薩戒的傳承。

「或是在家，或是出家。」按「瑜伽菩薩戒」的要求，出家眾、在家眾都可以受菩薩戒。如果按「梵網菩薩戒」，範圍就更寬了，包括黃門、奴婢等各種身分，乃至動物都可以受，前提是「但解法師語者」。如果一隻貓並不想受菩薩戒，也聽不懂法師授戒時所說的內容，受戒就不能成立。

「先於無上正等菩提發弘願已。」我們受戒之前，首先要發菩提心。關於這個問題，《瑜伽師地論》和《顯揚聖教論》都說到，一個人確定以「成就無上菩提、利益一切眾生、幫助眾生走向覺醒」作為人生目標後，需要找一位菩薩和尚，在他面前宣誓：我要以成就無上菩提、利益一切眾生作為盡未來際的生命目標。這就是菩提心戒，是受菩薩戒的前提。在印度和藏傳佛教中，都有傳授菩提心戒的儀軌。

漢傳佛教盛行頓悟，不講究基礎次第，唯論見性成佛，受戒方面同樣存在這個問題。我們覺得受菩薩戒包含著菩提心，一次性搞定即可。其實，這是把菩提心弱化了。雖然我們受菩薩戒時，戒師會問「你發菩提心沒有」，但很多人根本不知道菩提心是什麼，就回答「發了」，似乎這只是受戒流程之一，並不知道，發菩提心是受菩薩戒不可或缺的前提。我覺得，對菩提心重視不夠，對大乘精神認識不足，是漢傳佛教大乘精神被弱化的重要原因。

大乘精神是什麼？很多人以為，我學了大乘經典，知道大乘見地，修習大乘法門，必然就是大乘行者。其實不然。真正的大乘學子，一定要發菩提心。這才是大乘的不共思想。正是看到大乘精神被弱化的原因，我特別根據大乘經論編寫了菩提心的傳授和修習儀軌，大力弘揚菩提心精神。前些年，我還讓研究所學員把《大藏經》中關於菩提心的內容全部搜集出來。在《涅槃》、《華嚴》、《法華》、《楞嚴》、《般若》等經典中，都講到菩提心的內容，簡直是汗牛充棟。可以說，任何大乘法門的建構都離不開菩提心，任何大乘學人的修行都要以菩提心為根本。

我們希望成為菩薩行者，首先要確立大乘志向，發起願菩提心。你有沒有立志成為大乘學子？有沒有立志以成就無上菩提、利益一切眾生作為盡未來際的使命？確立這個願望非常關鍵，絕不是說一說就可以的，而要發自內心地生起這個願望。就像我們出家，必須確立以解脫為目標；成為大乘行者，不僅要自己解脫，還要帶領一切眾生走向解脫，以此作為自己的目標。這個願望決定了未來生命的發展。我們有沒有確立這樣一種願望？如果沒確立，生命走向將非常模糊。

這裡講的「先於無上正等菩提發弘願已」，代表著我們確定了這個願望，確定以成就無上菩提、利益一切眾生作為生命目標。我們發起這樣的弘願，還要進一步受菩提心戒，在十方諸佛菩薩前宣誓。這一步很重要，我們之所以缺失大乘精神，就是把這個環節弱化了。

發願之後，需要找到一位戒師為我們授菩薩戒。誰可以當菩薩戒的戒師？從最高層面看，真正的戒和尚是釋迦牟尼佛，文殊、彌勒等諸大菩薩是我們的羯磨和尚、教授和尚，還有十方諸佛是我們的尊證師，一切菩薩是我們的同學。看看，一受菩薩戒馬上就升級了，因為我們已加入菩提道的系統。

菩薩戒是從十方三世一切諸佛菩薩，然後由歷代祖師大德代代相傳，傳到今天。這個過程是有傳承的。所以在現實中，我們需要找到一位和尚為依止，他既是菩薩戒的傳承者，同時可以為我們授戒，作為我們受菩薩戒的見證。這位現實中的菩薩要具備什麼條件？

「當審訪求同法菩薩。」受菩薩戒，不是隨便找一位戒和尚給自己授戒，而是有要求的。這就必須審查並尋找同法菩薩。同法即同道，他一定是大乘行者，是菩薩道的實踐者，肩負菩薩戒的傳承。如果他是聲聞行者，即使修行再好，但自己沒受菩薩戒，就不可以給我們授戒。此外，還要具備以下幾個條件。

「已發大願。」首先是已經發起大願，具有菩提心，否則就不是真正的菩薩，可能只是相似、冒牌的菩薩。根據菩薩戒的規定，菩薩行者雖然犯了戒，甚至破了根本戒，但只要沒有捨棄願菩提心，還可以再受戒，還有機會成為菩薩行者。但捨棄願菩提心的話，就沒機會了。所以我們選擇戒和尚時，最關鍵的一點，是已發大願。

「有智有力。」我們找到的菩薩不僅要有願菩提心，而且要有智慧，有能力，能深入理解大乘菩薩道的教法和戒律，依法實踐，心行具足力量。

「於語表義能授能開。」不僅自己理解教法，踐行戒律，同時還懂得怎樣把它們開顯出來，為大家解說。如果你找到的戒和尚，雖然自己實踐得很好，但沒法和你說，也是不行的。另一方面，他還懂得怎樣為你傳授菩薩戒。

總之，我們所找的菩薩必須具備四德，即四個條件：一是同法菩薩，二是已發大願，三是有智有力，四是於語表義能授能開。下面還會講到，我們選擇戒師時，哪些人不能選，比如對菩薩戒沒有信心，不能很好地實踐菩薩戒等。這裡主要為我們提供一個正面條件。

「於如是等功德具足勝菩薩所，先禮雙足，如是請言。」作為戒子，找到具備四德的同法菩薩，要以恭敬、虔誠之心禮敬跪拜，說一番請求的話。

「我今欲於善男子所，或長老所，或大德所。」請求菩薩為自己授戒時，首先要根據對方的身分有個稱呼，或是善男子；或是長老，不一定年紀很大，主要是有戒臘和德行；或是大德，即德高望重者。這裡特指能按菩薩戒實踐的人。

別解脫戒必須由出家眾傳授，但菩薩戒的戒師不一定是出家眾，在家菩薩也可以當戒和尚，關鍵是具備以上所說的同法菩薩等四個條件。如果有具備條件的出家眾，當然是最好的，沒有的情況下，在家眾也有資格做戒師。

「乞受一切菩薩淨戒。」乞受，即發心乞戒。道宣律師在《行事鈔》講到羯磨受戒的條件，包括能受戒的主觀因素，所受戒的客觀條件，分別是能受有五、所對有六、發心乞戒、心境相當、事成究竟。其中，第三點發心乞戒非常重要。受戒者必須真誠、殷切地希望得到菩薩戒體。

「唯願須臾不辭勞倦，哀愍聽授。」須臾，很短的時間。請師後，發心者向戒師請求說：勞駕您花一點時間，不辭勞苦，以悲愍心為我傳授菩薩戒。學法必須請法，受戒同樣要請師。

二、修集資糧

既作如是無倒請已，偏袒右肩，恭敬供養十方三世諸佛世尊，已入大地，得大智慧，得大神力諸菩薩眾，現前專念彼諸功德。隨其所有功德因力，生殷淨心或少淨心。

第二是「修集資糧」。我們請求受戒，要修什麼資糧呢？前面講到，我們受菩薩戒，加入菩薩道的系統，不只是從眼前的戒師那裡得戒，更主要是從十方諸佛菩薩那裡得戒。我們以本師釋迦牟尼佛為戒和尚，以文殊、彌勒及十方諸佛菩薩為師友。所以受菩薩戒之前，必須修恭敬，修供養，和十方諸佛菩薩建立連接，請求他們的認可、加持、證明。

「既作如是無倒請已，偏袒右肩。」首先是祈請眼前的戒師。請求時，需要偏袒右肩，這是出家人的外在威儀，以示尊重。

「恭敬供養十方三世諸佛世尊，已入大地，得大智慧，得大神力諸菩薩眾。」接著要恭敬供養十方三世諸佛及登地的菩薩。已入大地，指已進入十地修行的大菩薩。菩薩修行過程中有十地，通達空性後，初地為歡喜地，然後依次是離垢地、發光地、焰慧地、極難勝地、現前地、遠行地、不動地、善慧地、法雲地。這些地上菩薩成就了高尚人格，充滿大智慧、大慈悲、大解脫、大自在。

「現前專念彼諸功德。」我們憶念佛菩薩功德，生起見賢思齊之心，希望自己也能成為這樣的人。受菩薩戒，就意味著我們加入佛菩薩的隊伍中，成為聖賢的一分子，向這個目標邁出了重要一步。這種思惟非常重要，一方面，可以使我們對菩薩戒生起信心和渴求；另一方面，這種虔誠、恭敬、供養之心，意味著把心打開，發起和佛菩薩同樣的願力，就能和佛菩薩建立連接。如果沒有開放的心，凡夫就會把自己封閉在我執我見中，無法和佛菩薩相應。就像外面的太陽很大，可我們把自己關在屋子裡，就無法照到陽光。

「隨其所有功德因力，生殷淨心或少淨心。」我們憶念佛菩薩功德的過程中，生起殷重、清淨而不是染著的信心。這種淨信是建立在思惟佛菩薩功德的基礎上。

三、勸速授戒

有智有力勝菩薩所，謙下恭敬，膝輪踞地，或蹲跪坐，對佛像前作如是請：唯願大德，或言長老，或善男子，哀愍授我菩薩淨戒。

第三是「勸速授戒」。請師之後，懇請戒和尚快快給我授戒，因為我們已經迫不及待地想要成為菩薩行者。

「有智有力勝菩薩所，謙下恭敬，膝輪踞地，或蹲跪坐。」發心者面對有智有力的菩薩戒師，以謙下、恭敬之心再次請求。膝輪踞地和蹲跪坐，都是指身體的威儀，包括長跪和蹲跪。漢地主要是長跪，南傳地區還有蹲跪。

「對佛像前作如是請。」請師不僅是請眼前的戒師，同時也要請求十方諸佛菩薩加持，為我們授戒、見證，所以要對著佛像祈請。

「唯願大德，或言長老，或善男子，哀愍授我菩薩淨戒。」雖然對著佛像，還是要請求眼前的戒和尚，希望大德，或長老，或善男子，以慈悲心為我傳授菩薩淨戒。真正請師時不必說那麼多稱呼，大德、長老、善男子任選其一即可，或是「大德哀愍授我菩薩淨戒」，或是「長老哀愍授我菩薩淨戒」，或是「善男子哀愍授我菩薩淨戒」。

前面講到，受戒要有求戒之心。如果不是對菩薩戒非常渴求，是無法產生戒體的。《道次第》說，聞法要離覆器、垢器、漏器三種過失。就像器皿，如果倒覆過來，水就倒不進去。發心乞戒，意味著把五蘊身心的器皿向上，以開放的心態，對戒生起淨信和渴求，希望得到戒體。這種信心和渴求決定了我們能否得到戒體。道宣律師在《行事鈔》中也說到，有殷重心，才能得到無作戒體；沒有殷重心，即使完成受戒的過程，也只能得到有作戒體。二者的力量完全不同，直接關係到我們將來能否如法持戒。

菩薩戒的發心乞戒，意味著我們真正生起了菩提心，認識到菩薩道修行對生命覺醒的重要性，絕不是簡單的事。前提在於，我們已經深刻意識到輪迴是苦，意識到菩提道對生命成長的重大意義，才會發自內心地想要得戒。通常，發心乞戒要請求三遍，表示懇切、強烈的願望。

四、修勝歡喜

如是請已，專念一境，長養淨心：我今不久當得無盡無量無上大功德藏。即隨思惟如是事義，默然而住。

第四是「修勝歡喜」，繼續通過思惟，長養對受戒的歡喜心。

「如是請已，專念一境，長養淨心：我今不久當得無盡無量無上大功德藏。」請師之後，我們還要專心憶念菩薩戒的殊勝，觀想佛菩薩的功德，思惟受持菩薩戒可以開發生命蘊含的覺悟潛質，使自己成為佛菩薩那樣功德圓滿的聖者。我們想著馬上要得到這些寶藏，越想越歡喜。這種思惟可以進一步引發對菩薩戒的殷重心，增強對受戒的渴求心。

「即隨思惟如是事義，默然而住。」思惟菩薩戒對提升生命的意義，全然憶念這一殊勝功德，然後把心安住於菩薩戒的功德上。這是從思惟修到安住修。

五、問障難

爾時，有智有力菩薩於彼能行正行菩薩，以無亂心，若坐若立，而作是言：「汝如是名善男子聽，或法弟聽，汝是菩薩不？」彼應答言「是」。「發菩提願未？」應答言「已發」。

第五是「問障難」。就像聲聞戒有問遮難，受菩薩戒同樣如此，只是比較簡單。「爾時，有智有力菩薩於彼能行正行菩薩。」有智有力菩薩，即傳授菩薩戒的戒師。能行正行菩薩，即求受菩薩戒的戒子，雖然他還沒有受完戒，但已經是準菩薩了。之前的「請白、修集資糧、勸速授戒、修勝歡喜」，主要是從戒子的角度而言。此時，則需要由戒師來詢問戒子的情況。

「以無亂心，若坐若立，而作是言。」戒師要以專注、認真的心態對待戒子的請求，或是站著，或是坐著，鄭重其事地向他詢問兩個問題，然後才決定能不能給他授戒。這也是我們能否成為菩薩行者的重要標準。

前面講到，戒子要選擇合格的戒和尚，同樣，戒和尚也要選擇具足條件的戒子。下面授戒的部分講到，菩薩不可以「率爾宣說菩薩律儀」，如果此人根本沒有發菩提心，對菩薩戒沒有信心，也不想成為菩薩行者，菩薩就不可以輕率地就為他講菩薩戒，避免他產生牴觸情緒，甚至誹謗菩薩戒，造下口業。這樣菩薩就不慈悲了。所以對發心求戒的戒子，戒師要再次確定他的意願。

「汝如是名善男子聽，或法弟聽，汝是菩薩不？」和請師時的請法同樣，戒師也要先稱呼戒子，或稱之為善男子，或稱之為法弟。聽，就是「你聽著」。然後提出第一個問題：你是菩薩嗎？

可能有人會疑惑：現在還沒有受菩薩戒，怎麼就問「你是菩薩嗎」？這是因為之前已經受了菩提心戒，從某種意義上說，已是菩薩道的一分子。所以這個問題的意思是：你想不想成為菩薩？有沒有能力承擔菩薩的身分？如果有能力承擔，才能為你授菩薩戒，否則就不能為你授戒。

「彼應答言『是』。」此時，戒子要以承擔的精神回答說：「我是菩薩。」這絕不是輕率的說法，而是代表自己的承擔——「我可以承擔菩薩的身分，向菩薩學習，做菩薩所做的事。」現在很多人受戒時，根本沒有認識到菩提心的意義、菩薩戒的內涵，稀里糊塗就回答了，做不好也就正常了。

「發菩提願未？」第二個問題：你的願菩提心已經發起了嗎？這點非常關鍵。如果沒有發起願菩提心，意味著你根本沒資格受菩薩戒，也不可能認真實踐菩薩戒。

「應答言『已發』。」戒子要回答說：我已經發起願菩提心。這並不是一個說法，而是切實的承諾。因為受持菩薩戒是有要求的，一方面要自己走上菩提道，止惡行善；一方面要饒益有情，做種種利益眾生的事。如果沒有發自內心地生起自利利他的願望，很多行為根本做不起來。前面講到三聚淨戒的內涵，比如饒益有情的十一相，如果沒有菩薩心腸，沒有崇高的利他主義願望，一定是做不起來的。所以發菩提心絕不是可有可無的，而是受持菩薩戒的必要基礎，否則就不可能成為合格的菩薩。

六、正行法

自此已後，應作是言：「汝如是名善男子或法弟，欲於我所受諸菩薩一切學處，受諸菩薩一切淨戒，謂律儀戒、攝善法戒、饒益有情戒。如是學處，如是淨戒，過去一切菩薩已具，未來一切菩薩當具，普於十方現在一切菩薩今具。於是學處，於是淨戒，過去一切菩薩已學，未來一切菩薩當學，現在一切菩薩今學，汝能受不？」答言：「能受。」能授菩薩第二、第三亦如是說，能受菩薩第二、第三亦如是答。

第六是「正行法」，即正式的受戒羯磨。通過完整的作法程序，戒子才能獲得戒體。比丘戒中叫作「一白三羯磨」，即宣告一次，徵求三次意見。我們現在受菩薩戒，也要通過受戒羯磨，三次徵求戒子的意見，確定受持菩薩戒的願望。

「自此已後，應作是言。」問完障難之後，確定戒子已經發起菩提心，可以承擔菩薩身分。這個確定非常重要，不是走過場的問和答，而要確實這麼想。接著，戒師要為戒子正式傳戒。

「汝如是名善男子或法弟，欲於我所受諸菩薩一切學處，受諸菩薩一切淨戒，謂律儀戒、攝善法戒、饒益有情戒。」這一段既包含菩薩戒總的內容，同時也以此徵求戒子的意見。首先稱呼戒子的名字，你現在準備從我這裡接受菩薩戒的傳承。我的菩薩戒是從十方諸佛菩薩那裡一代代地傳承而來，你現在要當接力棒，接受菩薩學處。所謂學處，即菩薩應該修學的內容，並以戒律的形式出現，包括攝律儀戒、攝善法戒、饒益有情戒，又稱三聚淨戒。

「如是學處，如是淨戒，過去一切菩薩已具，未來一切菩薩當具，普於十方現在一切菩薩今具。」你現在要傳承的菩薩學處和戒律，過去的菩薩都已具足，他們正是通過受持這些戒律成為菩薩，走上菩提大道，最終修行成佛。未來的一切菩薩也是通過受持菩薩戒，才能成為菩薩行者，走上菩提大道，成就無上菩提。現在十方世界的一切菩薩行者，也要受持三聚淨戒，由此走上菩提大道，成為菩薩行者，最終成就無上菩提。

「於是學處，於是淨戒，過去一切菩薩已學，未來一切菩薩當學，現在一切菩薩今學。」三聚淨戒的學處和淨戒，過去一切菩薩已經修學，未來一切菩薩應當修學，現在正在實踐菩薩道的人，也要修學三聚淨戒。

「汝能受不？」這是徵求戒子的意見。對於菩薩行者必須修學的三聚淨戒，你能接受嗎？

「答言：能受。」對於戒和尚的詢問，戒子要回答：能受。菩薩戒和聲聞戒不同，首先要學習菩薩戒，了解其中內容，確定自己能做到再來求受。所以這裡所說的「能受」，不是輕率的說法，而是充分了解菩薩戒之後，有信心這麼去做，也準備這麼去做，是確定且有把握的回答。

「能授菩薩第二、第三亦如是說，能受菩薩第二、第三亦如是答。」這個徵求不是一次，而要徵求三次。戒師要把前面這段話，同樣地再念第二遍、第三遍。戒子也要回答三次，確定自己的選擇是理性且有把握的。

受戒的過程，又稱作羯磨。剛才講到，比丘戒的受戒條件中，包括「能受有五、所對有六、發心乞戒、心境相當、事成究竟」。所謂心境相當，就是戒師在宣讀「欲於我所受諸菩薩一切學處，受諸菩薩一切淨戒，謂律儀戒、攝善法戒、饒益有情戒」這段羯磨文時，每個字都念得清清楚楚，戒子也聽得明明白白，沒有打妄想、打瞌睡，也沒有聽不懂，心完全和戒師所說的羯磨文相應。這是受戒最關鍵的一段，直接關係到戒子能不能得戒。

七、結行法

第七是「結行法」，即受戒之後需要做的一些事，包括「請證、讚揚勝利、禮謝供養、讚戒功德、策勵修學、選擇授者、不應率爾宣說律儀、率先了解戒法」八點。

1．請證

能授菩薩作如是問，乃至第三，授淨戒已。能受菩薩作如是答，乃至第三，受淨戒已。能受菩薩不起於坐，能授菩薩對佛像前，普於十方現住諸佛及諸菩薩恭敬供養，頂禮雙足，作如是白：「某名菩薩今已於我某菩薩所，乃至三說受菩薩戒，我某菩薩已為某名菩薩作證。唯願十方無邊無際諸世界中諸佛菩薩第一真聖，於現不現一切時處一切有情皆現覺者，於此某名受戒菩薩亦為作證。」第二、第三亦如是說。

一是「請證」。受菩薩戒不只是由眼前的戒師作證，還要請十方諸佛菩薩為我們證明。

「能授菩薩作如是問，乃至第三，授淨戒已。」戒師三次徵求戒子的意見：你是不是確認要受菩薩戒？通過這樣的羯磨作法，為戒子傳授菩薩戒。

「能受菩薩作如是答，乃至第三，受淨戒已。」戒子也要回答三次，才能完成受戒流程。

「能受菩薩不起於坐，能授菩薩對佛像前。」受菩薩戒的過程中，戒師相當於戒子和佛菩薩之間的介紹人。接下來，戒子繼續在原地跪著，戒師則要請求十方諸佛菩薩來為戒子作證。此時戒師雖是面對佛像，但這只是象徵，真正面對的是十方諸佛菩薩。

「普於十方現住諸佛及諸菩薩恭敬供養，頂禮雙足，作如是白。」戒師向十方現住諸佛及諸大菩薩恭敬供養，頂禮雙足，說以下這番話，請求他們為戒子作證。

「某名菩薩今已於我某菩薩所，乃至三說受菩薩戒，我某菩薩已為某名菩薩作證。」這段話類似向佛菩薩彙報工作。某名菩薩，指菩薩戒子。我某菩薩所，指戒師自己。今天，某戒子由我作為見證，三次宣誓受菩薩戒，希望成為菩薩行者。我已經為他作過證明，他的發心和表態都是合格的。

「唯願十方無邊無際諸世界中諸佛菩薩第一真聖，於現不現一切時處一切有情皆現覺者，於此某名受戒菩薩亦為作證。」第一真聖，指佛菩薩。彙報工作後，戒師接著為戒子請求加持。祈請十方無邊世界中的諸佛菩薩，以及任何時空中不論現身還是沒現身的，走上菩提道的一切菩薩行者，共同為某名受戒菩薩作證。這種見證也意味著接受他加入這個隊伍，加持他順利前行。

「第二、第三亦如是說。」請證不是只說一遍，同樣的話還要說第二、第三遍。所以菩薩戒不只是跟戒師受，還要祈請十方諸佛菩薩的見證。這是一件大事，從迷惑、輪迴中又撈上一個人，進入菩提道的系統。

2．讚揚勝利

如是受戒羯磨畢竟，從此無間，普於十方無邊無際諸世界中現住諸佛、已入大地諸菩薩前，法爾相現。由此表示，如是菩薩已受菩薩所受淨戒。爾時，十方諸佛菩薩於是菩薩法爾之相生起憶念。由憶念故，正智見轉。由正智見，如實覺知某世界中某名菩薩、某菩薩所正受菩薩所受淨戒。一切於此受戒菩薩，如子如弟，生親善意，眷念憐愍。由佛菩薩眷念憐愍，令是菩薩希求善法，倍復增長，無有退減。當知是名受菩薩戒啟白、請證。

二是「讚揚勝利」。我們通常所說的勝利，是打仗勝利了；佛教所說的勝利，是殊勝的利益。只有修行才能成就殊勝的利益，絕不是你死我活就能做出殊勝利益的。那麼，受菩薩戒有什麼樣的殊勝利益？

「如是受戒羯磨畢竟。」戒師請證之後，受戒羯磨就結束了。羯磨，意為業，即一種行為，這裡表現為作法。用現在的話說，就是受戒的程序到此結束，意義很大。

「從此無間，普於十方無邊無際諸世界中現住諸佛、已入大地諸菩薩前，法爾相現。由此表示，如是菩薩已受菩薩所受淨戒。」受戒結束，代表你已走出迷惑系統，進入佛菩薩的組織系統。雖然你目前還身處世間，但已在清淨法界註冊，在所有佛菩薩面前就會呈現出你的形象。這樣就意味著，你已經受了菩薩淨戒，加入他們的系統。

「爾時，十方諸佛菩薩於是菩薩法爾之相生起憶念。」此時，十方諸佛菩薩就能和這位新受戒菩薩相應，對他心生憶念，佛菩薩的慈悲就會照耀到新戒身上。當然這並不是說，你受了菩薩戒，佛菩薩才念你；沒受菩薩戒，佛菩薩就不管你。如果這樣來理解憶念，就太凡夫心了，佛菩薩絕不是這樣的。佛菩薩平等慈悲一切眾生，為什麼受菩薩戒者會被特別憶念呢？原因在於，這種憶念是由你自身力量產生的感應，是自動形成的，不是有心的選擇。因為你加入這個系統後，佛菩薩的憶念才能和你相應，被你接收到。就像太陽普照一切，沒有想著我要照這裡還是那裡，但因為你把自己關在房間裡，陽光才沒法照進來。如果把房子拆掉，自然就陽光普照了。佛菩薩的慈悲憶念也是同樣，因為你自身所處的位置，才使得你能與之相應。

「由憶念故，正智見轉。由正智見，如實覺知某世界中某名菩薩、某菩薩所正受菩薩所受淨戒。」

因為這種憶念、相應的力量，佛菩薩就能以大圓鏡智觀察到，某地的某人現在已經受了菩薩戒。

「一切於此受戒菩薩，如子如弟，生親善意，眷念憐愍。」一切，指十方諸佛菩薩。佛菩薩對於剛剛受戒的戒子，會把他們當作兒子、弟弟一樣，感到非常親切，並以慈悲心時時憶念、加持、護佑他們。一個人走上菩提道實在太不容易了，需要得到十方諸佛菩薩的加持和護念，否則，這棵菩提幼苗很容易被無明煩惱摧殘。

「由佛菩薩眷念憐愍，令是菩薩希求善法，倍復增長，無有退減。」因為得到十方諸佛菩薩的眷念和憐愍，戒子就能在菩提道上快速進步，善法增長，這樣就不容易退轉。

「當知是名受菩薩戒啟白、請證。」以上，是受菩薩戒時的啟白，以及請求諸佛菩薩所作的證明。

3．禮謝供養

如是已作受菩薩戒羯磨等事，授受菩薩俱起供養，普於十方無邊無際諸世界中諸佛菩薩，頂禮雙足，恭敬而退。

三是「禮謝供養」。

「如是已作受菩薩戒羯磨等事，授受菩薩俱起供養，普於十方無邊無際諸世界中諸佛菩薩，頂禮雙足，恭敬而退。」普於，即普遍。戒師給戒子作完受戒羯磨之後，雙方都要起身，對十方三世無量諸佛菩薩行供養，要頂禮雙足，恭敬而退。

受戒就結束了。總體來說包括這幾部分，一是發願，要有願菩提心的基礎；二是請師，找到一位戒師為我們傳戒；三是征信，戒師了解戒子對戒律的認識，以及受戒的發心；四是請求受戒，戒子要祈請戒師為自己授戒；五是問遮難，戒師了解弟子的發心是否堅定；六是正式受戒，即羯磨作法；七是請求十方諸佛菩薩證明；八是對戒子進行教誡；九是迴向，把受戒功德迴向法界眾生。我們將來會根據這個內容，形成瑜伽菩薩戒的受戒儀軌，希望以此作為弘揚瑜伽菩薩戒的一個重點。

4・讚戒功德

如是菩薩所受律儀戒，於餘一切所受律儀戒最勝無上，無量無邊大功德藏之所隨逐，第一最上善心意樂之所發起，普能對治於一切有情一切種惡行。一切別解脫律儀，於此菩薩律儀戒百分不及一，千分不及一，數分不及一，計分不及一，算分不及一，喻分不及一，鄔波尼殺曇分亦不及一，攝受一切大功德故。

四是「讚戒功德」，讚歎菩薩戒的殊勝功德，同時也通過和聲聞律儀的比較來顯示菩薩戒的重大意義。

「如是菩薩所受律儀戒。」菩薩所受的菩薩律儀，就是三聚淨戒。這裡主要從四個方面來說明三聚淨戒的殊勝功德。

「於餘一切所受律儀戒最勝無上。」其一，在一切戒律中，菩薩戒是最殊勝的。無上就是沒有比這更究竟的。看到這句話時，我們是不是會聯想到《心經》所說的：「故知般若波羅蜜多是大神咒，是大明咒，是無上咒，是無等等咒，能除一切苦，真實不虛。」那是從經教的角度，顯示般若法門的殊勝和究竟；此處是從律儀的角度，說明菩薩戒在一切戒律中的地位最無上，最殊勝，沒有比這更究竟圓滿的。

「無量無邊大功德藏之所隨逐。」其二，我們受持菩薩戒，伴隨著無量無邊大功德藏。因為我們實踐三聚淨戒，能成就佛果功德，圓滿開發生命所具有的覺悟潛質，不是一般的開發，而是圓滿開發，它的結果是成佛。

「第一最上善心意樂之所發起。」其三，菩薩戒是建立在菩提心的基礎上，而菩提心在所有意樂中，是最高、最究竟、最殊勝的意願，是以成就無上菩提、利益一切眾生作為生命目標。

「普能對治於一切有情一切種惡行。」其四，菩薩戒能普遍對治一切有情的種種惡行。有情無量無邊，有情的煩惱也無量無邊，但菩薩戒都能對治。聲聞戒只有律儀戒，不能完全對治。而菩薩戒是三聚淨戒，除了律儀戒，還有攝善法戒和饒益有情戒，可以利益一切眾生，圓滿佛果一切修行。因為菩薩戒的廣大完整性，使它能對治一切有情的種種惡行。

「一切別解脫律儀，於此菩薩律儀戒百分不及一，千分不及一，數分不及一，計分不及一，算分不及一，喻分不及一，鄔波尼殺曇分亦不及一。」這是通過校量的方式，體現菩薩戒的殊勝，是佛經常用的說法方式。在我們熟悉的《金剛經》中，就有七次功德校量。比如有人以三千大千世界七寶布施，不如受持讀誦《金剛經》四句偈功德等。此處採用同樣的手法說明，別解脫律儀和菩薩戒的功德相比，百分不及一。也就是說，受持別解脫戒的功德不及菩薩戒的百分之一。接著是千分、數分、計分、算分、喻分、鄔波尼殺曇分，分母越來越大，功德的懸殊性越來越大。總之，菩薩戒的功德從力量、因果等各個角度，都遠遠超過聲聞別解脫戒。

「攝受一切大功德故。」因為受持菩薩戒可以成就大功德，圓滿佛果。

5．策勵修學

又此菩薩安住如是菩薩淨戒，先自數數專諦思惟：此是菩薩正所應作，此非菩薩正所應作。既思惟已，然後為成正所作業，當勤修學。又應專勵聽聞菩薩素怛纜藏及以解釋，即此菩薩素怛纜藏、摩怛履迦，隨其所聞，當勤修學。

五是「策勵修學」。我們了解到菩薩戒的殊勝，尤其是受了菩薩戒之後，應該認真修學，努力實踐。

「又此菩薩安住如是菩薩淨戒。」我們已經受了菩薩戒，要安住於此，根據菩薩戒去實踐，去生活，怎麼才能做到？

「先自數數專諦思惟。」首先，要時常專心思惟菩薩戒的內容，即作為菩薩的行為準則。

「此是菩薩正所應作，此非菩薩正所應作。」下面會具體講述四重四十三輕戒，此處只是簡單歸納一下。菩薩的行為準則不外乎兩方面，一是作為菩薩行者應該認真去做的，二是作為菩薩行者不應該去做的。用戒律的專業術語說，是作持和止持。「此是菩薩正所應作」，屬於「作持止犯」，做了才是持戒，不做就是犯戒；「此非菩薩正所應作」，屬於「止持作犯」，比如殺生、偷盜、邪淫、妄語，不做才是持戒，做了就是犯戒。戒律給我們提供的就是這兩大範圍。

落實到菩薩戒，就是三聚淨戒。其中，四重為律儀戒，屬於止持，即不可以做的。四十三輕建立在六度四攝的基礎上，包含攝善法戒和饒益有情戒，屬於作持，是菩薩應該實踐的。我們學習戒律，必須了解菩薩的行為準則，牢記什麼該做什麼不該做。

「既思惟已，然後為成正所作業，當勤修學。」通過學習、思考之後，明確作為菩薩行者該做和不該做的，為了踐行三聚淨戒，應該精進努力地修學。這是我們成就菩薩道的保障。

「又應專勵聽聞菩薩素怛纜藏及以解釋。」素怛纜，即經典。為了全面實踐菩薩戒，光學《戒品》是遠遠不夠的。菩薩戒是為菩薩行服務的，菩薩行是為成就菩薩道服務的。如何才能完整了解菩薩道修行？還需要進一步專心聽聞大乘經教及相關解釋，也就是菩薩道修行的經藏和論藏。在聲聞三藏中，律藏是獨立的內容；而在大乘典籍中，既蘊含見地，也蘊含律儀。

比如「梵網菩薩戒、瓔珞菩薩戒、優婆塞菩薩戒」都出自經典。這些大乘經典既闡述了見地，同時也蘊含著菩薩戒。我們現在學習的「瑜伽菩薩戒」出自《瑜伽師地論》，內容是彌勒菩薩從大乘經典編集出來的。為了深入地理解菩薩戒，菩薩行者應該進一步聽聞大乘經教，從中了解作為菩薩應有的見地。這是菩薩律儀的源頭。

「即此菩薩素怛纜藏、摩怛履迦，隨其所聞，當勤修學。」摩怛履迦是本母，即大乘論典。我們不僅要看素怛纜藏，即經藏，還要看解釋經教的論藏。《瑜伽師地論》屬於宗經論，是根據經典思想，立足於大乘見地，對三乘佛法作了系統性的論述。我們了解菩薩戒的內容，不只是學「瑜伽菩薩戒」戒品，還要結合整個《瑜伽師地論・菩薩地》，以及《顯揚聖教論》、《攝大乘論》等論典，其中都講到菩薩行和菩薩戒的內容。我們對自己有緣接觸到的經典，應該努力修學。

6．選擇授者

又諸菩薩不從一切唯聰慧者求受菩薩所受淨戒。無淨信者不應從受，謂於如是所受淨戒初無信解，不能趣入，不善思惟。有慳貪者，慳貪弊者，有大欲者，無喜足者，不應從受。毀淨戒者，於諸學處無恭敬者，於戒律儀有慢緩者，不應從受。有忿恨者，多不忍者，於他違犯不堪耐者，不應從受。有懶惰者，有懈怠者，多分耽著日夜睡樂、倚樂、臥樂，好合徒侶樂喜談者，不應從受。心散亂者，下至不能搆牛乳頃善心一緣住修習者，不應從受。有闇昧者，愚痴類者，極劣心者，誹謗菩薩素怛纜藏及菩薩藏摩怛履迦者，不應從受。

六是「選擇授者」。作為戒子，我們要選擇授戒的戒師。前面講到受戒時要請師，以及請師的四個條件，主要是應該具備的條件，如同法菩薩、已發大願、有智有力、於語表義能授能開。這一部分告訴我們，不應該選哪些人。主要包括兩方面，一是對菩薩戒缺乏清淨信仰，信心和認識有問題，屬於壞意樂；二是在菩薩道實踐中存在問題的人，主要是從六度來講，屬於壞加行。

「又諸菩薩不從一切唯聰慧者求受菩薩所受淨戒。」一切唯聰慧者，即世智辯聰，只會誇誇其談，並不具備菩薩行者應有的心行。作為戒子，不能跟這樣的人求受淨戒。

「無淨信者不應從受，謂於如是所受淨戒初無信解，不能趣入，不善思惟。」作為戒子，不能跟隨對菩薩戒和菩薩道修行缺乏清淨信心的人受戒。有些人雖然受過菩薩戒，但並不清楚菩薩戒究竟好在哪裡，就不可能建立起真切的信心。他們的心和菩提心不相應，行為也和菩薩戒不相應，不能契入菩薩道修行，不能對此加以反思。對於這樣的人，我們不應該選擇他作為戒師。

在現實教界中，這個問題不在少數。不只是授菩薩戒有問題，包括授三皈五戒、沙彌戒、比丘戒，都存在類似問題。戒和尚自己對所授內容並沒有清晰、完整的認識，也不能給予戒子明確的開導，不能引導他們認識——為什麼要受戒？受戒過程中應該注意什麼？受持淨戒的意義和功德是什麼？在這種情況下，受戒勢必會流於形式。

接下來根據六度說明，不可以選擇哪些人作為我們的戒師。

「有慳貪者，慳貪弊者，有大欲者，無喜足者，不應從受。」一是壞布施。慳貪者，就是吝嗇，貪心很重；慳貪弊者，是被慳貪這種煩惱心理蒙蔽的人；有大欲者，是欲望很大，貪得無厭；無喜足者，永遠沒有滿足的時候。這些人內心已被慳貪蒙蔽，勢必會障礙布施，不能有效實踐和布施相關的戒律。我們不可以選擇這些人當戒師。

「毀淨戒者，於諸學處無恭敬者，於戒律儀有慢緩者，不應從受。」二是壞淨戒，即毀壞持戒的修行。這裡說到兩點原因，一是對菩薩應該學習的戒律沒有恭敬心，二是對菩薩戒很輕慢，不放在心上。我們雖然受了戒，但真正把戒律放在心上、認真對待的人，也不是很多。因為對戒律缺乏恭敬、不在意，勢必不能認真實踐戒波羅蜜。我們不可以選擇這些人當戒師。

「有忿恨者，多不忍者，於他違犯不堪耐者，不應從受。」三是壞忍辱，有些人面對攻擊和他人傷害時，會爆發出憤怒和仇恨，甚至進一步攻擊、惱害他人。他們無法忍受別人的侵犯，不能實踐菩薩忍辱的修行。我們不可以選擇這些人當戒師。

「有懶惰者，有懈怠者，多分耽著日夜睡樂、倚樂、臥樂、好合徒侶樂喜談者，不應從受。」四是壞精進。和精進對立的心理，是懶惰懈怠。如果一個人懶惰懈怠，意味著他在菩提道斷惡修善、轉迷為悟的修行中，不能勇猛精進。這種人往往喜歡睡大覺，或是靠著、躺著，什麼都不做，不喜歡上課，也不想修行，每天就是打打妄想，玩玩遊戲，吹牛聊天，遊手好閒，縱容自己的不良習性。惰性代表我們長期以來的行為積累，積累到一定程度就會產生強大力量，讓人落入其中，爬不出來。修行要勇猛精進，就像戰士在戰場奮勇殺敵一樣。如果一個人懶惰懈怠，勢必會影響修行，不能實踐依精進建立的學處。我們不可以選擇這些人當戒師。

「心散亂者，下至不能搆牛乳頃善心一緣住修習者，不應從受。」五是壞靜慮。我們知道禪修必須培養專注，比如修數息，是選擇一個所緣境，安住其上，讓心逐步安靜。有的人時刻都在散亂中，乃至讓他把牛奶拿來這麼短的時間，都不能讓心靜下來。這樣的人勢必不能很好地修習禪定，實踐根據禪修建立的學處。我們不可以選擇這些人當戒師。

「有闇昧者，愚痴類者，極劣心者，誹謗菩薩素怛纜藏及菩薩藏摩怛履迦者，不應從受。」六是壞智慧。有些人的心昏暗混沌，沒有智慧，什麼都看不清，甚至充滿邪知邪見，表現出來就是誹謗大乘的經教和論藏。我們更不可以選擇這些人當戒師。

以上給我們提出兩點，說明什麼戒師是不能選擇的，一是壞意樂，對戒缺乏清淨信心；一是壞加行，不能實踐依六度建立的菩薩戒。

7．不應率爾宣說律儀

又諸菩薩於受菩薩戒律儀法，雖已具足受持究竟，而於謗毀菩薩藏者無信有情，終不率爾宣示開悟。所以者何？為其聞已不能信解，大無知障之所覆蔽，便生誹謗。由誹謗故，如住菩薩淨戒律儀，成就無量大功德藏，彼誹謗者亦為無量大罪業藏之所隨逐。乃至一切惡言、惡見及惡思惟未永棄捨，終不免離。

七是「不應率爾宣說律儀」。雖然菩薩戒很殊勝，作為菩薩行者要廣泛弘揚，但也不可輕率宣說。其中包含戒師對戒子的選擇，也就是說，你為之傳戒的戒子必須是法器，否則會帶來負面作用。

「又諸菩薩於受菩薩戒律儀法，雖已具足受持究竟，而於謗毀菩薩藏者無信有情，終不率爾宣示開悟。」菩薩雖然受了菩薩戒，可以努力實踐並宣說菩薩戒，但對於謗毀菩薩藏，對大乘佛法沒有信心的有情，不能輕率地為他們宣說菩薩戒的內容。

「所以者何？為其聞已不能信解，大無知障之所覆蔽，便生誹謗。」為什麼不能宣說？因為這些人聽了之後，不能對菩薩戒和菩薩道修行生起信心，也不能進一步理解並接受。他們被重大的無知障所蒙蔽，對佛法充滿偏見和誤解，如果為他們宣說菩薩戒，他們反而會因為不理解而起誹謗。

「由誹謗故，如住菩薩淨戒律儀，成就無量大功德藏，彼誹謗者亦為無量大罪業藏之所隨逐。」由於這種誹謗，使他造下無窮無盡的罪過。就像一個人受持菩薩戒，可以帶來大利益，成就無量大功德藏，同樣，誹謗菩薩戒也會造下眾多罪業。

「乃至一切惡言、惡見及惡思惟未永棄捨，終不免離。」因為他的誹謗和邪知邪見，使他對菩薩戒和菩薩道修行發出惡言，產生惡見和惡思惟。這種不良的身口意三業的不斷延續，將使他招感不良果報。

所以菩薩在弘揚菩薩戒的時候要有善巧，有選擇。包括我們在弘法過程中，同樣存在這些問題。我們雖然要為利他而弘法，但必須善巧選擇，否則會引發對方的牴觸和誹謗，使他們因謗法造下惡業，那我們也是有責任的。

8．率先了解戒法

又諸菩薩欲授菩薩菩薩戒時，先應為說菩薩法藏、摩怛履迦菩薩學處及犯處相，令其聽受。以慧觀察自所意樂，堪能思擇受菩薩戒，非惟他勸，非為勝他。當知是名堅固菩薩，堪受菩薩淨戒律儀，以受戒法如應正授。

第八是「率先了解戒法」。戒子受瑜伽菩薩戒之前，必須了解戒法。這和聲聞戒不同，對戒有了認識，才能如法受戒。

「又諸菩薩欲授菩薩菩薩戒時，先應為說菩薩法藏、摩怛履迦菩薩學處及犯處相，令其聽受。」菩薩和尚準備為戒子授戒時，首先要為他們宣說大乘經論中的菩薩學處。比如為他們講說《瑜伽師地論》戒品，使其了解攝律儀戒、攝善法戒、饒益有情戒的具體內容，以及三聚淨戒的犯和不犯，包括什麼是犯重，什麼是犯輕。

「以慧觀察自所意樂，堪能思擇受菩薩戒。」了解這些內容的目的，是讓戒子認識到菩薩戒對菩提道修行的重要性，發自內心認同菩薩戒，然後以智慧觀察自己的意樂，確定自己有能力受持菩薩戒，是主動、自願、理性的選擇。

「非惟他勸。」我們決定受戒不是因為他人勸說。比如有人聽說「受菩薩戒很好，功德很大」，就不管是否做得到，甚至連菩薩戒意味著什麼都不清楚，就去受戒了。好像受戒之後就能發財，不容錯過。卻不知道，受戒是要持戒，要成就菩薩道修行。

「非為勝他。」也不是為了勝過他人。有人希望受菩薩戒之後，身分上高人一等。就像有些人覺得，我受了比丘戒就是比丘，在僧團屬於大僧。受菩薩戒，又比聲聞戒更高。看重的是身分，而不是戒的實質。如果這樣的話，受戒豈不是在成就我執我見？總之，因為他人勸說，或是帶著勝過他人的發心受戒，都是不對的。

「當知是名堅固菩薩，堪受菩薩淨戒律儀。」只有認識到菩薩戒的殊勝，作出自願、主動、明確的選擇，才能成為堅定的、名副其實的菩薩，而不是徒有虛名。具備這樣的認識和心行，才有資格受菩薩戒。現在很多人雖然受了菩薩戒，但只是名義上的菩薩，沒有實際內涵。包括有些比丘，只是貼了比丘的標籤，身心並沒有實質性的改變。

「以受戒法如應正授。」戒和尚確認戒子有正確發心之後，就按照如法的傳戒規範，為其傳授菩薩戒。

在古德編寫的受戒儀軌中，有傳授「梵網菩薩戒」的儀軌，也有傳授「瑜伽菩薩戒」的儀軌，也有將兩種戒的精神結合起來形成的儀軌。我們已經受了菩提心戒，接下來要受菩薩戒，我覺得可以根據《瑜伽菩薩戒品》，形成相應的受戒儀軌。

第三節　釋守護法——戒相差別

戒相差別是菩薩戒的重要內容。平時流通的菩薩戒本就是這部分內容，包括戒律的條文及開遮持犯。比丘戒的判罪類型較多，如《戒經》的五篇七聚。而「瑜伽菩薩戒」從判罪上分為兩類，即四種重戒、四十三種輕戒。

四種重戒，又稱四種他勝處法。所謂他勝，就是被「他」戰勝了。這個「他」不是外人，而是自己的煩惱。我們被煩惱戰勝才會犯戒，所以叫「他勝處」。比丘戒中，重罪相當於根本罪，會因此失去比丘資格。關於這個問題，菩薩戒的判罪有所不同，下面會進一步講到。此外，四十三輕戒是屬於惡作，即輕罪。梵網菩薩戒也分兩類，為十重四十八輕，即十種重罪，四十八種輕垢罪。

前面講到，菩薩戒的主要內容是三聚淨戒，四重四十三輕戒也依此建立。在學做菩薩的過程中，如果只有道德式的要求，有時會顯得力量不足。而菩薩戒是法律式的，可以敦促我們奉行三聚淨戒，是菩薩行的保障。總的來說，菩薩行不外乎自利和利他。具體而言，又包括六度四攝。四十三輕戒中，前三十二條是為實踐六度服務的，屬於攝善法戒的範疇。所謂攝善法戒，是菩薩在修行過程中，為成就佛果所作的努力，重點在於自利。後十一條是為饒益有情服務的，重點在於利他。

需要注意的是，攝善法戒和饒益有情戒必須以攝律儀戒為前提。如果我們還在造作殺盜淫妄的行為，卻聲稱要利益一切眾生，能做到嗎？能做好嗎？只有在止惡的基礎上，才能進一步成就清淨如法的善行，才能純粹地利益眾生。如果沒有律儀戒的保障，在利他行中夾雜貪嗔痴，夾雜殺盜淫妄，就不是純淨的菩薩行。

一、四種他勝處法

菩薩戒分兩類，首先是重罪，即四種他勝處法，屬於攝律儀戒的範疇，幫助我們止息貪嗔痴的行為。這一部分，從「他勝處法、他勝所作或過患、三纏差別、可還淨之殊異、捨戒因緣」五方面加以闡述。

1．他勝處法——四重戒

如是菩薩住戒律儀，有其四種他勝處法。何等為四？

「如是菩薩住戒律儀，有其四種他勝處法。何等為四？」菩薩行者安住於攝律儀戒，有四種他勝處法，就是從四個方面被煩惱戰勝。到底是哪四種？

第一，自讚毀他戒

若諸菩薩為欲貪求利養恭敬，自讚毀他，是名第一他勝處法。

第一條重罪叫作「自讚毀他」。自讚就是讚歎自己，毀他就是誹謗別人。為什麼自讚毀他屬於重罪，而且是首當其衝的第一條？關鍵在於貪。修行中，貪心所是三毒之一，屬於根本煩惱，也是十不善行之一。菩薩道修行的精神是要利他，現在有人為了貪執利養，卻自讚毀他。這個罪過是很重的，所以列為四重罪之一。

「若諸菩薩為欲貪求利養恭敬，自讚毀他，是名第一他勝處法。」利養，即衣服、飲食、醫藥等。受了菩薩戒的菩薩行者，如果在意樂上出現貪心，貪圖他人的供養和恭敬，得到之後又執著於此，就會陷入貪欲。為了得到更多的名聞、利養、恭敬，就會自吹自擂，不斷宣說自己的功德和能力，甚至未證言證，這是屬於大妄語。

同時，還不擇手段地詆毀他人。這裡詆毀的不是普通對象，通常是有德者。因為這些人才會影響到你的名聞利養，如果大家都供養他的話，可能就不供養你了。你擔心自己利益受損，就設法詆毀他。不論別人是否相信你的詆毀，只要你本著貪心去做，這樣的行為和意樂就違犯了菩薩戒。

菩薩戒中，每條戒都涉及兩方面，一是意樂，一是加行。意樂就是他的意願和用心，比如自讚毀他戒，意樂就是貪求利養恭敬，希望得到滿足，屬於貪心所；加行是達到這個目的的手段，包括自我吹噓和詆毀他人。菩薩行者這樣做的話，就犯了第一他勝處法。

我們知道，比丘戒的第一條是淫戒，而菩薩戒的第一條是貪利養恭敬。雖然貪的對象不同，但貪的心理是一樣的。如果這麼做的話，就是被貪心徹底戰勝，所以叫他勝處法。

第二，故慳戒

若諸菩薩現有資財，性慳財故，有苦有貧、無依無怙、正求財者來現在前，不起哀憐而修惠捨。

正求法者來現在前，性慳法故，雖現有法而不給施，是名第二他勝處法。

第二條重罪叫作「故慳」，就是故意慳貪吝嗇，還是和貪有關。《百法》中，貪屬於根本煩惱，慳屬於小隨煩惱，二者都是貪的表現方式。在菩薩的六度四攝中，第一都是修布施。關於布施的意義，後面會詳細講述。這裡的情況正相反，非但不主動布施，當別人有求於你時都捨不得。其中包括兩方面，一是慳財，一是吝法。

「若諸菩薩現有資財，性慳財故，有苦有貧、無依無怙、正求財者來現在前，不起哀憐而修惠捨。」有苦，是身心痛苦；有貧，是物質匱乏；無依無怙，是指孤兒或孤寡老人，沒有親戚朋友護佑。作為擁有一定資財的菩薩行者，當苦難、貧困、無依無靠、希望得到物質幫助的人向你乞討，你卻因為生性吝嗇，忘了自己應該慈悲眾生，對眾生廣修布施，對他們沒有憐憫之心，也不以慈悲心給予他們幫助，就會失去菩薩的基本德行。

這裡有兩個前提，一是你有財，二是對方的乞討合理。如果要求不合理，不如法，比如他說「過得這麼苦，不想活了，你給我兩瓶安眠藥吧」；或是他為了害人來找你要刀棍、毒藥，當然就不能布施，這是屬於「所不宜物」。此外，現在社會上有很多不正常的乞討，該不該有求必應？也要有智慧來選擇，看是否會長養對方的不良習氣。這裡是指正常範疇的請求，但菩薩行者因為內心被慳貪戰勝而不肯布施。

「正求法者來現在前，性慳法故，雖現有法而不給施，是名第二他勝處法。」這裡說的是對法不能慳貪，當然前提是你有法。如果本身沒有法，對方請求而你沒有布施，就不會犯戒。當眾生誠心向你求法或學習知識技能，你卻出於慳貪，覺得這些法是自己好不容易學來的，不想告訴別人。對於菩薩行者來說，就是被慳貪戰勝，犯了第二他勝處法。

第三，故嗔戒

若諸菩薩長養如是種類忿纏，由是因緣，不唯發起粗言便息。由忿蔽故，加以手足、塊石、刀杖、捶打、傷害、損惱有情。內懷猛利忿恨意樂，有所違犯，他來諫謝，不受不忍，不捨怨結，是名第三他勝處法。

第三條重罪叫作「故嗔」，指菩薩行者被嗔恨心戰勝，故意傷害眾生。當凡夫面對逆境，比如自身利益受到損害，或是名譽受到攻擊詆毀，內心會生起嗔恨。貪心是占有的心理，嗔心則是損害他人的心理，二者關係密切。通常，只有與己有關的東西受到侵犯時，才會心生憤怒，想要損害他人。這是菩薩道修行必須克服的心理，如果生起嗔恨，就會討厭眾生，不想利益眾生。

嗔恨是十不善之一。在後面講到的四十三輕罪中，很多犯戒都和嗔恨有關，作為菩薩行者，如果懷著嫌恨、恚惱的心，就不願修習六度。我們講利益眾生，最難的是去利益自己討厭和不喜歡的人，所以嗔恨是菩薩利益眾生的天敵。從某種意義上說，嗔心比貪心的破壞性更大，對菩薩道修行的障礙也更大。

「若諸菩薩長養如是種類忿纏，由是因緣，不唯發起粗言便息。由忿蔽故，加以手足、塊石、刀杖，捶打、傷害、損惱有情。」作為菩薩行者，如果有人罵你打你，你很生氣，且不懂得觀照並對治這種憤怒，而是火冒三丈，口出惡言。不僅如此，還因為縱容情緒，進一步上升到肢體衝突，比如拳打腳踢，或是用石頭、刀、棍子去擊打對方，傷害對方，讓對方產生苦惱，以此發洩憤怒。

瞋恨是破壞性很強的心理，所謂「一念瞋心起，百萬障門開」。當一個人被憤怒控制時，根本就不知道自己是什麼身分，慈悲利他早都拋到九霄雲外去了，甚至會想著和對方同歸於盡。所以，瞋心會對自己和他人構成毀滅性的打擊。

「內懷猛利忿恨意樂，有所違犯，他來諫謝，不受不忍，不捨怨結，是名第三他勝處法。」因為內心懷著強烈的仇恨，被煩惱牢牢控制，就違犯了作為菩薩最基本的心行準則。在衝突正在發生或發生之後，有人來勸諫你，或是對方向你道歉，你依然耿耿於懷，既不接受勸諫和道歉，也不捨棄怨恨，就犯了第三他勝處法。這是菩薩戒的重罪。

第四，謗菩薩藏戒

若諸菩薩謗菩薩藏，愛樂宣說開示建立像似正法。於像似法或自信解，或隨他轉，是名第四他勝處法。

如是名為菩薩四種他勝處法。

第四條重罪叫作「謗菩薩藏」，就是誹謗大乘三藏。前面所說的第二條和第三條，如果與聲聞戒類比，第二慳貪戒和聲聞戒的盜戒相關，但菩薩戒是從貪心的角度來建立這條戒。第三故瞋戒，和聲聞戒的殺戒相似。聲聞戒結罪的重點在於殺生惡行，但菩薩戒結罪的重點在於瞋，你已被瞋恨心制伏、戰勝了，是從這個角度來制訂戒律。第四條戒屬於根本煩惱中邪見的範疇。

「若諸菩薩謗菩薩藏，愛樂宣說開示建立像似正法。」怎麼誹謗大乘三藏？所表現的特點，是喜歡宣說相似法。表面聽起來有些像，但其實不是正法。從佛法見地來說，或偏向常見，或偏向斷見。比如空是大乘佛法的重要概念，是從事物的本質來說空，並不妨礙緣起的顯現。有些人不能正確認識空，把它理解成什麼都沒有。不僅自己理解偏差，還喜歡宣揚這個錯誤認識。很多邪教也打著佛法的旗號，用一些佛教術語來包裝自己的理論，其實和佛法有本質區別，又稱附佛外道。

「於像似法或自信解，或隨他轉，是名第四他勝處法。」這種像似法是對菩薩藏的錯誤解讀，是被邪知邪見控制了，不管是自己的理解，還是跟別人學來的，都屬於邪見。如果去宣說相似法，不僅誤導自己，同時也誤導眾生，就犯了第四他勝處法，罪過很重。和聲聞戒類比的話，此戒與妄語戒有相通之處，但不是完全一樣。

「如是名為菩薩四種他勝處法。」以上，是瑜伽菩薩戒的四種重罪，主要源於貪、嗔、邪見。菩薩行者要實踐六度四攝，必須努力克制內心的貪嗔痴，否則就不能踐行菩薩道，不能成為真正的菩薩行者。

我們知道，佛陀圓滿了三德二利。三德的第一種是斷德，要斷除貪嗔痴，所以律儀戒是攝善法戒和饒益有情戒的基礎。沒有律儀戒，沒能力戰勝內在的貪嗔痴，就不能成為合格的菩薩行者。

2・他勝所作或過患

菩薩於四他勝處法隨犯一種，況犯一切，不復堪能於現法中增長、攝受菩薩廣大菩提資糧，不復堪能於現法中意樂清淨。是即名為相似菩薩，非真菩薩。

菩薩戒的戒相差別，從犯罪性質上主要分為兩大類，一是他勝處，即重罪；二是四十三惡作，即輕罪。其中，四種重戒是建立在貪、嗔、邪見的基礎上。作為菩薩行者，如果內心被強烈的貪、嗔、邪見所控制，不僅不能行菩薩行，利益眾生，還會做出傷害眾生的行為。這將違犯他勝處，失去菩薩的資格。

接著講述四條重罪的過患。

「菩薩於四他勝處法隨犯一種，況犯一切。」作為菩薩行者，對以上所說的四種他勝處法，即自讚毀他戒、故慳戒、故嗔戒、謗菩薩藏戒，即便犯了其中任何一種，都會帶來不良後果，何況犯了全部過錯，性質就更嚴重了。是什麼過患呢？以下說到兩種。

「不復堪能於現法中增長、攝受菩薩廣大菩提資糧。」第一種過患，如果菩薩犯了任何一種他勝處法，將不再有能力在他現生的修行中，增長並引發廣大的菩提資糧。資糧有兩種，即福德資糧和智慧資糧，是菩薩修習六度四攝，即攝善法戒和饒益有情戒成就的。如果犯了任何一種他勝處法，就意味著內心陷入強烈的貪心、嗔心和邪見，將無法修習六度四攝，也會失去成就福慧資糧的機會。

「不復堪能於現法中意樂清淨。」第二種過患，他不再有能力於現在的修行中得到清淨意樂。真正的意樂清淨要達到初地，如果菩薩行者被強烈的貪心、嗔心、邪見主宰，他的意樂還能清淨嗎？還能證悟初地嗎？當然不可能。

這兩點說得很清楚。當菩薩犯了四種他勝處法之後，必然會帶來這些結果。

「是即名為相似菩薩，非真菩薩。」這樣的人雖然表面看還具備菩薩身分，實際上已失去作為菩薩應該具有的素養，所以說是相似菩薩，並非真正的菩薩。

3．三纏差別

菩薩若用軟中品纏，毀犯四種他勝處法，不捨菩薩淨戒律儀。上品纏犯，即名為捨。若諸菩薩毀犯四種他勝處法，數數現行，都無慚愧，深生愛樂，見是功德，當知說名上品纏犯。

前面講到，菩薩行者之所以犯四種重罪，是因為內心被貪、嗔、邪見所控制。這些煩惱也叫纏，它們的力量是否一樣？比如講貪心，貪的力量是否一樣？講嗔心，嗔的強弱是否一樣？講邪見，邪見的程度是否一樣？其實不同。雖然犯的是自讚毀他戒、故慳戒、故嗔戒、謗菩薩藏戒，但力量有別。慳貪的程度不同，嗔恨的程度也不同，不能說慳貪和嗔恨都是一樣的。到底有哪些不同？會帶來什麼後果？

三纏差別，是說菩薩用上品、中品還是下品的煩惱犯戒。煩惱的力量不同，決定了所犯的他勝處罪也存在上品、中品、下品的差別。菩薩戒和聲聞戒不同，聲聞戒的殺盜淫妄等，主要是根據外在條件判罪，比如具備五個或六個條件，罪行才會成立，就像法律一樣。但菩薩判罪的重點是制心，考量因素更多在於內心，是根據犯戒時的煩惱有多大，來判決所犯罪的輕重。

一個人犯罪時煩惱的力量有多大，有沒有辦法量化？似乎很難衡量，但這裡給我們提供了重要標準：菩薩犯重罪時有三等差別，主要取決於犯罪意樂的差別。

「菩薩若用軟中品纏，毀犯四種他勝處法，不捨菩薩淨戒律儀。」軟，即微弱的煩惱。中品纏，即中等的煩惱，有貪心、嗔心，但在常規範圍內，而不是來勢兇猛、力量無比強大的。如果菩薩被微弱或中等的煩惱控制，雖然犯了四重罪，但不會因此失去菩薩戒。這點和聲聞戒不同。聲聞戒中，只要犯罪程序完成了，就一定是犯戒。如果破了根本重罪，就會失去戒體。但菩薩戒還要考量犯戒時的意樂，根據煩惱輕重有不同的判罪。

「上品纏犯，即名為捨。」如果用猛烈的貪、嗔、邪見犯四重罪，被煩惱牢牢控制，被煩惱全面戰勝，那就是上品纏犯，就會捨棄戒。下面進一步提出上品纏犯的重要標準。

「若諸菩薩毀犯四種他勝處法，數數現行，都無慚愧，深生愛樂，見是功德。」如果菩薩毀犯四種重罪，且具備以下特點：一是數數現行，二是都無慚愧，三是深生愛樂，四是見是功德，就屬於上品纏犯。這是四個衡量標準。

第一是「數數現行」。現行就是犯戒，不是犯一次兩次，也不是三次四次，而是不斷犯重戒，不知悔改。

第二是「都無慚愧」，對犯戒行為不感到絲毫慚愧。作為菩薩行者，當他意識到自己的身分，就有自我監督的作用。就像我們是比丘、沙彌或在家居士，受了相應的別解脫戒，獲得某種身分，一旦做和身分不符的事，就會生起慚愧心。其中包括兩方面，一是身分，一是受戒產生的戒體。如果兩者在你的心目中有分量，犯戒後一定會生起慚愧、羞恥之心。如果都無慚愧，就意味著菩薩的身分和戒體在此人身上已經沒有力量，才不會產生作用。

第三是「深生愛樂」，非但沒有羞恥心，而且對犯戒行為非常喜歡，樂此不疲。

第四是「見是功德」，標準出問題了，這點最嚴重。只有失去菩薩行者應該具有的正見，才會將犯戒看作功德。如果內心還有標準，即使暫時被煩惱控制而犯戒，但知道這是錯的，知道這麼做的過患，總會有改正機會。但標準錯了，把犯戒當作功德，就一錯到底了。

「當知說名上品纏犯。」作為菩薩行者，如果犯重罪時具備這四個條件，就屬於上品纏犯，意味著他將失去菩薩的資格。

《律儀二十頌》中，也對三品作了區分。有人雖然犯了重罪，但自己馬上能意識到，迅速捨棄犯戒行為，就是下品纏犯。有人犯罪之後，能聽從他人勸告，放棄不善行為，就是中品纏犯。還有人犯下重罪之後，非但自己意識不到，別人勸他都不捨棄，就是上品纏犯。還有一種判罪標準是，如果犯四重之後能看到過患，就是中品纏犯；不能看到過患，而將此當作功德，就是上品纏犯。

所以三品纏犯主要以四個條件作為衡量標準。所犯重罪屬於上品、中品還是下品，取決於我們犯戒時，內心是上品的煩惱、中品的煩惱，還是下品的煩惱。

4．可還淨之殊異

非諸菩薩暫一現行他勝處法，便捨菩薩淨戒律儀。如諸苾芻犯他勝法，即便棄捨別解脫戒。若諸菩薩由此毀犯，棄捨菩薩淨戒律儀，於現法中堪任更受，非不堪任。如苾芻住別解脫戒，犯他勝法，於現法中不任更受。

這一部分主要比較菩薩戒和聲聞戒關於捨戒的差別。

「非諸菩薩暫一現行他勝處法，便捨菩薩淨戒律儀。如諸苾芻犯他勝法，即便棄捨別解脫戒。」如果比丘犯了根本戒，就會捨棄別解脫戒，失去比丘身分。但菩薩戒的不同在於，並不是一犯重罪就會捨戒。前面說過，必須是上品纏犯才會捨戒，中品和下品纏犯都不會捨戒。

「若諸菩薩由此毀犯，棄捨菩薩淨戒律儀，於現法中堪任更受，非不堪任。如苾芻住別解脫戒，犯他勝法，於現法中不任更受。」這裡繼續說明聲聞戒和菩薩戒的區別。如果比丘破了聲聞的根本戒，是不可以重新受戒的。但菩薩戒行者犯了重罪之後，即使是上品纏犯，到了捨戒的程度，還可以重受。

為什麼聲聞戒不能重受，菩薩戒可以重受？關鍵在於，菩薩戒是以菩提心為基礎。所以，只要此人還有菩提心，還有利他願望，不管犯了多大的罪，都是可以重新受戒，繼續修菩薩行，有機會成為菩薩。可見，願菩提心非常重要。

5．捨戒因緣

略由二緣，捨諸菩薩淨戒律儀。一者棄捨無上正等菩提大願，二者現行上品纏犯他勝處法。若諸菩薩雖復轉身遍十方界，在在生處不捨菩薩淨戒律儀，由是菩薩不捨無上菩提大願，亦不現行上品纏犯他勝處法。若諸菩薩轉受餘生，忘失本念，值遇善友，為欲覺悟菩薩戒念，雖數重受而非新受，亦不新得。

這一部分介紹菩薩戒的捨戒因緣。

「略由二緣，捨諸菩薩淨戒律儀。」有兩種因緣會使菩薩行者捨棄菩薩戒。

「一者棄捨無上正等菩提大願。」第一是捨棄菩提心，這是菩薩戒的根本。前面講過，受菩薩戒之前要發菩提心，甚至受菩提心戒。如果菩薩行者已經捨棄菩提心，不再選擇菩薩道修行，不再以成就無上菩提、利益一切眾生作為盡未來際的使命，就意味著他已放棄菩薩的身分，放棄菩薩道修行。因為他不想成佛，不想利益一切眾生，這個身分對他就沒有意義了。所以捨棄菩提心的同時，菩薩戒對他就無效了，就會捨棄菩薩戒。

現在的佛教界，很多人雖然受了菩薩戒，但並沒有真正發起菩提心，可以說，菩薩戒對他們其實是無力的。雖然他們內心沒有排斥菩薩戒，但因為沒有菩提心，並不會真正把菩薩戒當一回事。從菩薩戒的受戒和捨戒來看，充分說明了願菩提心和菩薩戒的關係多麼密切，不論對菩薩身分的取得，還是菩薩道的修行，都至關重要。

「二者現行上品纏犯他勝處法。」第二是以上品纏為基礎，犯了他勝處法。如果菩薩行者具備其中任何一條，都會捨棄菩薩戒。

以下還是說明菩薩戒和聲聞戒的不同。聲聞戒是盡形壽，以此生為期限，壽盡時，戒就失效了。但菩薩戒是盡未來際有效的，必須盡未來際受持，以成就無上菩提、利益一切眾生為使命。

「若諸菩薩雖復轉身遍十方界，在在生處不捨菩薩淨戒律儀。」能力較大的菩薩，可以投生到十方世界說法度眾生。即使能力較小的菩薩行者，只要受了菩薩戒，不論他在六道以什麼身分出現，都不會捨棄菩薩戒，都能具足菩薩戒體，繼續保持菩薩身分。為什麼可以這樣？

「由是菩薩不捨無上菩提大願，亦不現行上品纏犯他勝處法。」菩薩受戒之後，只要沒有捨棄無上菩提大願，也沒有用上品煩惱犯他勝處法，戒體在他身上永遠有效，來生還會繼續產生作用。

「若諸菩薩轉受餘生，忘失本念，值遇善友，為欲覺悟菩薩戒念，雖數重受而非新受，亦不新得。」

如果菩薩轉投另一期生命後，忘了自己受過菩薩戒，忘了菩薩的身分，但他畢竟有宿世善根，還是會親近佛法。在修學過程中，就有機會遇到善知識為他授菩薩戒。雖然他在未來生中重新受菩薩戒，其實這個戒不是新得的，也不屬於新受。重新受只是一個提醒，他的有效戒齡還是從原來受戒時開始算，所以菩薩戒是永久有效的戒律。

以上主要講了四種他勝處法的內容，及「他勝所作或過患、三纏差別、可還淨之殊異、捨戒因緣」的情況，非常重要。從中可以看出菩薩戒和聲聞戒的最大不同，幫助我們全面認識菩薩戒，有效受持菩薩戒。

二、惡作類——四十三輕戒

四十三輕戒，在犯罪名稱上稱為「惡作」，屬於輕罪的範疇。菩薩戒的輕罪有四十三條，根據攝善法戒建立了三十二條，根據饒益有情戒建立了十一條。

> 如是菩薩安住菩薩淨戒律儀，於有違犯及無違犯，是染非染，軟中上品，應當了知。

「如是菩薩安住菩薩淨戒律儀，於有違犯及無違犯。」菩薩行者受菩薩戒之後，要安住菩薩戒，實踐菩薩戒。前面四重戒講到作持和止持，包括什麼是菩薩該做的，什麼是菩薩不該做的。在輕罪部分，進一步指出犯和不犯的問題。我們學習戒律，關鍵是了解「此應作，此不應作」。在四十三條輕戒中，怎樣算有犯，怎樣算沒犯，是我們必須認識的。

「是染非染。」同樣是犯，性質還不一樣，一種叫作染違犯，一種叫作非染違犯。染是指染汙心，即煩惱。菩薩犯戒的源頭在哪裡？就在我們的內心。同樣做一件事，用煩惱還是沒有煩惱的心理做，決定了犯或不犯。此外，煩惱本身也輕重有別，根據不同的煩惱，又簡別出是染違犯還是非染違犯。比如對菩薩應該做的事，你卻因為「忘失正念」沒做，雖然犯了戒，但過失並不嚴重，叫作非染違犯。如果懷著嗔恨、討厭的心理，有意為難對方而不做利他行，叫作染違犯。雖然都屬於煩惱，但因為你的用心和煩惱輕重不同，就決定了犯罪的性質。

「軟中上品，應當了知。」同屬染汙心理，卻分為軟中上三品，是因為煩惱的力量不同，決定了犯罪程度。就像前面講到四重罪，用上品的貪、嗔、邪見造罪，還是中品、下品的貪、嗔、邪見造罪，性質是不同的。對所有這些差別，我們要詳細了知。

以上雖然只是一句話，但它貫穿著四十三條輕戒。對每一條戒，我們都要從這幾方面來判定，知道自己該做什麼，同時去了解這麼做到底犯還是不犯，是染違犯還是非染違犯。對這句話的認識，有助於我們了解四十三輕戒。

接著講述四十三輕戒的內容。前三十二條攝善法戒是根據六度建立的。六度是菩薩道修行的六門功課，想保質保量地修習每門功課，必須以菩薩戒為保障。其中，根據布施度建立了六條學處，根據持戒度建立了八條學處，根據忍辱度建立了四條學處，根據精進度建立了三條學處，根據靜慮度建立了三條學處，根據般若度建立了八條學處。

1．障布施

布施是六度之首，也是四攝（饒益有情戒）之首，對於菩薩道修行非常重要。在菩薩戒中，根據布施建立了六條學處，即有六種行為會障礙布施。每一條都是針對凡夫的不良習性，克服這些問題，可以使我們圓滿地修習布施。

為什麼布施這麼重要？因為這是代表一種捨棄，可以克服慳吝。我們知道，三乘佛法的核心目標是解脫，不論聲聞還是菩薩都要解脫。為什麼我們不能解脫？不解脫的最大障礙是什麼？就是貪著。包括對自我的貪著，對名利、地位、財富的貪著。從個人修行來說，貪著把我們綁在輪迴中，而布施是通過對外在財物的捨棄，進而捨棄內心的慳貪，可以有效對治貪著，使我們從輪迴中鬆綁。

從利他修行來說，菩薩利益眾生，最基本的方式就是布施，包括財布施、法布施和無畏施。其中，財布施有外財和內財之分，前者是常規的財富布施，後者是布施身體手足。當然這不是一般人的境界，必須是地上菩薩，生死自在後才有資格去做。法布施則是以佛法引導眾生，或以相應技能幫助對方。無畏施，則是給予他人安全感，使他們擺脫恐懼。

總之，布施不僅有助於個人解脫，也是利他行的重要內容，還能積累福德資糧，是菩薩道修行的助緣。

第一，不供三寶戒

若諸菩薩安住菩薩淨戒律儀，於日日中，若於如來或為如來造制多所；若於正法或為正法造經

> 卷所，謂諸菩薩素怛纜藏、摩怛理迦；若於僧伽，謂十方界已入大地諸菩薩眾。若不以其或少或多諸供養具而為供養，下至以身一拜禮敬，下至以語一四句頌讚佛法僧真實功德，下至以心一清淨信隨念三寶真實功德，空度日夜，是名有犯、有所違越。若不恭敬，懶惰懈怠而違犯者，是染違犯。若誤失念而違犯者，非染違犯。無違犯者，謂心狂亂。若已證入淨意樂地，常無違犯。由得清淨意樂菩薩，譬如已得證淨苾芻，恆時法爾於佛法僧，以勝供具承事供養。

第一條是「不供三寶戒」，即不供養三寶。布施要修三種田，即悲田、敬田、恩田。其中，三寶是敬田，父母是恩田，貧苦者是悲田，這些都是布施的對象。作為菩薩行者來說，必須對三寶常懷恭敬供養之心，其意義主要有兩點。一方面是強化三寶在我們心目中的分量，因為菩薩道修行是建立在對三寶的信心之上，如果缺乏信心，一定是修不起來的。另一方面是幫助我們克服慳貪，積累福德資糧。因為三寶是最殊勝的田，供養三寶，可以使我們快速積累福慧資糧。

「若諸菩薩安住菩薩淨戒律儀，於日日中。」菩薩行者在實踐菩薩戒、安住菩薩戒的過程中，每天都要修習供養。這點大家必須牢記，布施不是供養一次兩次，也不是初一十五才修，而要日日修，月月修，年年修。那麼，三寶的具體對象有哪些？

「若於如來或為如來造制多所；若於正法或為正法造經卷所，謂諸菩薩素怛纜藏、摩怛理迦；若於僧伽，謂十方界已入大地諸菩薩眾。」作為菩薩行者，面對如來或佛像、佛塔；或是面對經藏、論藏，及印經院等造法場所；或是面對十方世界已經登地的大菩薩眾。這裡所說的佛法僧，主要指住持三寶，當然也不局限於此。總之，菩薩行者要對十方三寶生起供養、恭敬之心。

「若不以其或少或多諸供養具而為供養。」供養多少並沒有一定標準，不是說你每天一定要花多少錢，買多少花，準備多少供品。供養主要在於對三寶的虔誠心，其他則根據自己的實際情況來定。

「下至以身一拜禮敬。」供養的方式很多，比如以身體禮拜佛陀，這是恭敬供養。

「下至以語一四句頌讚佛法僧真實功德。」哪怕只是每天早上在佛前念一個讚頌佛陀或菩薩功德的偈頌，如「天上天下無如佛，十方世界亦無比，世間所有我盡見，一切無有如佛者」，或是「觀音菩薩妙難酬，清淨莊嚴累劫修，三十二應遍塵剎，百千萬劫化閻浮」，或是自己編寫的也行。

「下至以心一清淨信隨念三寶真實功德。」或是以清淨信心憶念佛法僧三寶的真實功德。如果不願意這麼做，就意味著三寶在你的內心沒有分量，那你還能努力實踐菩薩道嗎？作為菩薩行者，尤其是初發心菩薩，不修習供養，即使受了菩薩戒，信仰也會逐步淡化，結果就不把戒當回事，這是非常重要的問題。

我有篇文章講到皈依和戒律的關係。每一種戒得戒的關鍵就在於皈依，所以皈依是戒律的靈魂。為什麼戒律對佛教徒有效，對非佛教徒無效？原因就在於對三寶的信心。如果我們對三寶沒有信心，戒律對我們就無效了。恭敬供養三寶，可以強化三寶在心目中的分量和地位，使我們進一步踐行菩薩道。所以這條戒對修習菩薩道很重要。

「空度日夜，是名有犯，有所違越。」如果這麼簡單的供養都不願做的話，真是虛度時光，違背了菩薩戒，違背了菩薩的修行。

總之，如果我們每天供養三寶，按菩薩戒提供的標準，哪怕只是以清淨心憶念三寶功德，這樣做了就是不犯，不這樣做就是違犯。同樣是犯，又分為兩種，一是染違犯，一是非染違犯。下面進一步說明，什麼是染違犯，什麼是非染違犯。

「若不恭敬、懶惰、懈怠而違犯者，是染違犯。」如果你對三寶缺乏信心，或是出於對三寶的不恭敬，不把三寶放在心上，懶得去做這些事，這些情況就是染汙的違犯。為什麼是染汙？因為你已經陷入對三寶的不信，菩提道修行對你還有效嗎？

「若誤失念而違犯者，非染違犯。」如果因為忙於別的忘了這件事，就是非染違犯。失念，就是失去正念。本來應該時時憶念三寶，對三寶懷有恭敬心，現在把這個正念丟了。從中可以看出，菩薩戒是非常人性化的。

「無違犯者，謂心狂亂。」什麼情況下，菩薩行者雖然沒有恭敬供養三寶，但又不犯戒呢？就是他已精神失常，確實沒辦法做，那麼不做也不犯戒。

「若已證入淨意樂地，常無違犯。」淨意樂地，就是初地。如果菩薩行者已經證悟空性，心時時刻刻都和佛菩薩的功德相應，不需要刻意憶念，心都和佛菩薩相通，就無所謂念或不念了。

「由得清淨意樂菩薩，譬如已得證淨苾芻，恆時法爾於佛法僧，以勝供具承事供養。」證淨，即四證淨，證得佛、法、僧、戒的體。這個體就是空性，就是解脫的體。得到清淨意樂的菩薩，就像證淨的比丘，心時時刻刻都和佛法僧相應。這樣的相應，本身就是對三寶最殊勝的承事和供養。這些人也不需要刻意做些什麼。即使不做外在供養，他們也不會違犯菩薩戒。

第二，貪求名利戒

若諸菩薩安住菩薩淨戒律儀，有其大欲而無喜足，於諸利養及以恭敬生著不捨，是名有犯，有所違越，是染違犯。無違犯者，謂為斷彼生起樂欲，發勤精進，攝彼對治，雖勤遮遏而為猛利性惑所蔽，數起現行。

第二條是「貪求名利戒」。如果菩薩行者貪求衣服、飲食、臥具、醫藥，及名聞、利養、地位，就會增長貪心，捨不得把物品或名利送給別人，從而障礙布施。

「若諸菩薩安住菩薩淨戒律儀，有其大欲而無喜足。」貪經常和欲連在一起。欲是一種需求，貪則是從需求到染著，必然會造成不知足的結果，甚至希望把他人的東西占為己有。如果菩薩行者有很大的欲望，對物質、名望的需求非常強烈，貪得無厭，多多益善，再多也沒有滿足的時候。

「於諸利養及以恭敬生著不捨，是名有犯，有所違越，是染違犯。」因為貪欲，就使他對自己擁有的身分、地位、生活條件，以及別人的恭敬，生起深深的執著，不願捨去。這種執著勢必會違背菩薩道修行，障礙布施。這就違背了菩薩的德行和戒律，屬於染汙的違犯。染違犯來自貪欲，是一種染汙的心理。

在什麼情況下，雖然做了同樣的事，卻沒有違犯？下面有合情合理的說明。

「無違犯者，謂為斷彼生起樂欲，發勤精進，攝彼對治，雖勤遮遏而為猛利性惑所蔽，數起現行。」有些人受了菩薩戒之後，深深認識到貪欲的過患，覺得自己作為菩薩行者，不應該對名利有這麼大的欲望和貪著，並努力通過禪修等方法，積極對治這些心理。雖然為此付出很多努力，但煩惱的力量實在強大，時不時還會現行。在這種情況下，因為你已經盡力對治，即使還有貪求名利的行為，也不算犯戒。事實上，只要不斷努力且方法正確，貪欲終歸會越來越弱。

第三，不敬有德同法戒

若諸菩薩安住菩薩淨戒律儀，見諸耆長有德、可敬同法者來，驕慢所制，懷嫌恨心，懷恚惱心，不起承迎，不推勝座。若有他來語言、談論、慶慰、請問，驕慢所制，懷嫌恨心，懷恚惱心，不稱正理，發言酬對，是名有犯，有所違越，是染違犯。非驕慢制，無嫌恨心，無恚惱心，但由懶惰、懈怠、忘念、無記之心，是名有犯，有所違越，非染違犯。無違犯者，謂遭重病；或心狂亂；或自睡眠，他生覺想而來親附、語言、談論、慶慰、請問；或自為他宣說諸法，論義抉擇；或復與餘談論慶慰；或他說法，論義抉擇，屬耳而聽；或有違犯說正法者，為欲將護說法者心；或欲方便調彼伏彼出不善處，安立善處；或護僧制；或為將護多有情心而不酬對，皆無違犯。

第三是「不敬有德同法戒」。不敬，即不恭敬。有德同法，即有德行的同道。在佛教僧團中，出家人雖然是平等的，但不是沒有尊卑之序。這種尊卑是依戒臘和德行建立的。對於德高臘長的上座和長老，戒臘少的後輩應該對他們生起恭敬之心，迎接問候，在此過程中增進交流和學習，對自身的成長有利。這種恭敬和供養也是修布施的方式。如果不敬有德同道，就屬於犯戒行為。為什麼不敬呢？

「若諸菩薩安住菩薩淨戒律儀，見諸耆長有德、可敬同法者來，驕慢所制，懷嫌恨心，懷恚惱心，不起承迎，不推勝座。」第一種情況，是染違犯。這裡說到驕慢、嫌恨、恚惱三種心理。首先說的是驕慢，覺得自己很了不起。世間有能力的人，比如學者、藝術家，或事業有成者，往往會有驕慢心，瞧不起別人，尤其是同行，所謂文人相輕。此外，還懷有嫌恨、恚惱之心。這多半是有過不愉快，比如某人說話、做事得罪過你，或僅僅是你看不慣對方。作為實踐菩薩道的行者，見到戒臘較長且具足德行的同道來自己所在的地方，正常情況下要以恭敬心去迎接並招待，如果被煩惱所控制，心懷驕慢、嫌恨、恚惱，不願恭敬迎接，對他表示尊重，也不接待對方，把好的座位讓給他坐。

「若有他來語言、談論、慶慰、請問，驕慢所制，懷嫌恨心，懷恚惱心，不稱正理，發言酬對，是名有犯，有所違越，是染違犯。」前面說的是你不主動接待對方，這裡更進一步，對方主動和你說話，或是和你討論問題，或是對你表示關懷，或是向你請教，你卻被驕慢控制，懷著嫌恨和恚惱的心理，不願正常接待對方，與之交談。作為菩薩行者來說，就屬於犯戒，而且是染汙的違犯。在有需要的時候接待對方，和對方互動交流，也是一種布施，如果不肯這樣做，就是障礙布施。

「非驕慢制，無嫌恨心，無恚惱心，但由懶惰、懈怠、忘念、無記之心，是名有犯，有所違越，非染違犯。」第二種情況，是非染違犯。如果菩薩行者並不是因為驕慢，更不是對那人有嫌恨、恚惱之心，故意不理對方，只是因為懶惰、懈怠，或是忘了這件事，或是說不上有什麼煩惱，只是不想去做而已。這樣雖然也是犯戒，但屬於非染違犯，因為你的行為不是建立在強烈的煩惱之上。

「無違犯者，謂遭重病；或心狂亂；或自睡眠，他生覺想而來親附、語言、談論、慶慰、請問。」第三，雖然沒有迎接、招待有德同道，但不屬於犯戒。其中包含多種情況，比如你生了重病，或是精神錯亂，當然沒能力接待。或是你睡著了，對方以為你醒著，前來親近你，和你打招呼、討論問題、表示關心、向你請教，你不接待也不犯戒。

「或自為他宣說諸法，論義抉擇；或復與餘談論慶慰；或他說法論義抉擇，屬耳而聽；或有違犯說正法者，為欲將護說法者心。」或是你正在為別人說法，為別人抉擇法義；或是你正在接待其他人；或是有人正在說法，抉擇法義，你在認真聽法；或是你走開後，說法者會不高興，你為了護持他的心而不去接待，都是沒有問題的。

「或欲方便調彼伏彼出不善處，安立善處。」或是你知道這個「大德」其實是有問題的，不去接待他，是希望他因為你的態度而自我反省，改過自新。比如有的人行為有問題，看到大家冷落他，就會生起慚愧心，改變原來的所作所為。如果你確實出於慈悲心，而不是別的理由，是可以不接待的。

「或護僧制；或為將護多有情心而不酬對，皆無違犯。」有時是為了維護僧制，你去接待的話可能會違背僧團制度。有時是為了維護其他人的心，比如你接待這位大德並和他說話，會使其他人不高興。你為了照顧這些人的情緒，不去親近這位大德，不和他交流，也是不犯戒的。

以上列舉了十種情況。在這些前提下，菩薩沒有恭敬有德同法，是不犯戒的。

第四，不應供受襯戒

若諸菩薩安住菩薩淨戒律儀，他來延請，或往居家，或往餘寺，奉施飲食及衣服等諸資生具，驕慢所制，懷嫌恨心，懷恚惱心，不至其所，不受所請，是名有犯，有所違越，是染違犯。若由懶惰、懈怠、忘念、無記之心不至其所，不受所請，是名有犯，有所違越，非染違犯。無違犯者，或有疾病；或無氣力；或心狂亂；或處懸遠；或道有怖；或欲方便調彼伏彼出不善處，安立善處；或餘先請；或為無間修諸善法，欲護善品令無暫廢；或為引攝未曾有義；或為所聞法義無退，如為所聞法義無退，論義抉擇當知亦爾；或復知彼懷損惱心，詐來延請；或為護他多嫌恨心；或護僧制，不至其所，不受所請，皆無違犯。

第四條是「不應供受襯戒」。應供受襯，是接受他人的邀請和供養。菩薩道修行中，布施蘊含重要的作用，菩薩要度化眾生，就要和他們結緣。接受別人的邀請，也是與之結緣的方式，如果別人供養而你不接受，意味著你不和他結緣，就會阻礙他的布施。所以菩薩行者不接受別人的請客供養，也會犯戒。

「若諸菩薩安住菩薩淨戒律儀，他來延請，或往居家，或往餘寺，奉施飲食及衣服等諸資生具，驕慢所制，懷嫌恨心，懷恚惱心，不至其所，不受所請，是名有犯，有所違越，是染違犯。」對於受持菩薩戒的修行者來說，如果有人邀請你應供，或是到他家去，或者請你到其他寺院，現在還包括去素菜館不僅請你吃飯，還供養你衣服、臥具等生活用品。在這種情況下，菩薩行者本該和眾生結緣，成就對方的布施。現在你卻出於驕慢，瞧不起對方，或是不喜歡對方，或是對他有仇恨、嫌棄、恚惱之心，出於這些煩惱不接受對方邀請，不去他家或其他寺院，也不接受他的供養，就會違犯菩薩戒。因為出發點是煩惱，是帶著驕慢、嫌恨、恚惱的心，就屬於染汙的違犯。

「若由懶惰、懈怠、忘念、無記之心不至其所，不受所請，是名有犯，有所違越，非染違犯。」如果菩薩行者不是出於驕慢、嫌恨等煩惱，僅僅因為懶惰，不想走動，或是忘了這件事，其中沒有任何不善心，這種情況下不接受對方邀請，雖然也是犯戒，但屬於非染違犯。染與非染的區別，關鍵在於你的心理基礎是什麼。菩薩戒中，每條戒都講到它的意樂和加行。意樂就是你的用心，出於什麼心理不接受他的邀請，這點非常關鍵。

「無違犯者，或有疾病；或無氣力；或心狂亂；或處懸遠；或道有怖。」同樣是沒接受邀請，在什麼情況下不犯戒呢？這裡講到多種情況。或是因為你生病了；或是因為你沒力氣，走不動；或是因為你心智出問題了；或是對方邀請的地點實在太遠，吃一頓飯要跑很長時間，比如請你到北京吃飯，當然有理由不去；或是去吃飯的地方要路過有獅子虎狼出沒的恐怖地段，恐怕會搭上性命。在這些情況下不接受，是不犯戒的。

「或欲方便調彼伏彼出不善處，安立善處。」有時候，你不接受邀請的目的，是想通過這種方式幫助他自我檢討，反省自身問題，從而加以改變。這麼做是出於慈悲，而不是對他有什麼嗔恨。

「或餘先請；或為無間修諸善法，欲護善品令無暫廢。」也可能因為你已事先接受其他人邀請，分身乏術，無法再接受他的邀請。或是正在用功辦道，沒時間接受邀請，為了不影響修行和學習，也可以不接受邀請。

「或為引攝未曾有義；或為所聞法義無退，如為所聞法義無退，論義抉擇當知亦爾。」或是通過持續修行可以引發更大的利益，比如正在打禪七或念佛七。或是為了不間斷地聞法，包括對法義的聞思和討論，必須專注地聽聞，深入地與大家討論，接受邀請會影響你在修學上的穩定進步，也有理由不接受邀請。

「或復知彼懷損惱心，詐來延請；或為護他多嫌恨心；或護僧制，不至其所，不受所請，皆無違犯。」或是知道對方不懷好意，就像鴻門宴之類，請你去是有圈套的，不是真誠的邀請。或是為了照顧他人情緒，因為你接受他的邀請之後，會引起很多人的不滿。或是維護僧制，不能違背所受的聲聞戒，或是所在道場的共住規約。在以上十三種情況下，菩薩行者不到對方所在的地方，不接受對方的邀請，是不會犯戒的。

第五，不受重寶施戒

若諸菩薩安住菩薩淨戒律儀，他持種種生色、可染、末尼、真珠、琉璃等寶，及持種種眾多上妙財利供具，殷勤奉施。由嫌恨心或恚惱心，違拒不受，是名有犯，有所違越，是染違犯，捨有情故。若由懶惰、懈怠、忘念、無記之心違拒不受，是名有犯，有所違越，非染違犯。無違犯者，或心狂亂；或觀受已心生染著；或觀後時彼定追悔；或復知彼於施迷亂；或知施主隨捨隨受，由是因緣定當貧匱；或知此物是僧伽物、窣堵波物；或知此物劫盜他得；或知此物由是因緣多生過患，或殺，或縛，或罰，或黜，或嫌，或責，違拒不受，皆無違犯。

第五條是「不受重寶施戒」。這和第四條的性質相似，前一條是請客吃飯，同時供養你一些生活用品。這裡不是一般的供養，而是貴重禮物。如果你不接受的話，同樣是不和眾生結緣，或是阻礙對方的布施，作為菩薩行者來說，也是犯戒的。到底什麼情況下屬於犯，什麼情況下不犯呢？我們看戒律的條文。

「若諸菩薩安住菩薩淨戒律儀，他持種種生色、可染、末尼、真珠、琉璃等寶，及持種種眾多上妙財利供具，殷勤奉施。」生色，就是金。可染，就是銀。末尼，就是如意寶珠。作為受持菩薩戒的菩薩行者，如果有其他眾生拿著各種金銀製品，以及末尼、珍珠、琉璃等寶物，或是各種上等、貴重、殊妙的財物和用品，殷勤地供養你。

「由嫌恨心或恚惱心，違拒不受，是名有犯，有所違越，是染違犯，捨有情故。」正常情況下，菩薩行者要隨順眾生，接受這些供養，和眾生結緣，令眾生歡喜。現在卻出於嫌恨、恚惱之心，討厭對方，拒絕對方的供養。這麼做就違背了菩薩的行為準則，而且是出於染汙心，所以是染違犯。因為不接受別人供養，就意味著你不接納對方，不和他結緣，這與菩提心、菩薩行是相違的。

「若由懶惰、懈怠、忘念、無記之心違拒不受，是名有犯，有所違越，非染違犯。」如果只是懶得接受對方供養，或是忘了這件事，或是非善非惡的心理，雖然也是犯戒，但不是染汙的違犯。因為這裡沒有嫌恨、恚惱等染汙心理。

「無違犯者，或心狂亂；或觀受已心生染著。」在什麼情況下，不接受供養也不違犯呢？這些條件很有意思。或是菩薩行者心智有問題；或是他覺得接受貴重物品後會生起貪著，意識到自己的境界不夠，沒能力擁有這份供養，不接受也是不犯戒的。

「或觀後時彼定追悔；或復知彼於施迷亂；或知施主隨捨隨受，由是因緣定當貧匱。」菩薩以智慧觀察到，對方的供養只是一時興起，比如聽了開示後很高興，很衝動，把寶貝都拿出來供養，但過一會可能就後悔了。或是知道對方現在內心混亂，不是出於理智在供養，而是不正常的舉動。或是看到這位施主很有供養心，熱衷於供養，如果接受會導致對方生活困難。所以居士們供養時，要看看他們自身的能力，盡量讓他們量力而行，不要做超乎能力的供養或護持，給生活帶來困難。這也是作為菩薩的慈悲，要處處為他人著想。

「或知此物是僧伽物、窣堵波物；或知此物劫盜他得；或知此物由是因緣多生過患，或殺，或縛，或罰，或黜，或嫌，或責，違拒不受，皆無違犯。」菩薩以智慧觀察到，對方的供品來源不正，是從僧團或佛塔那裡偷來的；或是從他人那裡偷來的；或是接受這個供品後，會引起很多麻煩及法律問題，比如接受供養後會導致被謀殺，被抓捕，被懲罰，被罷免，被他人嫌棄，或受到指責。菩薩看到對方供養的貴重物品隱含很大的過患，出於這些考慮不接受供養，是不犯戒的。

第六，不施其法戒

若諸菩薩安住菩薩淨戒律儀，他來求法，懷嫌恨心，懷恚惱心，嫉妒變異，不施其法，是名有犯，有所違越，是染違犯。若由懶惰、懈怠、忘念、無記之心不施其法，是名有犯，有所違越，非染違犯。無違犯者，謂諸外道伺求過短；或有重病；或心狂亂；或欲方便調彼伏彼出不善處，安立善處；或於是法未善通利；或復見彼不生恭敬，無有羞愧，以惡威儀而來聽受；或復知彼是鈍根性，於廣法教得法究竟深生怖畏，當生邪見，增長邪執，衰損惱壞；或復知彼法至其手轉布非人而不施與，皆無違犯。

第六是「不施其法戒」，不肯布施對方佛法。布施有三項內容，一是財施，二是法施，三是無畏施。「諸供養中，法供養最」，法供養是修習菩薩道的核心，也是菩薩幫助眾生的關鍵。菩薩要引領眾生走向解脫，靠的就是法，不施其法就障礙了法布施，將對修行形成強大障礙，屬於犯戒行為。

「若諸菩薩安住菩薩淨戒律儀，他來求法，懷嫌恨心，懷恚惱心，嫉妒變異，不施其法，是名有犯，有所違越，是染違犯。」菩薩在踐行菩薩道的過程中，有眾生來向你求法，正是幫助眾生的最好機會，理應慈悲布施，為之說法。如果菩薩懷著嫌恨、恚惱之心，或是出於嫉妒，不肯作法布施，不肯施捨對方佛法，就違背了菩薩的行為準則，犯了菩薩戒，而且是染汙的違犯，因為前提是出於煩惱。

「若由懶惰、懈怠、忘念、無記之心不施其法，是名有犯，有所違越，非染違犯。」如果因為懶惰、懈怠，或是忘了這件事，或是非善非惡的心理，不肯作法布施，雖然也犯戒，但因為他的內心沒有陷入煩惱，沒有被煩惱染汙，就屬於非染違犯。

「無違犯者，謂諸外道伺求過短；或有重病；或心狂亂；或欲方便調彼伏彼出不善處，安立善處。」什麼情況下，菩薩不作法布施也不犯戒呢？比如有外道假裝求法，其實是故意來找問題的。或是你患有重病，沒精力作法布施。或是精神出現問題，沒辦法作法布施。或是出於慈悲心，想通過這一行為折伏對方，幫助對方斷惡修善。如果以嫌恨心折伏對方，就會落入染違犯。

「或於是法未善通利；或復見彼不生恭敬，無有羞愧，以惡威儀而來聽受。」或是作為菩薩行者，自己對法並沒有特別通達，沒能力為人作法布施。或是看到對方對佛法沒有恭敬心和慚愧心，不能以如法的威儀請法，隨隨便便就來聞法。如果對方沒有恭敬心，即使說了也未必對他有幫助，還會使對方因為慢法而造業。

「或復知彼是鈍根性，於廣法教得法究竟深生怖畏，當生邪見，增長邪執，衰損惱壞。」求法不是去超市買東西，對方要什麼就給他什麼。作為菩薩來說，說法時要觀機，看看這個眾生有能力接受什麼法。如果對方屬於鈍根，為他說了甚深廣大的菩薩教法，反而會使對方心生怖畏，甚至產生邪見，增長邪執，這樣就會損害他的善根，不利於對方成長。很多時候，學法者也不知道自己需要什麼，可能會求一些很高深的法，事實上是沒能力接受的。

「或復知彼法至其手轉布非人而不施與，皆無違犯。」最後一種情況，菩薩知道對方請法之後，會轉給非人，或是被附佛外道、邪教組織等不法分子利用。這些人會從佛教中吸收一些概念，然後根據自己的目的任意篡改，最後誤導眾生。在以上這些情況下，如果沒作法布施，都不犯戒。

以上六條學處，是和布施有關的菩薩道修行。違背這些做法，將阻礙布施。反之，如果認真實踐這六條學處，會有助於修習布施。所以說，菩薩學處是為菩薩行服務的。

2．違犯持戒

第二部分是關於違犯持戒，共八條學處。雖說四重四十三輕戒都屬於戒的內容，但這八條特別針對六度中的持戒度而提出，非常重要。下面具體介紹。

第七，棄捨惡人戒

若諸菩薩安住菩薩淨戒律儀，於諸暴惡犯戒有情懷嫌恨心，懷恚惱心，由彼暴惡犯戒為緣，方便棄捨，不作饒益，是名有犯，有所違越，是染違犯。若由懶惰、懈怠棄捨，由忘念故不作饒益，是名有犯，有所違越，非染違犯。何以故？非諸菩薩於淨持戒、身語意業寂靜現行諸有情所，起憐愍心，欲作饒益，如於暴惡犯戒有情，於諸苦因而現轉者。無違犯者，謂心狂亂，或欲方便調彼伏彼，廣說如前。或為將護多有情心，或護僧制，方便棄捨，不作饒益，皆無違犯。

第七條是「捨棄惡人戒」，這裡特指犯根本重罪的暴惡有情。作為菩薩道行者，慈悲和願心都是廣大無邊的。因為發菩提心就是要利益一切眾生，不捨棄任何一個眾生，包括暴惡有情，也是要慈悲的對象。

「若諸菩薩安住菩薩淨戒律儀，於諸暴惡犯戒有情懷嫌恨心，懷恚惱心，由彼暴惡犯戒為緣，方便棄捨，不作饒益，是名有犯，有所違越，是染違犯。」暴惡，不是一般的惡，而是罪大惡極，比如造下殺父、殺母、殺阿羅漢、破和合僧、出佛身血五無間罪的眾生。犯戒，指犯聲聞的根本戒，或菩薩戒的他勝處。面對這些眾生，人們通常會懷著嫌恨、恚惱之心捨棄他們，覺得他們不可理喻。古代很多俠義之士就是因為嫉惡如仇，受到他人讚歎，但這和菩薩道精神是不吻合的。因為菩薩的內心要平等，要對一切眾生生起廣大的慈悲，沒有愛和恨的分別。作為實踐菩薩道的菩薩行者，不能捨棄任何眾生。不僅發心如此，包括生活中遇到這樣的眾生，也要以不捨之心幫助他，慈悲他，將他們當作救度對象。所以說，俠客是沒有菩薩心腸的。菩薩要平等慈悲，而不是快意恩仇，更不是嫉惡如仇，那還是典型的凡夫心理。如果一個人沒有菩薩的見地和精神，而是帶著分別心，捨棄這些暴惡犯戒有情，不慈悲他們，不肯幫助他們，就違背了菩薩應該具備的行為準則，並且是染汙的違犯。因為他是帶著嫌恨和恚惱的染汙心理。

「若由懶惰、懈怠棄捨，由忘念故不作饒益，是名有犯，有所違越，非染違犯。」如果因為懶惰、懈怠或是忘了，而沒有饒益眾生，雖然也違犯菩薩戒，但不是染汙的違犯。因為懶惰、懈怠、忘念雖是煩惱心理，但屬於大隨煩惱。我們知道，煩惱有根本煩惱和隨煩惱，後者又分小隨煩惱、中隨煩惱、大隨煩惱。其中，大隨煩惱是最細微的，在凡夫心中普遍存在，較難覺察。

「何以故？」為什麼說捨棄暴惡犯戒有情是犯戒行為？

「非諸菩薩於淨持戒、身語意業寂靜現行諸有情所，起憐愍心，欲作饒益，如於暴惡犯戒有情，於諸苦因而現轉者。」菩薩要平等利益眾生，而不是只利益那些持戒認真、身語意三業比較清淨，內在貪嗔痴已經降伏到一定程度的人。如果只對這樣的眾生心生慈悲，願意饒益他們，就不是菩薩了。菩薩的大慈大悲，是不捨一切眾生。那些暴惡犯戒有情已種下苦因，很快就要墮落，菩薩更要度化他們，幫助他們改正錯誤，以免繼續造作苦因。

「無違犯者，謂心狂亂，或欲方便調彼伏彼，廣說如前。」在什麼情況下，菩薩雖然捨棄眾生也不犯戒？比如心智有問題，沒能力饒益眾生。或者像前面所說的，是通過捨棄的做法來調伏對方，讓他們反思自己的過錯。有些人對他人的慈悲幫助是沒感覺的，但如果你不理他，反而會讓他有所觸動。或是菩薩對那些暴惡犯戒眾生，作了很大的努力，卻沒作用，最後只好放棄，也不犯戒。

「或為將護多有情心，或護僧制，方便棄捨，不作饒益，皆無違犯。」或是為了照顧更多有情的情緒。有時你為了幫助一個人，可能會傷害到一大批人的利益，讓他們起煩惱。在這種情況下，為了照顧到更多人，不幫助也不犯戒。或是為了維護僧制，如果幫助對方就會違犯僧團制度。在以上情況下，捨棄暴惡眾生，不饒益他們，都不會犯戒。

第八，遮罪共不共戒

若諸菩薩安住菩薩淨戒律儀，如薄伽梵於別解脫毗奈耶中，將護他故，建立遮罪，制諸聲聞令不造作。諸有情類，未淨信者令生淨信，已淨信者令倍增長。於中菩薩與諸聲聞應等修學，無有差別。何以故？以諸聲聞自利為勝，尚不棄捨將護他行，為令有情未信者信，信者增長，學所學處，何況菩薩利他為勝。

若諸菩薩安住菩薩淨戒律儀，如薄伽梵於別解脫毗奈耶中，為令聲聞少事少業少希望住建立遮罪，制諸聲聞令不造作，於中菩薩與諸聲聞不應等學。何以故？以諸聲聞自利為勝，不顧利他，於利他中少事少業少希望住，得名為妙。非諸菩薩利他為勝，不顧自利，於利他中少事少業少希望住，可名為妙。如是菩薩為利他故，從非親里長者、居士、婆羅門等及恣施家，應求百千種種衣服，觀彼有情有力無力，隨其所施，如應而受。如說求衣，求缽亦爾。如求衣缽，如是自求種種絲縷，令非親里為織作衣。為利他故，應畜種種憍世耶衣、諸坐臥具，事各至百；生色可染，百千俱胝。復過是數，亦應取積。如是等中，少事少業少希望住制止遮罪，菩薩不與聲聞共學。安住淨戒律儀菩薩，於利他中懷嫌恨心，懷恚惱心，少事少業少希望住，是名有犯，有所違越，是染違犯。若由懶惰、懈怠、忘念、無記之心，少事少業少希望住，是名有犯，有所違越，非染違犯。

第八條是「遮罪共不共戒」。我們知道戒大體包括兩類，一是性戒，一是遮戒。所謂性戒，在性質上就是犯罪行為，如殺盜淫妄。所謂遮戒，在性質上並非犯罪行為，但因為出家人的特殊身分，做了之後容易引發社會輿論和民眾譏嫌。佛陀就根據這些情況制訂遮戒，又稱「護世譏嫌戒」，目的是避免某些行為令大眾反感，護持人們對僧眾的信心。關於遮戒的內容，菩薩應該怎麼對待？

之所以說到這個問題，因為很多菩薩行者還兼具聲聞身分。漢傳僧眾受戒時，基本是「沙彌戒、比丘戒、菩薩戒」三壇一起受，戒子們既有比丘身分，也有菩薩身分。在這個前提下，應該怎麼對待遮戒，聲聞和菩薩的要求是否一致？

這裡所說的「共不共」，包含兩種情況，一部分是共戒，應該等學；另一部分是不共戒，不必等學。所謂共，即某些遮戒是聲聞和菩薩行者必須共學的，聲聞人要做到，菩薩也要做到，為「共戒共學」。所謂不共，即某些遮戒是聲聞行者不能做的，但菩薩行者並不需要禁止。因為二者的修行目標不同，聲聞以個人解脫為主，菩薩不僅要自己解脫，還要利益眾生，引導眾生共同解脫，所以在行為要求上有所不同。

「若諸菩薩安住菩薩淨戒律儀，如薄伽梵於別解脫毗奈耶中，將護他故，建立遮罪，制諸聲聞令不造作。」薄伽梵，即佛陀，世尊。別解脫毗奈耶，即聲聞別解脫戒。佛陀為了照顧社會大眾對三寶的信心，在聲聞戒中設立了很多遮罪，又稱護世譏嫌戒，禁止比丘、比丘尼、沙彌、沙彌尼做某些事。

比如個別出家人去看軍事演習，有居士向佛陀反映，佛陀就規定出家人不可往觀軍政。個別出家人夏天到河中游泳戲水，也有居士向佛陀反映，佛陀就規定出家人不可以游泳。其實，看演習或游泳本身並不屬於犯罪行為，但會引起大眾譏嫌，不符合他們心目中對出家人的印象。雖說這些看法未必正確，但如果你的行為違背這個印象，他們就會譏嫌，甚至對三寶失去信心，覺得出家人和我們差不多，所作所為一樣世俗。現在教界很多現象，比如寺院的商業化、迷信化等，大眾也有種種譏嫌。我們應該根據時代特點制訂新的規則，原則就是為了護世譏嫌。這麼做的目的是什麼？

「諸有情類，未淨信者令生淨信，已淨信者令倍增長。」讓那些對佛法沒有信仰的社會大眾，對三寶生起清淨信心；已經產生信仰的，讓他們的信心快速增長。民眾對佛法的信心，很大程度上取決於僧團在社會的形象。因為住持三寶就代表三寶在世間的存在，直接關係到民眾對佛法的觀感和信心。遮戒就是制止不如法的，使大眾對佛教反感的行為。尤其是現在，很多寺院存在種種不如法的現象，需要制止和改變的實在太多了。

「於中菩薩與諸聲聞應等修學，無有差別。」對於遮戒中有關維護僧團形象的戒律，不僅聲聞要學習受持，菩薩也要學習受持。在這方面，菩薩和聲聞的行為標準是沒有差別的。

「何以故？」為什麼這部分內容，菩薩和聲聞都要修學呢？按理來說，聲聞的修行重點在於個人解脫，別人愛怎麼說、愛怎麼看都沒關係，不必顧及那麼多。但從另一個角度，聲聞還有住持佛法的責任，所以他們不僅要考慮自己，還要考慮佛法在世間的形象。

「以諸聲聞自利為勝，尚不棄捨將護他行，為令有情未信者信，信者增長，學所學處。」雖然聲聞的修行是以自利為主，但他們也會遵守遮戒，體現出符合大眾心目中的出家人形象，目的是為了住持佛法，不放棄護持大眾的責任，使對佛法沒信心的有情生起信心，對佛法具足信心的有情增長信心，修習種種學處。

「何況菩薩利他為勝。」而菩薩行者以利他為己任，更有責任讓大眾對佛法生起信心，更有理由遵守遮戒，不使大眾因此受到影響。

以上是菩薩和聲聞應該共學的遮罪，接著是菩薩和聲聞不共的部分。別解脫戒中，有一部分遮罪是為了讓聲聞行者少事、少業、少希望住。因為聲聞以解脫為目標，凡夫為什麼不能解脫？就是因為多事、多業、多希望住。事情多得不得了，生活用品多得不得了，即使擁有那麼多，依然對五欲充滿期待。我們貪著財富、感情、事業、人際關係，為之捆綁，不得解脫。

出家就代表對占有和貪著的放棄，所以佛陀一直讚歎頭陀苦行，提倡出家人按四依生活，即常乞食、樹下坐、糞掃衣、腐爛藥，在一無所有的生活中遠離貪著。《遺教經》也說，比丘對一切財富「皆當遠離，如避火坑」。在簡單的生活中，貪著會隨之減少，心也會因此清淨，有利於修行。所以佛陀制定聲聞要少事、少業、少希望住，事情越少越好，擁有的東西越少越好，對世間的期待越少越好，否則就會不停地向外追逐。聲聞戒規定，出家人只能有幾件衣服，只能什麼時間吃飯，包括房子、物品都有相關規定。這些規定都本著少事、少業、少希望住的原則，讓人專心修行。

「於中菩薩與諸聲聞不應等學。」這一部分遮戒，目的是讓聲聞行者不去追求五欲六塵，作為菩薩行者來說，就不可以和聲聞同樣。

「何以故？」為什麼菩薩不能少事、少業、少希望住？

「以諸聲聞自利為勝，不顧利他，於利他中少事少業少希望住，可名為妙。」因為聲聞以個人解脫為主，對他們來說，隨緣地弘法、度眾即可，重點並不在於利他。對他們來說，少事、少業、少希望住可以減少障礙，讓自己心無旁騖，安住於法，這麼做是和修行相應的。

「非諸菩薩利他為勝，不顧自利，於利他中少事少業少希望住，得名為妙。」但菩薩行者對於住持佛法和救度眾生具有承擔精神，將此作為自己盡未來際的使命，其重要性超過自利。這是兩種價值取向。為了幫助眾生，就要和他們廣結善緣，如果少事、少業、少希望住，並不是一件好事。

可見，聲聞和菩薩的修行目標、核心價值都不一樣，一是以自利為勝，一是以利他為勝，反映在行為上，自然有不同取捨。需要注意的是，雖然菩薩應該多事、多業、多希望住，但絕不同於凡夫的多事多業。因為二者的發心有別，凡夫是出於貪心，多事、多業、多希望住就是為了滿足欲望，是典型的世俗心、凡夫行。菩薩是出於菩提心，多事、多業、多希望住純粹是為了幫助眾生，成就菩薩行。所以我們對行為的判斷，不能單純看少事還是多事，而要看行為背後的發心。其實從個人生活來說，菩薩同樣要少事少業，但從利益眾生的角度，就要多事多業，發心承擔。

總之，菩薩戒的判斷標準主要在於發心。同樣一個行為，到底是染違犯，還是非染違犯或不違犯，誰知道？不僅佛菩薩知道，其實你自己也知道，別人無法根據表象對你作出判決。聲聞戒可以從行為判決，但菩薩戒的犯或不犯，染犯或非染犯，都是根據發心判決的，你的心才是真正的審判官。

「如是菩薩為利他故，從非親里長者、居士、婆羅門等及恣施家，應求百千種種衣服。」恣施家，有大量財富的人，可以隨意地布施你，供養你，你要什麼他就給什麼。如果菩薩為了利他而需要物質財富，就可以向沒有親戚關係的長者、居士、婆羅門、富豪等化緣，比如求取各種衣服。需要明確的是，這麼做完全是為了利他而不是利己，這點最重要。

「觀彼有情有力無力，隨其所施，如應而受。」這句話也很重要。當你向別人化緣時，要考慮對方有沒有能力，不要提出讓人為難或承受不起的要求。換言之，也要慈悲布施主，而不是單方面地讓他來慈悲大家。同時，根據他布施的多少來接受，而不是按你的要求。

「如說求衣，求鉢亦爾。如求衣鉢，如是自求種種絲縷，令非親里為織作衣。」求衣是這樣，求鉢也是同樣。按求衣鉢的原理，也可以向他們化緣各種絲縷。因為古人都是自己紡線織布，有時施主沒有現成的衣服，就可以求施織布的線，然後讓人加工成衣服。

「為利他故。」再次強調，菩薩是為了利他，不是為了自己，否則就不可以隨意向別人要東西。

「應畜種種憍世耶衣、諸坐臥具，事各至百；生色可染，百千俱胝。復過是數，亦應取積。」菩薩為了利益眾生，可以向別人化緣。比如憍世耶衣，是用絲棉做的高檔衣服。諸坐臥具，就是各種床上用品、生活用品等，數量可以多達一百份。生色可染，就是金銀珍寶。百千俱胝，就是數量很多，價值很高。甚至超過以上所說的這些，只要是為了大眾事業，為了幫助他人，都可以接受。

「如是等中，少事少業少希望住制止遮罪，菩薩不與聲聞共學。」聲聞戒中，少事、少業、少希望住這部分遮罪，菩薩不可以和聲聞共學。因為菩薩以利他為勝，和聲聞的自利為勝，在性質上完全不同。

「安住淨戒律儀菩薩，於利他中懷嫌恨心，懷恚惱心，少事少業少希望住，是名有犯，有所違越，是染違犯。」作為菩薩行者來說，如果在修利他行的過程中，對眾生感到討厭，甚至懷著仇恨、惱害等心理，不願做利他行，不願為了幫助大家去化緣，去積集財富，只想自己簡簡單單地關起門來過日子，就屬於犯戒，而且是染汙的違犯，因為你是出於嫌恨、恚惱等染汙心理。

「若由懶惰、懈怠、忘念、無記之心，少事少業少希望住，是名有犯，有所違越，非染違犯。」如果因為懶惰、懈怠、忘念、無記等心理，沒有為大家去做事，去化緣，只顧自己少事少業，雖然這些心理也屬於煩惱，但比較輕微，造成的染汙也不重，就屬於非染違犯，不是染汙性的違犯。

前面講到，菩薩對於個人生活要少事、少業、少希望住，但為了利益眾生，需要多事、多業、多希望住。如果少事少業，意味著你沒有承擔，是犯戒的。更不能倒過來，個人生活上多事多業，利益眾生時少事少業，那就是典型的凡夫行。世間人多數就是這樣，為了滿足貪心，順應我執我見，什麼都願意做，樂此不疲，但要利益他人時，一點興趣都沒有，什麼都懶得做。

第九，性罪不共戒

若諸菩薩安住菩薩淨戒律儀，善權方便，為利他故，於諸性罪少分現行。由是因緣，於菩薩戒無所違犯，生多功德。

前面講到，性罪指這一行為本身就屬於犯罪，這是聲聞戒最為重要的部分，而且是重罪、根本罪，一旦犯戒就像腦袋掉地，會失去戒體，失去比丘身分。但菩薩戒中，性罪在特定情況下可以開許。當然不是隨便開，也不是所有人都有資格開，而是有特定要求的。如果沒有標準地任意開許，會很危險。當你在殺盜淫妄的時候，究竟是錯誤的犯罪行為，還是高尚的道德行為？在菩薩戒的倫理中，不是以行為本身來判斷善惡，而是取決於你的動機和結果。比如殺人，究竟是善行還是惡行？就看你的發心是為了利益自己還是利益眾生，結果又是什麼，這兩點很重要。以下，說明菩薩戒對性罪的態度。

「若諸菩薩安住菩薩淨戒律儀，善權方便，為利他故，於諸性罪少分現行。」善權方便，就是善巧方便，建立在大慈悲、大智慧的前提下。如果菩薩的悲心非常強烈，愛護眾生勝過自己，甚至「寧願我為此坐牢、墮地獄，也不要看到對方因為犯罪長劫沉淪」。換言之，他願意不計代價地為眾生承擔一切。具備這樣的心行，才有資格開性罪。否則就可能是為貪嗔痴而開，打著利他的口號，其實在滿足個人的欲望或凡夫心。菩薩行者受持、安住於菩薩戒，為了利益眾生，可以通過善巧方便，對殺盜淫妄的性罪有少分現行。

少分就是一點點，不是完整的現行，而且在非常特殊的情況下，已經找不到更好的辦法，才不得已為之。比如歹徒馬上要威脅到很多人的生命，菩薩找不到制止他的辦法，只能把他殺掉。一方面是為了挽救歹徒要加害的人，一方面也是為了挽救這個歹徒，否則他造下這麼嚴重的殺業，將招感極大極重的苦果。只有在這種情況下才開許性戒，不是隨便開的，也不能多做，解決問題即可。

「由是因緣，於菩薩戒無所違犯，生多功德。」如果菩薩出於利他，在特殊情況下開了性戒，非但不違犯菩薩戒，而且還有功德。因為菩薩是本著慈悲心做的，目的只是為了利益對方。

下面從七個方面說明對性罪的開許，分別是殺生、不與取、欲邪行、妄語、離間語、粗惡語、綺語。

・開殺生

謂如菩薩見劫盜賊為貪財故，欲殺多生，或復欲害大德、聲聞、獨覺、菩薩，或復欲造多無間業。見是事已，發心思惟：我若斷彼惡眾生命，墮那落迦。如其不斷，無間業成，當受大苦。我寧殺彼墮那落迦，終不令其受無間苦。如是菩薩意樂思惟，於彼眾生，或以善心，或無記心，知此事已，為當來故，深生慚愧，以憐愍心而斷彼命。由是因緣，於菩薩戒無所違犯，生多功德。

其一，菩薩行者在什麼情況下可以開殺戒？這裡的殺戒，包括殺人。按聲聞戒來說，殺人就是犯戒，而且是重罪，沒有任何商量餘地。但菩薩戒的關鍵在於發心，你用的是什麼心，就決定了這個行為是不是犯戒，是染違犯還是非染違犯。

「謂如菩薩見劫盜賊為貪財故，欲殺多生，或復欲害大德、聲聞、獨覺、菩薩，或復欲造多無間業。」比如有的盜賊、匪徒為了貪財，準備殺很多人，甚至要殺害大德、聲聞、獨覺、菩薩等聖者，造下墮落無間地獄的種種惡業，罪過極大極重。

「見是事已，發心思惟：我若斷彼惡眾生命，墮那落迦。如其不斷，無間業成，當受大苦。我寧殺彼墮那落迦，終不令其受無間苦。」菩薩行者看到這種現象時，就要想到：如果我現在斷了這個眾生的命，犯下殺業，可能要墮落地獄。但如果我不殺生，不把他解決掉，對方就會造下無間罪業。何去何從？

菩薩出於慈悲，不是擔心自己墮落地獄，而是擔心眾生墮落，寧願自己因為殺他而墮落，也不讓對方造下殺業，最終落入惡道受苦。這種用心非常重要，必須是發自內心的真實想法，不僅想到要救很多人，而且要救這個匪徒。這也體現了菩薩和俠客的不同。俠客是帶著嫉惡如仇的心理把對方殺掉，與匪徒不共戴天，而菩薩是把匪徒作為直接的慈悲對象，不讓他造下無間地獄的惡業，未來長劫受苦。

「如是菩薩意樂思惟，於彼眾生，或以善心，或無記心，知此事已，為當來故，深生慚愧，以憐愍心而斷彼命。」菩薩思惟之後，以善心或無記心了解到此事的因果，為了制止這件事的發生，為了對方將來不受重罪，實在沒有其他辦法，只能帶著深深的憐愍把對方殺了。之所以深生慚愧，是想到自己沒有其他善巧，只能用開殺戒的方式，來完成慈悲和利他的修行。從菩薩的發心來說，是「我不入地獄誰入地獄」的承擔；從結果來說，是讓對方以當下的斷命，免造惡業，免受苦果。

「由是因緣，於菩薩戒無所違犯，生多功德。」如果本著這樣的利他心開殺戒，不僅沒有違犯菩薩戒，同時還功德無量。

持戒建立了八個學處，其中講到，菩薩戒中對聲聞遮戒和性戒的態度。因為聲聞是以自利為主，追求個人解脫，而菩薩是以利他為主，利益一切眾生。目標不同，對戒採取的態度也不一樣。在特殊情況下，菩薩對性戒是可以開許的。

・開不與取

又如菩薩見有增上、增上宰官上品暴惡，於諸有情無有慈愍，專行逼惱。菩薩見已，起憐愍心，發生利益安樂意樂，隨力所能，若廢若黜增上等位。由是因緣，於菩薩戒無所違犯，生多功德。

又如菩薩見劫盜賊奪他財物，若僧伽物、窣堵波物，取多物已，執為己有，縱情受用。菩薩見已，起憐愍心，於彼有情發生利益安樂意樂，隨力所能，逼而奪取，勿令受用如是財故，當受長夜無義無利。由此因緣所奪財寶，若僧伽物還復僧伽，窣堵波物還窣堵波，若有情物還復有情。又見眾主或園林主取僧伽物、窣堵波物，言是己有，縱情受用。菩薩見已，思擇彼惡，起憐愍心，勿令因此邪受用業，當受長夜無義無利，隨力所能，廢其所主。菩薩如是，雖不與取而無違犯，生多功德。

其二，對盜戒的開許。所謂不與取，即不屬於你的東西，別人也沒給你，你卻把它占為己有。不管出家戒還是在家戒中，盜戒都屬於第二條根本重罪。在什麼情況下，菩薩可以開不與取戒呢？首先是資格問題，並不是一受菩薩戒，原來所受的聲聞戒都不作數了，可以解放了，之前不能做的事都可以做了。界限在於，你的慈悲利他之心已遠遠超過利己之心，是極其純粹的，沒有任何染汙，沒有絲毫為了自己，否則就是犯戒，而不是在持菩薩戒。雖然這一點不能從行為上表現出來，但屬於硬標準。其次是特殊情況，必須是沒有其他辦法時作出的選擇。那麼，菩薩在什麼情況下可以開不與取戒？我們看戒律條文。

「又如菩薩見有增上、增上宰官上品暴惡，於諸有情無有慈愍，專行逼惱。」增上，指皇帝、國王；增上宰官，指大臣等高級官員。如果菩薩看到官員貪贓枉法，無惡不作，對民眾沒有絲毫慈悲心，一味實行暴政，對他們搜刮、壓榨、逼迫。面對這些現象，聲聞人通常是遁入山林，獨善其身，不和他們發生關係。

「菩薩見已，起憐愍心，發生利益安樂意樂，隨力所能，若廢若黜增上等位。」但是作為菩薩來說，看到這些官員因為無明煩惱，作惡多端，同時讓民眾遭殃，是不能袖手旁觀的。一方面，要對這些作惡的官員心生同情；一方面，要對被他們壓迫的百姓心生慈悲。出於同情和慈悲，希望做一些對他們有利的事情。怎樣才能對他們有利？就是要制止他們實行暴政，繼續傷害百姓。比如廢去他們的地位，讓他們沒權力做壞事。

「由是因緣，於菩薩戒無所違犯，生多功德。」這麼做的話，非但沒有違犯菩薩戒，還功德無量。因為這樣可以讓統治者少造惡業，同時也拯救民眾於水火之中。

「又如菩薩見劫盜賊奪他財物，若僧伽物、窣堵波物，取多物已，執為己有，縱情受用。」接著說到第二種情況。如果菩薩看到強盜、竊賊奪取他人財物，或是僧團物品，或是屬於佛塔所有的物品等。總之，通過非法手段將這些財物占為己有，任意享用。這裡為什麼特別舉出僧伽物、窣堵波物？因為這是三寶物，占用的罪過特別重。

「菩薩見已，起憐愍心。」菩薩看到這種情況後，知道這個眾生因為非法盜用三寶物和他人財物，將墮落三惡道，果報極重，對他們生起深深的憐愍心。這是我們要注意的，不是嫉惡如仇，否則就是俠客而不是菩薩了。

「於彼有情發生利益安樂意樂，隨力所能，逼而奪取，勿令受用如是財故，當受長夜無義無利。」菩薩出於憐愍，生起希望幫助、利益他們的意樂，就根據自己的能力，比如用武力逼迫或其他方法，把這些財物奪回並歸還原處。這麼做的目的，是不讓竊賊因為非法占用三寶物等，最終遭受長劫的痛苦。

「由此因緣所奪財寶，若僧伽物還復僧伽，窣堵波物還窣堵波，若有情物還復有情。」對於盜用的財物，如果屬於僧團所有的，就歸還給僧團；如果屬於佛塔所有的，就歸還給佛塔；如果屬於其他有情的，就歸還給其他有情。總之，哪裡來的就還到哪裡去。因為對方沒給你，可能還覺得：這是我憑本事拿來的，就應該歸我。菩薩出於慈悲心加以干預，雖然使用的手段是不與取，但動機和結果都是好的，這也是可以開許的。

「又見眾主或園林主取僧伽物、窣堵波物，言是己有，縱情受用。」眾主，即寺院住持。園林主，即守護寺院財產的人。這是第三種情況。菩薩看到有些寺院的住持或守護者，監守自盜，把僧伽物、窣堵波物視為己有，為了享受隨意使用。我們知道，僧團財物屬於十方僧伽所有，不屬於任何人。但有些管理者或是出於私欲，或是不懂戒律，把三寶物當作私產，比如中國過去的子孫寺廟，包括海外有些道場，住持覺得寺廟是個人財產，自己想怎麼用就怎麼用。既不用於成就大眾修行，也不用於弘法事業，而是用於個人享受，這個罪過也是很重的。

「菩薩見已，思擇彼惡，起憐愍心，勿令因此邪受用業，當受長夜無義無利，隨力所能，廢其所主。」菩薩看到這種情況之後，想到這麼做將造下無量惡業，所以對他們生起憐愍心，不讓他們因為這種不如法的受用，招感未來的痛苦果報。所以菩薩就根據自己的能力，罷免他的住持或管理者、守護者的身分。

「菩薩如是，雖不與取而無違犯，生多功德。」菩薩這麼做，雖然屬於不與取的行為，但沒有違犯菩薩戒，並且功德無量。

這條戒講到不與取，包括皇帝、大臣的霸占，強盜、竊賊的盜用，以及寺院住持的占有。對於這些非法行為，菩薩首先生起憐愍心，不忍看到他們未來遭受極大苦果；其次生起慈悲心，希望幫助他們彌補過失。雖然採用的手段是不與取，但純粹是為了幫助他們，結果也將給對方帶去利益和安樂。可見，不與取的開許是建立在憐愍心、慈悲心、利他心的基礎上。

·開欲邪行

又如菩薩處在居家，見有母邑現無繫屬，習淫欲法，繼心菩薩求非梵行。菩薩見已，作意思惟：勿令心恚，多生非福。若隨其欲，便得自在，方便安處，令種善根，亦當令其捨不善業。住慈愍心，行非梵行。雖習如是穢染之法而無所犯，多生功德。出家菩薩為護聲聞聖所教誡，令不壞滅，一切不應行非梵行。

其三，對欲邪行的開許。欲邪行，又稱邪淫，指違背法律和道德的婚外性關係。這條在出家戒中尤為重要，同時也是在家戒的重戒，但在菩薩戒中，特殊情況下會被開許。當然，什麼人可以開許，什麼人不可以開許，是有要求的。

「又如菩薩處在居家，見有母邑現無繫屬，習淫欲法，繼心菩薩求非梵行。」這條戒的開許有幾個前提，首先必須是在家菩薩，出家菩薩不得開許；其次是現無繫屬，沒有丈夫、戀人和監管人的獨身女子；第三是習淫欲法，或以賣淫為業，或是淫欲心特別重；第四是對自己很痴迷，一心想和自己發生性關係。

「菩薩見已，作意思惟：勿令心恚，多生非福。若隨其欲，便得自在，方便安處，令種善根，亦當令其捨不善業。」菩薩看到這些情況就想：不要因為拒絕而讓她生起嗔恨，否則對方可能會犯下過錯，造作罪業，比如由愛生恨後產生的種種不理智行為。如果順從她的願望，讓她得到滿足，還可以進一步引導她種下善根，修學佛法，同時勸告她捨棄不善業。

「住慈愍心，行非梵行。雖習如是穢染之法而無所犯，多生功德。」在這種情況下，菩薩本著慈悲對方的心，與之發生關係。雖然做了不淨邪行，但不是出於欲望，而是為了善巧地幫助對方，非但不會犯戒，而且還有功德。

「出家菩薩為護聲聞聖所教誡，令不壞滅，一切不應行非梵行。」但對出家菩薩來說，還要護持自己所受的聲聞戒和相關教誡，不讓自己的戒體受損，絕對不可行非梵行。

可見，對性戒的開遮是有前提的，不是什麼情況都可以開。即使是在家菩薩，也要取決於他的發心，是為了利他還是利己。另一方面要考量，當你這麼做的時候，內心會不會被染著？所以對性戒的開許，會要求菩薩證得清淨意樂，甚至達到初地。否則，開了之後非但幫不了對方，還可能害了自己。或者說，使這種開許成為滿足貪嗔痴的藉口。

所以不是受了菩薩戒就有資格開許，一方面要衡量自己的能力，看這種做法究竟能不能給對方帶去利益；另一方面要衡量自己的境界，看會不會因此陷進去。如果你只是滿足她的欲望，沒能力進一步利益她，引導她改邪歸正，反而會增長她的貪欲。所以菩薩要有充分的智慧去考察，這種滿足究竟是引導對方的方便，還是缺乏原則的縱容。如果沒把握，這種開許是沒意義的，還可能自害害他。

同時要對自己的發心和定力有充分評估，看看自己是不是純粹出於憐愍，純粹為了利他，有沒有夾雜貪欲？作為凡夫來說，心行基礎就是貪嗔痴，雖然現在受了菩薩戒，修學菩薩行，但不會一蹴而就。往往是，利他心中還夾雜著程度不等的貪嗔痴。如果還有貪著的話，是沒資格開這條戒的，因為你根本把控不了自己。除非你已經愛護眾生勝過自己，完全出於憐愍心，覺得「寧願我下地獄也要幫助她」，才有資格開這條戒。這是我們要特別警惕的，需要深入、誠實地自我檢視。

・開妄語

又如菩薩為多有情解脫命難、囹圄縛難、刖手足難、劓鼻、刵耳、剜眼等難，雖諸菩薩為自命難亦不正知說於妄語，然為救脫彼有情故，知而思擇，故說妄語。以要言之，菩薩惟觀有情義利，非無義利；自無染心，唯為饒益諸有情故，覆想正知而說異語。說是語時，於菩薩戒無所違犯，生多功德。

其四，菩薩在什麼情況下可以開妄語戒。妄語，屬於四項根本重罪之一，其中有大妄語和小妄語之分。大妄語是關於修行的，如未證言證；小妄語是生活中的，比如說一些和現實相違的語言。

「又如菩薩為多有情解脫命難、囹圄縛難、刖手足難、劓鼻、刵耳、剜眼等難。」菩薩為了幫助眾多有情解脫生命危險，包括其他困境。囹圄縛難，是被抓到監獄坐牢的危難；刖手足難到剜眼等難，分別是被砍掉手足、被割掉鼻子耳朵、被挖去眼睛的酷刑。總之，這些眾生遭遇了威脅生命的災難。在這種情況下，菩薩要挺身而出，救助對方。

「雖諸菩薩為自命難亦不正知說於妄語，然為救脫彼有情故，知而思擇，故說妄語。」如果菩薩自己遭遇這些災難，為了自身利益，是不會說妄語的。但為了解救眾生，權衡利弊之下，會選擇妄語。前面講到對殺生、不與取、邪行的開許，都不是為了自己。也就是說，絕不能為了個人利益去殺生，去偷盜，去邪行，只要夾雜絲毫的自利，還是標準的凡夫行。這裡進一步提醒我們，菩薩在自己面臨生命危險時，也絕不會說妄語，這是代表著菩薩對聲聞戒的認真實踐，必須達到捨命護戒的程度。

這裡的妄語，不是屬於作偽證之類，而是當眾生被冤枉，面臨不正當的懲罰時，菩薩會善巧地為之開脫。如果一個人做了壞事被關押，符合法律規範，菩薩是不會這麼做的。這點也要搞清楚。

「以要言之，菩薩惟觀有情義利，非無義利；自無染心，唯為饒益諸有情故，覆想正知而說異語。」這段話很重要，可以通所有的開許，從開殺生到開不綺語，都是通用的。也就是說，菩薩必須對這種開許有深入觀察，一方面給眾生帶去真正的利益，不是沒有利益；一方面是自己沒有任何染汙心，純粹為了利益對方。如果於對方沒有利益，這麼做還可能縱容他，就不能開許。如果自己發心不純粹，夾雜染汙、貪著等心理，也是沒資格開許的。菩薩考察以上兩點之後，才會為了解救對方，說一些和事實相違的話。

「說是語時，於菩薩戒無所違犯，生多功德。」在這種情況下，菩薩雖然說了妄語，非但沒有違犯菩薩戒，並且能成就很大的功德。

・開離間語

又如菩薩見諸有情為惡朋友之所攝受，親愛不捨。菩薩見已，起憐愍心，發生利益安樂意樂，隨能隨力說離間語，令離惡友，捨相親愛，勿令有情由近惡友，當受長夜無義無利。菩薩如是以饒益心說離間語，乖離他愛，無所違犯，生多功德。

其五，開離間語。離間就是挑撥離間，讓人們由關係親密變得疏遠，屬於十不善行的範圍。雖然離間本身是不善行，但在菩薩戒中，如果運用得當，也可以成為利他行。在什麼情況下，菩薩需要用到這種語言呢？

「又如菩薩見諸有情為惡朋友之所攝受，親愛不捨。」眾生是很無明的，看不清親近惡友的後果，不知道自己正在近墨者黑，反而與惡友關係密切。菩薩看到有情和狐朋狗友在一起，比如加入黑社會或流氓團體，就會沾染不善習性，甚至跟著他們一起做壞事。

「菩薩見已，起憐愍心，發生利益安樂意樂，隨能隨力說離間語，令離惡友，捨相親愛，勿令有情由近惡友，當受長夜無義無利。」看到這種情況，菩薩對這些有情生起深深的憐愍心，生起幫助對方的意樂，就要根據自己的能力說一些離間語。讓對方遠離惡友的不良影響，不再和他們保持親密關係，不讓有情因為接近惡友造下種種惡業，將來遭受無量無邊的痛苦。

「菩薩如是以饒益心說離間語，乖離他愛，無所違犯，生多功德。」菩薩本著利益眾生的心，以智慧善用離間語，以此幫助有情遠離惡友，這麼做非但不違犯菩薩戒，而且能成就很大的功德。因為這種離間不是為了製造人我是非，更不是出於個人好惡，純粹是為了幫助對方。

·開粗惡語

又如菩薩見諸有情為行越路，非理而行，出粗惡語，猛利訶擯，方便令其出不善處，安立善處。菩薩如是以饒益心，於諸有情出粗惡語，無所違犯，生多功德。

其六，開粗惡語。這是屬於不善的語言，但善加利用，也能達到利益有情的效果。在菩薩戒中，如何善用粗惡語呢？

「又如菩薩見諸有情為行越路，非理而行，出粗惡語，猛利訶擯。」菩薩看到有情的所作所為超出做人的正常規範，甚至胡作非為。這種情況下，有兩種說明方式，有的可以用愛語攝受，循循善誘地加以開導。但有些眾生剛強難調，你怎麼和他好好說都沒用，反而要用粗惡語呵責一通，狠狠地批評他。這裡的關鍵，在於你是用慈悲心，而不是嗔恨心。如果有絲毫嗔恨心，就是典型的凡夫行，而不是菩薩行。

「方便令其出不善處，安立善處。」這麼做的目的，不是為了懲罰對方，而是引導他改變不善的心行和串習，安住於善行中。比如執法部門把犯罪者關起來，不僅是為了保障社會安定，也是為了幫助這些人改造行為，調整身心。

「菩薩如是以饒益心，於諸有情出粗惡語，無所違犯，生多功德。」如果菩薩本著饒益對方的心，對有情說粗惡語，非但不違犯菩薩戒，還能成就功德。因為良藥苦口，忠言逆耳，在好言勸說不奏效的情況下，菩薩必須顯現金剛怒目。

我們看所開的這麼多戒，原則就是為了利他。當然，必須是真切、純粹的菩提心，而不是利他的口號。這樣的情況當今社會也不少，很多人打著慈善等冠冕堂皇的旗幟，甚至利用高尚的信念，目的卻是為了滿足私欲，謀取私利。這是特別需要釐清的。

・開綺語

又如菩薩見諸有情信樂倡伎、吟詠、歌諷，或有信樂王賊、飲食、淫蕩、街衢無義之論，菩薩於中皆悉善巧，於彼有情起憐愍心，發生利益安樂意樂，現前為作綺語相應種種倡伎、吟詠、歌諷、王賊、飲食、淫衢等論，令彼有情歡喜引攝，自在隨屬，方便獎導，出不善處安立善處。菩薩如是現行綺語，無所違犯，生多功德。

其七，開綺語。「又如菩薩見諸有情信樂倡伎、吟詠、歌諷，或有信樂王賊、飲食、淫蕩、街衢無義之論。」菩薩看到有情熱衷於雜耍玩樂、吟詩作賦、歌詠諷誦，或是熱衷於談論政治風雲、武俠鬥毆，或是熱衷於飲食男女、街頭巷尾的各種八卦，總之，說些沒意義的話。

「菩薩於中皆悉善巧，於彼有情起憐愍心，發生利益安樂意樂，現前為作綺語相應種種倡伎、吟詠、歌諷、王賊、飲食、淫衢等論，令彼有情歡喜引攝，自在隨屬，方便獎導，出不善處安立善處。」《瑜伽師地論》說，菩薩要從五明處學，為了利益眾生，必須具足世間種種方便，這樣才能善巧地引導他們。面對這些有情，菩薩行者要對他們生起憐愍心，生起想要幫助他們的意樂。怎麼幫助？前提是讓他們認同你，接受你，這樣才能進一步加以引導。如果他們不認同，不接受，何以幫助他們？所以菩薩要隨順他們的喜好，參與他們熱衷的雜耍、吟詩、歌舞、政治、飲食、男女等話題。讓對方感到歡喜，覺得你和他們是同一類人，有共同語言。當他們接納你之後，菩薩才能找機會用正見引導他們。因為他們認同你，尊重你，才會接受你所說的話。這時菩薩就要為他們開示佛法，引導他們放棄無義之論，關心對生命更有意義的方面，進而修學佛法，走上人生正道。

「菩薩如是現行綺語，無所違犯，生多功德。」菩薩說綺語不是熱衷於此，而是作為化導眾生的前提。說這些綺語，非但不違背菩薩戒，還能生起極大功德。因為世俗人說綺語是增長放逸，增長煩惱，但菩薩是用綺語作為利益眾生的方便，是為了幫助他們走上正道。

前面說的兩項，一是遮戒的共戒和不共戒，一是性戒的不共戒。從遮戒和性戒兩方面，顯示了菩薩戒和聲聞戒的不同。在弘法過程中，我也經常引用菩薩戒來說明，學佛不只是消極的行善，更是積極的行善。因為很多人覺得，佛教戒律比較消極，讓你這也不做那也不做，還會說：佛教徒不殺生，面對歹徒怎麼辦？遇到戰爭怎麼辦？從聲聞戒來說，確實偏向止惡。但菩薩戒包含三聚淨戒，不僅要止惡，更要積極行善。而且在特殊情況下，為了利益更多的人，也可以開殺戒、盜戒等。如果我們把大乘佛教的這種擔當呈現出來，就能改變大眾對佛教的刻板印象。

第十，住邪命法戒

若諸菩薩安住菩薩淨戒律儀，生起詭詐、虛談、現相、方便研求、假利求利。味邪命法，無有羞恥，堅持不捨，是名有犯，有所違越，是染違犯。無違犯者，若為除遣生起樂欲，發勤精進，煩惱熾盛，蔽抑其心，時時現起。

第十條是「住邪命法戒」。戒律是幫助我們建立正命的生活，所謂正命，即健康、正確、如法的謀生手段。在出家戒中，規定最多的是如何獲得衣食往行四事供養。作為在家居士來說，也需要通過如法手段獲得生活資源，否則就是邪命，屬於犯戒行為。

「若諸菩薩安住菩薩淨戒律儀，生起詭詐、虛談、現相、方便研求、假利求利。」作為受持菩薩戒的行者，不能用邪命維持生存。什麼是邪命？這裡講到五種。一是詭詐，即欺騙別人。本身沒什麼德行，卻裝作很有德行；本身沒證悟什麼果位，卻裝作證悟了聖果，用欺騙手段讓別人對你生起恭敬供養之心。二是虛談，即通過自吹自擂來博取供養。三是現相，表現出貧窮、困難、匱乏的樣子，讓別人同情並供養你。四是方便研求，想盡辦法地明說暗示，讓對方不得不供養你。五是假利求利，通過一些特殊方式來獲得供養。總之，以追求個人利益為前提，用不正當的手段說些什麼，做些什麼，都屬於邪命範疇。

「味邪命法，無有羞恥，堅持不捨，是名有犯，有所違越，是染違犯。」味就是貪著。如果菩薩行者按邪命生活，沒有任何羞恥，且堅持不懈地做，不肯捨棄，這樣不僅違犯菩薩戒，還屬於最嚴重的染違犯。因為他是帶著貪著心在做，而且陷入其中。

「無違犯者，若為除遣生起樂欲，發勤精進，煩惱熾盛，蔽抑其心，時時現起。」同樣做這些事，什麼情況下才沒有違犯呢？如果菩薩行者已經認識到自己的問題，知道這是邪命，是不如法的，已經努力修行來對治這些行為，但因為煩惱的力量很強，還是會遮蔽內心。在這樣的情況下，即使串習依然現起，但因為你已經努力對治了，所以不算違犯。

染違犯的特點是「無有羞恥，堅持不捨」，非但意識不到自己的問題，沒有羞恥心，還堅持去做。這樣的話，就會在錯誤道路上越走越遠。而不犯的關鍵在於，他已經意識到問題所在，並努力對治，雖然沒有完全奏效，但隨著對治力的增長，終有一天會徹底解決問題。

第十一，掉動嬉戲戒

若諸菩薩安住菩薩淨戒律儀，為掉所動，心不寂靜，不樂寂靜，高聲嬉戲，喧嘩紛聒，輕躁騰躍，望他歡笑。如此諸緣是名有犯，有所違越，是染違犯。若忘念起，非染違犯。無違犯者，若為除遣生起樂欲，廣說如前。若欲方便解他所生嫌恨令息，若欲遣他所生愁惱，若他性好如上諸事，方便攝受，敬慎將護，隨彼而轉。若他有情猜阻菩薩內懷嫌恨、惡謀憎背，外現歡顏，表內清淨，如是一切皆無違犯。

第十一條是「掉動嬉戲戒」。掉是掉舉，動是躁動，嬉戲是遊戲、玩鬧。作為菩薩行者，如果身心躁動不安，也是犯戒的行為。

「若諸菩薩安住菩薩淨戒律儀，為掉所動，心不寂靜。」作為菩薩戒的踐行者，如果身心沒有經過戒律和禪修的管理，就會躁動不安。這是源於內心的不清淨，不安住，時時都有情緒和念頭在此起彼伏。當代人最大的特點是內心散亂，表現在行為上，就是掉舉、躁動。佛教所說的寂靜，正是對煩惱的徹底平息。

「不樂寂靜，高聲嬉戲，喧嘩紛聒，輕躁騰躍，望他歡笑。」因為內心躁動，就不喜歡清淨，需要不停地向外追逐攀緣，高聲談笑，恣意喧嘩，同時沉迷娛樂，喜歡打打鬧鬧，舉止輕浮，還熱衷於聽各種笑話。作為菩薩來說，如果身心處在躁動的狀態下，是沒能力教化他人的。因為你的心是散亂的，從內而外都在掉舉，一點攝受力都沒有。

「如此諸緣是名有犯，有所違越，是染違犯。」當菩薩行者出現以上情況時，就違犯了菩薩戒，屬於染汙的違犯。因為他的內心陷入散亂、掉舉中，而且沉迷於此。

「若忘念起，非染違犯。」如果不是熱衷於此，只是一時失念，偶爾哼幾句歌，偶爾跳一跳、玩鬧一下，雖然也犯戒，但不屬於染汙的違犯。因為這不是常態，也不是處於失控的狀態。

「無違犯者，若為除遣生起樂欲，廣說如前。」什麼情況下才不犯戒呢？如果知道自己內心還有掉舉，並且努力對治了，但還沒有完全克服，還會發生上述的散亂行為，就不犯戒。因為你已經對治過，和沒對治的掉舉程度肯定不一樣。只要繼續努力，終歸是可以克服的。

「若欲方便解他所生嫌恨令息，若欲遣他所生愁惱，若他性好如上諸事，方便攝受，敬慎將護，隨彼而轉。」另外還有一些情況，比如有人對你懷恨在心，你為了消除他的情緒，適當表現一下，又說又笑，讓他知道你是很友好的；或是有人悶悶不樂，你為了讓他擺脫憂愁，說些笑話之類逗他；或是對方熱衷於此，喜歡嬉笑打鬧，你為了攝受他，得到他的認同，也表現得很活潑，適當玩鬧一下，也是不犯戒的。總之，不是你有玩鬧的欲望，而是從利他的角度去做。

「若他有情猜阻菩薩內懷嫌恨、惡謀憎背，外現歡顏，表內清淨，如是一切皆無違犯。」或是其他有情對菩薩有成見，看見了不想理會，菩薩為了讓他打消誤解，特意表現得很歡喜，以示自己內心清淨，與他沒有任何對立。在這些情況下，即使菩薩表現得有些誇張，近乎掉舉，但前提是為了利他，都是不犯戒的。

第十二，倒說菩薩法戒

若諸菩薩安住菩薩淨戒律儀，起如是見、立如是論：菩薩不應忻樂涅槃，應於涅槃而生厭背；於諸煩惱及隨煩惱不應怖畏而求斷滅，不應一向心生厭離。以諸菩薩三無數劫流轉生死，求大菩提。若作此說，是名有犯，有所違越，是染違犯。何以故？如諸聲聞於其涅槃忻樂親近，於諸煩惱及隨煩惱深心厭離，如是菩薩於大涅槃忻樂親近，於諸煩惱及隨煩惱深心厭離，其倍過彼百千俱胝。以諸聲聞唯為一身證得義利，勤修正行，菩薩普為一切有情證得義利，勤修正行。是故菩薩當勤修集無雜染心，於有漏事隨順而行，成就勝出諸阿羅漢無雜染法。

第十二條是「倒說菩薩法戒」，因為錯誤知見，顛倒地解說菩薩法，這樣就會誤導眾生。

「若諸菩薩安住菩薩淨戒律儀，起如是見、立如是論。」如果菩薩行者安住於菩薩戒，卻有這樣的錯誤認識。見不僅代表一個人的觀點，還是行為的指導。有什麼樣的見地，就會有相應的行為。如果見地顛倒，就會從頭一錯到底。對於菩薩行者來說，什麼樣的見地是顛倒的？這裡說到一個非常具體的問題，就是怎麼來認識涅槃和煩惱。

「菩薩不應忻樂涅槃，應於涅槃而生厭背；於諸煩惱及隨煩惱不應怖畏而求斷滅，不應一向心生厭離。」他們認為：菩薩行者不應該嚮往涅槃，追求涅槃，甚至應該對涅槃心生厭離。另一方面，菩薩沒必要對根本煩惱和隨煩惱感到厭離和怖畏，沒必要一心斷除。我們知道，學佛要斷煩惱，證涅槃，但這些人提出，菩薩行者發心在無量劫中度化眾生，不需要斷煩惱、證涅槃。之所以有這樣的觀點，是對菩薩「不住生死，不住涅槃」的錯誤解讀，以為「不住涅槃」是不證涅槃，既然如此，也就不需要斷煩惱了。

「以諸菩薩三無數劫流轉生死，求大菩提。」事實上，這個觀點是錯誤的。菩薩三大阿僧祇劫的修行，都是為了出離輪迴，圓滿菩提。這是菩薩道修行的目標所在。生死輪迴不僅是一種現象，其根本在於內心的惑業。只有解除惑業，才能成就菩提，圓滿智慧和慈悲。所以說菩薩不要斷煩惱、證涅槃的言論，和菩薩道修行是相違的。

「若作此說，是名有犯，有所違越，是染違犯。何以故？」如果菩薩行者認同並傳播這樣的觀點，就違犯了菩薩戒，並且是染汙的違犯。因為這是惡見，是在無明基礎上產生的錯誤知見。為什麼這種觀點是絕對錯誤的？下面就對聲聞和菩薩的修行加以對照，來說明這個問題。

「如諸聲聞於其涅槃忻樂親近，於諸煩惱及隨煩惱深心厭離。」他們覺得追求涅槃、厭離生死、斷除煩惱是聲聞乘的修行，而菩薩以輪迴為戰場，是輪迴中的勇士，應該永遠在生死中，和眾生在一起。

「如是菩薩於大涅槃忻樂親近，於諸煩惱及隨煩惱深心厭離，其倍過彼百千俱胝。」眾生因為惑業在輪迴中，被業力繫縛，完全不能自主。而菩薩是出於利他的悲願留在世間，雖然示現在輪迴中，但他不僅自己要解除惑業，還要幫助一切眾生出離輪迴，解除惑業。為了救度眾生，菩薩對涅槃的嚮往，對煩惱的厭離，其程度遠遠超過聲聞百千萬倍。俱胝是千萬的意思，即超過聲聞千萬倍。如果內心沒有平息煩惱惑業，不具備解脫自在的能力，就是「泥菩薩過河，自身難保」，根本無法在輪迴中度化眾生。也就是說，菩薩只有徹底解除煩惱，究竟證悟涅槃，才有資格在輪迴中不迷失。

「以諸聲聞唯為一身證得義利，勤修正行，菩薩普為一切有情證得義利，勤修正行。」聲聞只是為了自身利益，尚且要勤修戒定慧。菩薩不僅要為自己，還要為普天下的眾生，更應該精進修行，斷除煩惱。

「是故菩薩當勤修集無雜染心，於有漏事隨順而行，成就勝出諸阿羅漢無雜染法。」無雜染心，即超越輪迴、證悟涅槃的心。有了這樣的心，一方面可以超越輪迴，一方面可以證悟涅槃，所以菩薩必須努力修習無雜染心。具備這樣的心行基礎，才能在有漏的世間隨順而行，做到出淤泥而不染。所以，菩薩對無雜染心的需求，遠遠超過阿羅漢對這種心行的需求。

這條戒非常重要，涉及菩薩道的修行。只有在正見指導下，我們才能正確地修習菩薩道。

第十三，不護雪譏謗戒

若諸菩薩安住菩薩淨戒律儀，於自能發不信重言，所謂惡聲、惡稱、惡譽，不護不雪。其事若實而不避護，是名有犯，有所違越，是染違犯。若事不實而不清雪，是名有犯，有所違越，非染違犯。無違犯者，若他外道，若他憎嫉，若自出家、因行乞行、因修善行謗聲流布，若忿蔽者，若心倒者謗聲流布，皆無違犯。

第十三條是「不護雪譏謗戒」。不護就是不去避護或避免，雪就是預防或澄清。透過戒的具體條文，才能清楚地說明這個問題。

「若諸菩薩安住菩薩淨戒律儀，於自能發不信重言，所謂惡聲、惡稱、惡譽，不護不雪。」作為踐行菩薩戒的行者，對於別人所說的，使你失去大眾信任的語言，具體包括：惡聲，有人對你心懷厭惡，發出粗暴的語言；惡稱，在現前譏笑你；惡譽，在背後誹謗你。總的來說，就是說你壞話。這些語言會影響菩薩在大眾心目中的形象，影響大眾對你的信任。如果這樣的話，菩薩又何以利益眾生？所以對這些情況，菩薩戒和聲聞戒的處理方法不一樣。按禪宗的觀點，「是非以不辯為解脫」，你愛說就說，不去管它。作為菩薩來說，如果不去解釋，不護不雪，可能是不慈悲的表現，是要犯戒的。

其中包含兩種情況。一是你確實做了不如法的行為，引起別人對你的攻擊；一是你本身沒有不如法的行為，別人出於誤解而誹謗你。不論哪種，菩薩如果不避護，不澄清，都屬於犯戒，但性質有所不同。

「其事若實而不避護，是名有犯，有所違越，是染違犯。」有人對菩薩行者心懷厭惡，針對菩薩的某種行為，用粗惡語來攻擊。如果他攻擊的事情是真實的，作為菩薩行者來說，不去避免這個行為，預防這種情況發生，依然這樣去做，就違背了菩薩的行為準則，而且是染汙的違犯。因為你在縱容自己的貪嗔痴，還導致別人對你的攻擊，造成惡劣影響。

「若事不實而不清雪，是名有犯，有所違越，非染違犯。」如果對方攻擊的點不是事實，而是由誤解產生的。在這種情況下，如果菩薩行者不加澄清，不去解決這種誤會，也是不慈悲的表現。因為對方會因此形成心結甚至仇恨，對他會是一種傷害。所以菩薩出於慈悲心，應該加以澄清，否則也是犯戒，屬於非染違犯，因為這不是由重大煩惱造成的。

「無違犯者，若他外道，若他憎嫉，若自出家、因行乞行、因修善行謗聲流布，若忿蔽者，若心倒者謗聲流布，皆無違犯。」什麼情況下不違犯呢？如果對方是外道，有意找你的麻煩；或是對方嫉妒你的榮譽、供養，惡言誹謗，你去辯護也沒用；或是別人不理解你的出家、乞食、修習善行，導致謗聲流布；或是對方陷入極度憤怒中，你去辯解可能火上加油，還是冷處理比較好，等對方消了氣再說；或是對方精神不正常，不能理解你說的是什麼。在以上這些情況下，菩薩對於誹謗不加辯解，是不犯戒的。

第十四，不折伏眾生戒

若諸菩薩安住菩薩淨戒律儀，見諸有情應以種種辛楚加行、猛利加行而得義利，護其憂惱而不現行，是名有犯，有所違越，非染違犯。無違犯者，觀由此緣，於現法中少得義利，多生憂惱。

第十四條是「不折伏眾生戒」。菩薩對眾生的慈悲攝受，並不都是用愛語等柔和的手段，必要時也應該用懲罰來折伏。當然，前提是以慈悲心去懲罰，才是菩薩行。如果以嗔恨、報復之心去懲罰別人，還是典型的凡夫行。

十三和十四兩條都是根據饒益有情戒建立的。比如不護不雪，如果菩薩覺得他愛誹謗就隨他，我懶得理他，就是捨棄眾生的表現。同樣，如果菩薩不肯懷著慈悲，用折伏手段幫助暴惡眾生，也是不饒益他們的表現。

「若諸菩薩安住菩薩淨戒律儀，見諸有情應以種種辛楚加行、猛利加行而得義利，護其憂惱而不現行，是名有犯，有所違越，非染違犯。」作為菩薩行者，看到有些眾生剛強難調，必須讓他嘗點苦頭，或是用非常猛利的呵責、懲罰才能調伏。在這樣的情況下，如果你擔心對方生氣、難過而不去做，也是犯戒的，屬於非染違犯。因為你只顧及對方暫時的感受，沒考慮到這麼做所帶來的長遠利益，說明你對眾生的慈悲還不夠。如果你是帶著嫌恨、恚惱之心，覺得這些眾生很討厭，不想管他的死活，而不去責罰他，就是染違犯，而不是非染違犯了。

要注意的是，採用這種手段的前提是「得義利」，只有通過這種方式才能讓對方得到利益。基於此，菩薩純粹出於慈悲，出於對他的利益，而沒有絲毫嗔心。這個前提很重要，如果你夾雜嗔心，就沒資格這樣去做，也達不到教育的效果。

「無違犯者，觀由此緣，於現法中少得義利，多生憂惱。」怎樣才是不違犯呢？如果菩薩觀察到，這麼做只能讓對方得到很少的利益，卻會給他帶來很多憂惱，就不必這麼做了。區別在於，前者雖然也會讓對方暫時不舒服，但結果可以讓他「得義利」，而這裡卻是憂惱大於義利。可見，菩薩利益眾生不僅要看發心，也要衡量效果。

以上，是根據持戒學處建立的八條戒。

3．違犯忍辱

第三部分是根據忍辱學處建立的戒條，共四條。

在菩薩修習的六大項目中，布施重點對治三毒中的貪，忍辱重點對治三毒中的嗔。如果一個人內心還有嗔恨，就不可能真正忍辱，菩薩行就修不下去，菩薩也是當不成的。佛陀在因地修行時，被歌利王割截身體而不起絲毫嗔心，你要割就割，要砍掉手足就砍掉手足。這種忍辱的成就，正是代表對嗔恨的徹底降伏。對初發心菩薩來說，內心還是會有貪嗔痴。修忍辱的過程，就是降伏嗔心的過程。

《瑜伽師地論》講到三種忍辱，一是耐怨害忍，二是安受苦忍，三是諦察法忍。耐怨害忍，是接納冤家仇人的攻擊和傷害。嗔恨是慈悲心的天敵，有嗔恨就不可能有慈悲。所以我們對自己不喜歡的人，乃至冤家債主，是很難生起慈悲的。這就必須通過修習忍辱來克服嗔恨，進而引發慈悲，才能平等地利益眾生。論中專門有一品是「忍品」，告訴我們怎麼化解對方的傷害，講得非常清楚。

二是安受苦忍。在修菩薩道的過程中，要面對艱苦的生活環境，要戰勝四大五蘊所形成的種種煩惱和惰性，是很辛苦的事。下面講到的第四個項目是精進，如果缺乏精進的力量，我們很容易被五蘊形成的不良串習左右，無法承受修行中將要面臨的一切。而精進的前提是接納，在修行中，不論對身體的痛苦，還是生活及自然環境帶來的考驗，我們都要安然接納，否則就走不下去。

三是諦察法忍，就是對法的接受。因為佛法揭示了人生的真理、世界的實相，和凡夫的觀念有很大差距。所以對法的認可和接受，也是菩薩行者需要修習的。

從這三個項目，我們可以看到忍辱在菩薩道修行中的重要性。只有修好忍辱，才有能力走上菩提道。不只是菩薩行者，一個人想在世間有所成就，也要有忍的修行，有忍辱負重的能力。比如孟子的「天將降大任於斯人也，必將苦其心志，勞其筋骨，餓其體膚」，以及韓信的忍胯下之辱，都是世人關於忍辱的認識。人在成長中要經過種種錘煉，想成為菩薩行者，更要受到種種考驗。可以說，這些考驗是修行的增上緣。

第十五，嗔打報復戒

若諸菩薩安住菩薩淨戒律儀，他罵報罵，他嗔報嗔，他打報打，他弄報弄，是名有犯，有所違越，是染違犯。

第十五條是「嗔打報復戒」。在忍辱的三個項目中，屬於耐怨害忍的修行。對世人來說，通常是你罵我我也罵你，你打我我也打你，你恨我我也恨你。這是凡夫的常態，但對菩薩行者來說，這麼做就違背了忍辱的修行。

「若諸菩薩安住菩薩淨戒律儀，他罵報罵，他嗔報嗔，他打報打，他弄報弄，是名有犯，有所違越，是染違犯。」作為菩薩行者，如果別人罵你的時候，你也和他對罵；別人嗔恨你的時候，你也嗔恨他；別人打你的時候，你也打回去；別人捉弄你的時候，你也同樣地捉弄他。總之，就是用嗔恨對付嗔恨，這是典型的凡夫行。如果這樣做，就違背了菩薩的行為準則，而且是染汙的違犯。因為他的內心已經陷入嗔恨，被嗔恨所染汙，才會以牙還牙，針鋒相對。

事實上，嗔恨能不能對付嗔恨？現在的世界就是這樣，各國都在升級軍事裝備，甚至發展核武器，把地球搞得危機四伏。但佛法告訴我們，嗔是不可以止嗔的，只會成為嗔恨的增上緣，讓嗔心變得更大，只有慈悲才能化解嗔恨。

第十六，不行悔謝戒

若諸菩薩安住菩薩淨戒律儀，於他有情有所侵犯，或自不為，彼疑侵犯，由嫌嫉心、由慢所執，不如理謝而生輕捨，是名有犯，有所違越，是染違犯。若由懶惰、懈怠、放逸，不謝輕捨，是名有犯，有所違越，非染違犯。無違犯者，若欲方便調彼伏彼，出不善處，安立善處；若是外道；若彼希望要因現行非法有罪方受悔謝；若彼有情性好鬥諍，因悔謝時倍增憤怒；若復知彼為性堪忍，體無嫌恨；若必了他因謝侵犯深生羞恥而不悔謝，皆無違犯。

第十六條是「不行悔謝戒」。在人與人的相處中，難免會有衝突或誤解，道歉和澄清可以讓對方放下心結，皆大歡喜。僧團的自恣布薩，也是幫助大家化解這些矛盾。菩薩行者要以慈悲眾生、利益眾生為己任，萬一傷害了眾生，必須馬上向對方道歉，否則就違背了利他的誓言，屬於犯戒行為。這條也包括不同情況。

「若諸菩薩安住菩薩淨戒律儀，於他有情有所侵犯，或自不為，彼疑侵犯。」作為菩薩行者，如果對其他眾生有所傷害，或者說，雖然你沒做傷害別人的事，但對方懷疑你傷害了他。你傷害到別人也好，對方懷疑被你傷害了也好，都已在他內心引發嗔恨，菩薩都要本著慈悲利他之心，及時化解對方的心結。

「由嫌嫉心、由慢所執，不如理謝而生輕捨，是名有犯，有所違越，是染違犯。」作為菩薩來說，如果因為不喜歡對方，嫌棄、嫉恨對方，或是我慢貢高，不把別人放在眼裡，不肯如法地向別人道歉或澄清事實，意味著他輕易地放棄了這個眾生，不把對方放在心裡：他愛生氣就生氣，無所謂。這麼做就違背了慈悲利他的準則，屬於染汙的違犯。因為這是出於嗔恨、嫉恨、我慢，是被煩惱染汙做出的犯戒行為。

「若由懶惰、懈怠、放逸，不謝輕捨，是名有犯，有所違越，非染違犯。」如果因為懶惰、懈怠、放逸，沒有向對方道歉。雖然也犯戒了，但屬於非染違犯。因為這些煩惱還不是很嚴重。

「無違犯者，若欲方便調彼伏彼，出不善處，安立善處。」什麼情況下才沒有違犯呢？如果你覺得不道歉可以幫助對方，讓他通過反省擺脫不善行，走向善道。比如因此生起慚愧心，看到自己的問題。總之，不道歉比道歉的正向作用更大。

「若是外道；若彼希望要因現行非法有罪方受悔謝。」或者因為對方是外道，給他道歉也達不到效果。或是對方並不需要你道歉，覺得為了一點小事不值得，反而給他增加壓力，除非你真的做了非法行為才能接受道歉。

「若彼有情性好鬥諍，因悔謝時倍增憤怒。」或是知道對方喜歡諍鬥，如果你去道歉，又會激發起他的好鬥之心，讓事態更嚴重。生活中就有這樣的事例，本來事情快要平息了，結果你一道歉，反而激起對方的怒火。比如有人覺得：我不喜歡你，再也不要看到你了。那就不要去道歉了，免得讓人家生氣，也是不慈悲的表現。

「若復知彼為性堪忍，體無嫌恨；若必了他因謝侵犯深生羞恥而不悔謝，皆無違犯。」或是知道對方很有修養，根本不把這些事放在心上，不會對他內心有絲毫影響。或是你知道去道歉的話，反而會讓對方感到很羞恥。因為人與人之間的衝突關係到雙方，不是單方面的，即使有心道歉，也要考慮對方的接受度。

如果有以上這些情況，那麼不道歉也是不違犯菩薩戒的。

第十七，不受悔謝戒

若諸菩薩安住菩薩淨戒律儀，他所侵犯，彼還如法平等悔謝，懷嫌恨心，欲損惱彼不受其謝，是名有犯，有所違越，是染違犯。雖復於彼無嫌恨心，不欲損惱，然由稟性不能堪忍故不受謝，亦名有犯，有所違越，是染違犯。無違犯者，若欲方便調彼伏彼，廣說一切，如前應知。若不如法不平等謝，不受彼謝，亦無違犯。

第十七條是「不受悔謝戒」，就是不接受別人的道歉。前一條是不向別人道歉，說明兩個道理，一是你的內心還是嗔恨，二是你不慈悲別人。不接受別人道歉，同樣有這樣兩種情況。

「若諸菩薩安住菩薩淨戒律儀，他所侵犯，彼還如法平等悔謝，懷嫌恨心，欲損惱彼不受其謝，是名有犯，有所違越，是染違犯。」當對方傷害你之後，已能意識到自身問題，如法、平等、合情合理地向你道歉。有些人雖然向你道歉，其實是居高臨下的，內心並沒有真正的歉意，只是高高在上地說一下，就屬於不如法、不平等。現在對方如法、平等地向你道歉，態度真誠，程序合法。作為安住菩薩淨戒的行者，理應接受對方的道歉，以此化解隔閡。這是菩薩行者必須具備的素養。如果菩薩不具備這種素養，懷著嫌恨、討厭、損害他人的心，不接受對方道歉，不給他們彌補的機會，就違背了菩薩的行為準則，而且是染汙的違犯。因為這是來自嫌恨、恚惱的心。

「雖復於彼無嫌恨心，不欲損惱，然由稟性不能堪忍故不受謝，亦名有犯，有所違越，是染違犯。」

還有一種情況是沒有嫌恨心，也沒有惱害別人的心理，但有的人天生就是不能堪忍，所以不能接受對方的道歉，那麼也是染違犯。因為這種「不能堪忍」的背後，還是有嗔恨的串習在作怪，是隱含而非顯現的嗔恨。

「無違犯者，若欲方便調彼伏彼，廣說一切，如前應知。若不如法不平等謝，不受彼謝，亦無違犯。」

在什麼情況下無違犯呢？如果你不接受道歉，目的是幫助對方自我反省，不是出於嫌恨心，而是為了慈悲利他，覺得不接受道歉對他更有幫助。這個原因前面說過，原理是一樣的。另一種情況是，對方的道歉不是如法、平等的，沒有真誠的態度，只是表面文章，甚至有人是藉助道歉來達到其他目的，並不是真的要道歉。在這些情況下，不接受對方道歉，是不違背菩薩戒的。

第十八，懷忿不捨戒

若諸菩薩安住菩薩淨戒律儀，於他懷忿，相續堅持，生已不捨，是名有犯，有所違越，是染違犯。無違犯者，為斷彼故生起樂欲，廣說如前。

第十八條是「懷忿不捨戒」。懷忿，就是內心懷有忿怒、仇恨。

「若諸菩薩安住菩薩淨戒律儀，於他懷忿，相續堅持，生已不捨，是名有犯，有所違越，是染違犯。」作為菩薩行者，如果你受到別人傷害，或是彼此發生衝突之後，內心生起極大的忿怒，進而陷入其中，耿耿於懷，對自己的心結無法釋然，對生起的憤怒執著不捨，讓這些仇恨相續而不捨棄，說明他缺乏忍的修養。這樣也是犯戒的，而且是染汙的違犯。

「無違犯者，為斷彼故生起樂欲，廣說如前。」如果菩薩已經想要對治自己的憤怒，而且為此作了很大的努力，比如修慈悲觀、無我觀、空觀等。雖然那麼努力，但並沒有徹底解決自己的忿怒，在這種情況下，就不違犯菩薩戒。這個道理前面也多次說明，也就是說，態度很端正，自己很努力，只是問題沒有徹底解決而已。

4．違犯精進

第四部分，是有關精進波羅蜜的修行，在四十三輕戒中有三條學處。精進是菩薩道修行的重要力量，也譯為正勤。因為這種努力是有特定內涵的，必須是在轉迷為悟、止惡行善過程中作出的努力。世間的很多事，比如追名逐利之類，哪怕再努力，也不可以稱為精進。

無始以來，貪嗔痴煩惱已在我們內心形成串習，再加外界五欲六塵的推動和誘惑，想要走出這種內外夾擊的困境，是很不容易的，這就必須發起精進。精進有三種，一是披甲精進，二是攝善法精進，三是饒益有情精進。

所謂披甲精進，就像勇士在戰場上面對千軍萬馬，不是你死就是我活。修行也是同樣，如果不能戰勝貪嗔痴，就會被貪嗔痴反噬。菩薩道修行無非是兩方面，一方面是對治不善串習，一方面是培養正向心行。比如通過禪修訓練觀照力，通過發心增長慈悲心和菩提心。用《道次第》的話說，就是「捨凡夫心，發菩提心」。因為凡夫心已形成強大的慣性，如何才能戰勝串習，而不是被它們所戰勝？需要像勇士一般，身披鎧甲，衝鋒陷陣，所以披甲精進非常重要。

攝善法精進、饒益有情精進，和三聚淨戒中的攝善法戒、饒益有情戒相通。在修習菩薩道的過程中，所有的自成熟，即成熟無上菩提的所有善行，都屬於攝善法精進；立足於饒益有情，為利益眾生所作的一切，則屬於饒益有情精進。此處，根據精進建立了三條學處。

第十九，染心御眾戒

若諸菩薩安住菩薩淨戒律儀，貪著供事增上力故，以愛染心管御徒眾，是名有犯，有所違越，是染違犯。無違犯者，不貪供侍，無愛染心管御徒眾。

第十九條是「染心御眾戒」，就是以染汙的心來管理徒眾。比如有些人住持道場，是為了自己的名聞利養，充滿我執我見，而不是為了慈悲大眾。

「若諸菩薩安住菩薩淨戒律儀，貪著供事增上力故，以愛染心管御徒眾，是名有犯，有所違越，是染違犯。」住持道場、管理徒眾也屬於利益眾生的內容。作為菩薩行者，究竟為了什麼住持道場、管理徒眾？如果為了現世的名聞利養，就會陷入貪心。從攝善法精進來說，是斷惡修善的障礙；從饒益有情精進來說，就不能很好地利益大眾，成就大眾。現在有些寺院的住持就這樣，並不是為了成就大眾修行，或是將寺院建設為淨化社會人心的場所，而是利用道場獲得地位和供養之類。如果菩薩行者貪著名聞利養，以染汙心管理徒眾，住持道場，就違背了菩薩的行為準則，而且是染汙的違犯。

「無違犯者，不貪供侍，無愛染心管御徒眾。」什麼才是沒有違犯？同樣住持道場，但不是因為貪著供養，對徒眾也沒有愛染心，那就不犯戒。

第二十，耽著睡眠戒

若諸菩薩安住菩薩淨戒律儀，懶惰懈怠，耽睡眠樂、臥樂、倚樂，非時非量，是名有犯，有所違越，是染違犯。無違犯者，若遭疾病，若無氣力，行路疲極，若為斷彼生起樂欲，廣說一切，如前應知。

第二十條是「耽著睡眠戒」，顧名思義，就是愛睡懶覺。

「若諸菩薩安住菩薩淨戒律儀，懶惰懈怠，耽睡眠樂、臥樂、倚樂，非時非量，是名有犯，有所違越，是染違犯。」作為菩薩行者，如果因為懶惰懈怠，貪著睡眠的快樂，包括躺著、靠著的快樂。而且非時非量，沒到該睡的時候就睡了，到了該起的時候還不起，超過應該睡眠的時長。戒律規定，比丘在初夜、後夜都要盡量用於修行，中夜才可以休息。所以睡眠是有定時的，不是想睡就睡那麼隨便。睡得太多，是在浪費時間，浪費生命。這樣的話，就會違背菩薩戒，而且是染汙的違犯。

「無違犯者，若遭疾病，若無氣力，行路疲極，若為斷彼生起樂欲，廣說一切，如前應知。」在什麼情況下，非時非量地睡覺也不犯戒呢？比如生病了，需要多休息；或者體質不好，沒有氣力；或者長途跋涉，非常疲勞；或者知道自己的問題，為了減少睡眠，已經付出很大努力。如果屬於這些情況，那麼稍微多睡一點也不犯戒。

第二十一，虛談棄時戒

若諸菩薩安住菩薩淨戒律儀，懷愛染心談說世事，虛度時日，是名有犯，有所違越，是染違犯。若由忘念虛度時日，是名有犯，有所違越，非染違犯。無違犯者，見他談說，護彼意故，安住正念，須臾而聽。若事稀奇，或暫問他，或答他問，無所違犯。

第二十一條是「虛談棄時戒」。虛談，就是說一些沒用的廢話。廢話的心理基礎是放逸，如果放縱自己的妄想，浪費時間，就會障礙精進。

「若諸菩薩安住菩薩淨戒律儀，懷愛染心談說世事，虛度時日，是名有犯，有所違越，是染違犯。」作為菩薩行者，如果懷著熱衷八卦的心，對世間政治、爭鬥、娛樂、色情等話題津津樂道，越說越來勁，就是在虛度時日，浪費生命。這些做法違背了菩薩精進的準則，而且是染汙的違犯。

「若由忘念虛度時日，是名有犯，有所違越，非染違犯。」如果是偶爾忘失正念，談天說地，虛度時日，不是以貪染心沒完沒了地說，雖然也違背菩薩應該精進的行為準則，但不是染汙的違犯。

「無違犯者，見他談說，護彼意故，安住正念，須臾而聽。」什麼情況下沒有違犯呢？一種是別人正說得很來勁，你為了照顧對方的情緒，保持正念地聽一會，但不參與交談。暫時隨順他的目的，是為了設法引導他。而不是說，你為了滿足他的興趣認真聆聽，那樣也會縱容他。所以慈悲還要有智慧，要看這麼做能否給他帶去利益，否則就不是真正的慈悲。

「若事稀奇，或暫問他，或答他問，無所違犯。」或者對方談的事很稀奇，偶爾聽一下也不犯戒。或者說你只是暫時問起某件事，或者說你只是暫時回答對方的問題，不是帶著染著心，樂此不疲地說。這些都不算犯戒。

以上，是為成就精進建立的三條學處。

5．違犯靜慮

第五部分是根據靜慮波羅蜜建立的學處。靜慮是玄奘三藏的翻譯，即禪定，對菩薩的修行非常重要。菩薩必須通過禪修降伏內心的昏沉、散亂、妄想、不良情緒，才能具足正念，現法樂住，才有力量利益並引導眾生。

禪修還可以幫助我們把所學法義轉化為正念。比如修習菩提心，不論七支因果還是自他相換，都要通過不斷禪修來落實。如果沒有禪修的轉換，所謂的願菩提心，很可能停留在說法上，不能真正變成自己的願望。包括出離心的生起，對三寶信心的生起，也要不斷觀察輪迴之苦，思惟三寶功德，然後安住於此，輪番修習。以及布施、持戒、忍辱等每一種心行的形成，都要通過不斷禪修來串習，使六度不再是一種說法，而能真正成為自己的心行。比如布施，並不是單純的行為，而是代表內在的德行。

可見，禪定修行的涉及面很廣，從阻止貪嗔痴，到攝善法和饒益有情心行的形成，都需要通過禪修來串習。為了幫助我們修習禪定，本論提出了三個學處。

第二十二，不求禪法戒

若諸菩薩安住菩薩淨戒律儀，為令心住，欲定其心，心懷嫌恨，驕慢所持，不詣師所求請教授，是名有犯，有所違越，是染違犯。懶惰懈怠而不請者，非染違犯。無違犯者，若遇疾病，若無氣力，若知其師顛倒教授，若自多聞，自有智力，能令心定，若先已得所應教授而不請者，無所違犯。

第二十二條是「不求禪法戒」。禪修需要向禪師求法，作為菩薩來說，如果想修禪定而不去請求教授，也是犯戒的。

「若諸菩薩安住菩薩淨戒律儀，為令心住，欲定其心，心懷嫌恨，驕慢所持，不詣師所求請教授，是名有犯，有所違越，是染違犯。」在修習菩薩道過程中，菩薩為了讓心安住善所緣，平息躁動，擺脫昏沉掉舉，必須依止老師學習。如果出於對老師的嫌恨心，不喜歡對方，或是驕傲自大，瞧不起老師，不去老師那裡請求教授，就違背了靜慮的修行，而且是染汙的違犯。

「懶惰懈怠而不請者，非染違犯。」如果只是因為懶惰、懈怠而不去請法，雖然也犯戒，但屬於非染違犯。

「無違犯者，若遇疾病，若無氣力，若知其師顛倒教授，若自多聞，自有智力，能令心定，若先已得所應教授而不請者，無所違犯。」什麼情況下，不請法也不違犯呢？比如患有疾病；或是體力不支；或是知道對方講授的方法有錯誤；或是自己廣學多聞，已經懂得怎麼修；或是自己能夠獨立，知道修行過程中應該怎麼深入；或是自己有能力讓心安定下來；或是之前已經請教過禪修方法，不需要再另外請。屬於以上這些情況，不請法也是不犯戒的。

第二十三，不除五蓋戒

若諸菩薩安住菩薩淨戒律儀，起貪欲蓋，忍受不捨，是名有犯，有所違越，是染違犯。無違犯者，若為斷彼生起樂欲，發勤精進，煩惱猛利蔽抑心故，時時現行。如貪欲蓋，如是瞋恚、惛沉睡眠、掉舉惡作及與疑蓋，當知亦爾。

第二十三條是「不除五蓋戒」。五蓋是禪修中最主要的五種障礙，只有去除五蓋，才能順利修行。「若諸菩薩安住菩薩淨戒律儀，起貪欲蓋，忍受不捨，是名有犯，有所違越，是染違犯。」菩薩在踐行淨戒律儀的過程中，如果對財富、地位、名利、家庭、感情等生起貪欲，就會產生妄想。貪欲是掉舉、散亂的重要根源，禪修時出現最頻繁的妄想，一定是平時最在乎的。如果菩薩行者陷入貪欲不捨棄，就違犯了菩薩戒，而且是染汙的違犯。因為貪欲蓋本身就是染汙的心理。

「無違犯者，若為斷彼生起樂欲，發勤精進，煩惱猛利蔽抑心故，時時現行。」什麼情況下沒有違犯呢？如果菩薩已經為斷除貪欲作出了很大努力，比如修不淨觀、緣起觀、無常觀，但相比猛利的貪欲煩惱，修行的力量還顯得不足，還是會被煩惱遮蔽內心，使煩惱時時現行，這種情況就不算犯戒。

「如貪欲蓋，如是瞋恚、惛沉睡眠、掉舉惡作及與疑蓋，當知亦爾。」五蓋即五種禪修障礙，除了貪欲蓋，還有瞋恚蓋、惛沉睡眠蓋、掉舉惡作蓋和疑蓋。瞋恚是瞋恨心；惛沉睡眠是心在禪修中落入闇昧，沒有觀照力；掉舉惡作是內心躁動，搖擺不定；疑蓋就是懷疑，特指對佛法僧三寶和四諦的懷疑。

作為菩薩行者，如果不努力克服五蓋，就會障礙禪修，同時也違背了菩薩戒。在其他四蓋中，關於什麼是染違犯，什麼是無違犯的判定，和貪欲蓋的原則一樣。

第二十四，貪味靜慮戒

若諸菩薩安住菩薩淨戒律儀，貪味靜慮，於味靜慮見為功德，是名有犯，有所違越，是染違犯。無違犯者，若為斷彼生起樂欲，廣說如前。

第二十四是「貪味靜慮戒」，有些人禪修後會有身心輕安等覺受，就會貪著這種覺受。這樣的話，一方面會障礙觀慧的生起，一方面就不肯去做利他行，所以貪著禪味也會成為菩薩行者的障礙。因為修習禪定並不是佛教特有的修行，這種修行本身不是目的，而是為開智慧服務的。

「若諸菩薩安住菩薩淨戒律儀，貪味靜慮，於味靜慮見為功德，是名有犯，有所違越，是染違犯。」如果行者安住於菩薩戒，貪著靜慮帶來的輕安之樂，認為享受這種輕安是有功德的，覺得這麼做非常好，將不利於禪定修行，同時也違背了菩薩戒，而且屬於染汙的違犯。為什麼修禪定也是染違犯？這裡的關鍵在「貪」。

「無違犯者，若為斷彼生起樂欲，廣說如前。」什麼情況下沒有違犯呢？就像前面所說的，如果已經努力對治，但還是有貪的成分，在這種情況下就不犯戒。

6．違犯般若

前面講到根據布施、持戒、忍辱、精進、禪定前五度施設的菩薩學處，共二十四條，由此圓滿五度的修行。接著講述般若的修行，這在六度中非常重要，所謂「五度如盲，般若如導」。只有在般若智慧的引導下，五度才能成為波羅蜜，導向彼岸。關於般若的經典，我們最熟悉的是《般若波羅蜜多心經》。從題目上看，就是依般若智慧抵達無上菩提的彼岸，即波羅蜜。而從布施、持戒直到禪定的前五度，都是般若的助伴。就像戒定慧三學，戒和定都是為成就智慧服務的。只有開啟般若智慧，才能證悟空性，解除迷惑和煩惱。從世間到出世間，從此岸到彼岸，從有漏到無漏，關鍵就在於般若。

如何才能成就般若智慧？需要正見。正見為八正道之首，就像眼睛，可以幫助我們抉擇修行應該做什麼，怎麼做，這也是佛法不共世間和外道的根本所在。說到正見，有世間的正見，也有出世間的正見；有建立於聞思的正見，也有立足於根本智的無漏正見。其中，又以聞思正見為基礎，從聞思修入三摩地。

首先要親近善知識，聽聞正法，這是建立正見的基礎。在聲聞聖典中，有關解脫道修行的正見，重點講述苦、無常、無我，也會簡單講到一些空，理解起來相對容易。在大乘聖典中，有關於菩薩道修行的正見，主要有三個，分別是中觀、唯識和如來藏，相對深奧。從修行上說，聲聞正見是引導我們走向出世解脫，大乘正見是建立在空的基礎上，更有利於把世間和出世間、煩惱和菩提統一起來。

菩薩戒建立的八個學處，就是保證我們通過聞思經教獲得正見，是為修習般若波羅蜜服務的。般若有三種，有緣世俗諦的智慧、緣勝義諦的智慧，還有緣饒益有情的智慧。雖然核心是空性智慧，但也離不開差別的智慧。因為菩薩要利益一切眾生，所以要從五明處學，具備饒益有情的智慧、利益眾生的能力。只有在菩薩道修行中廣泛學習，才能成就佛果的一切種智。

第二十五，不學小法戒

若諸菩薩安住菩薩淨戒律儀，起如是見，立如是論：菩薩不應聽聲聞乘相應法教，不應受持，不應修學。菩薩何用於聲聞乘相應法教聽聞、受持、精勤修學？是名有犯，有所違越，是染違犯。何以故？菩薩尚於外道書論精勤研究，況於佛語。無違犯者，為令一向習小法者捨彼欲故，作如是說。

第二十五條是「不學小法戒」。這裡的小法指聲聞乘教法。作為大乘行者，如果排斥聲聞乘教法，也是犯戒的。

「若諸菩薩安住菩薩淨戒律儀，起如是見，立如是論：菩薩不應聽聲聞乘相應法教，不應受持，不應修學。」作為受持菩薩戒的行者，如果生起這樣的見地，提出這樣的觀點：菩薩行者不應該聽聞聲聞法教，不應該受持並修學聲聞教法。

在印度佛教發展的過程中，聲聞乘和菩薩乘有相當一段時間是互相排斥並對立的。聲聞學者認為大乘不是佛說的，包括現在的南傳佛教中，依然有類似觀點；大乘行者則對聲聞人貶低、排斥、不以為然。而唯識經論的態度十分圓融，如《瑜伽師地論》就是一部含攝三乘佛法的論典。在「本地分」中，前五十一地正是依三乘修行建立的，從人天乘、聲聞乘到菩薩乘，構建了菩提道的完整修行。其中，又以菩薩乘融攝聲聞乘的修行，認為聲聞教法是菩薩行者必須修學的，有了聲聞乘的基礎，才能進入菩薩乘。我們現在學習的「瑜伽菩薩戒」，出自《瑜伽師地論》，同樣體現了這樣的思想。

「菩薩何用於聲聞乘相應法教聽聞、受持、精勤修學？是名有犯，有所違越，是染違犯。」有人認為，菩薩行者不需要聽聞、受持、修學聲聞教法。如果秉持這樣的錯誤知見，就違犯了菩薩的行為準則，而且是染汙的違犯。因為這種見地是極端錯誤的。

「何以故？菩薩尚於外道書論精勤研究，況於佛語。」為什麼說這個觀點是錯誤的？作為菩薩行者，為了利益眾生，需要從五明處學，包括世間各種學問，乃至外道書籍都要學習，何況聲聞教法是佛陀所說，更應該學習了。

「無違犯者，為令一向習小法者捨彼欲故，作如是說。」在什麼情況下，說這樣的話不犯戒呢？如果是有針對性的，為了讓只認可聲聞教法的人放棄狹隘的觀點，就可以這麼說。因為這是引導眾生的方便。

第二十六，背大向小戒

若諸菩薩安住菩薩淨戒律儀，於菩薩藏未精研究，於菩薩藏一切棄捨，於聲聞藏一向修學，是名有犯，有所違越，非染違犯。

第二十六條是「背大向小戒」。背大即背離大乘，向小即專學聲聞教法。前面說過，排斥聲聞教法是犯戒的，這裡指出了相反的情況，放棄大乘，專學小乘，同樣也是犯戒行為，因為不利於菩薩道的修行。

「若諸菩薩安住菩薩淨戒律儀，於菩薩藏未精研究，於菩薩藏一切棄捨，於聲聞藏一向修學，是名有犯，有所違越，非染違犯。」作為安住菩薩戒的菩薩行者來說，如果沒有深入研究菩薩道經論，甚至對此通通放棄，專門修學聲聞乘經論。這不僅是行為的問題，也反映出認識的偏差，沒有認識到大乘的殊勝，沒有擺正二者的關係。如果這麼做的話，就違犯了菩薩的行為準則，但不是染汙的違犯。

我們從這兩條戒來看，排斥聲聞教法是犯戒，專學聲聞而背棄大乘，同樣是犯戒。作為大乘行者，還是要立足於大乘，兼學聲聞教法，才能有效地踐行菩薩道。從修行來說，學習阿含教法中苦、空、無常的見地，包括學習內觀，上手比較容易。但如果停留於此，修學難免會偏空，偏向個人的出世解脫。只有立足於大乘見地，才能把世間和出世間統一起來，不偏空，不偏有。因為空有不二，出世入世不二，煩惱菩提不二。作為菩薩道行者，除了菩提心以外，大乘見地不可缺少，從修行來說確實有其特殊意義。

聲聞乘見地是為解脫服務的，大乘見地是為菩薩道修行服務的。雖然二者核心都是解脫，但菩薩行者必須在個人解脫的基礎上，引導眾生共同解脫，發心更廣，要求更高。我們在修行中，要處理好兩種教法的關係。

第二十七，捨內學外戒

若諸菩薩安住菩薩淨戒律儀，現有佛教，於佛教中未精研究，於異道論及諸外論精勤修學，是名有犯，有所違越，是染違犯。無違犯者，若上聰敏，若能速受，若經久時能不忘失，若於其義能思能達，若於佛教如理觀察，成就俱行無動覺者。於日日中，常以二分修學佛語，一分學外，則無違犯。

第二十七條是「捨內學外戒」。《瑜伽師地論》說，菩薩應從五明處學。五明分別是聲明、因明、醫方明、工巧明、內明。其中，內明指佛教，其餘四種則是佛教與世間和外道共有的。這裡所說的學外，是指內明以外的所有世間學問。作為菩薩行者，如果捨棄佛陀教法，包括大小乘經論，專注於世間學問或外道學說，也是犯戒的。這條戒是幫助我們處理學佛和世間法的關係。

「若諸菩薩安住菩薩淨戒律儀，現有佛教，於佛教中未精研究，於異道論及諸外論精勤修學，是名有犯，有所違越，是染違犯。」作為菩薩行者，如果現在有學佛的條件，不是沒條件，而且你對佛法還沒有深入研究，沒有真正透徹，反而把精力都用於研究外道學說、世間學問，比如文學、哲學、科學等。這樣就會違背菩薩的行為準則，而且是染汙的違犯。因為這是見地偏差，是無明導致的問題，很嚴重。

現在有不少出家人不學佛法，反而熱衷於琴棋書畫，也是有問題的，久而久之，會增長世俗心。作為菩薩行者，首先要修學佛法，了解菩提道的見地和實踐方法，知道這條路怎麼走。有了見地之後，還要通過禪修獲得相應的實證經驗。具備這些基礎後，我們為了利益眾生，幫助更多的人，再去學習世間甚至外道的學問，目的是知己知彼，善巧引導對方。否則就顛倒了，屬於主次不分，不知道什麼重要什麼不重要。

「無違犯者，若上聰敏，若能速受，若經久時能不忘失，若於其義能思能達，若於佛教如理觀察，成就俱行無動覺者。」在什麼情況下，學習世間法或外道學問沒有違犯呢？這裡列舉了幾種：或是上等聰明，生來就有能力比別人學得更多；或是學什麼都很快，學點其他知識不會耽誤佛法學習；或是已將所學法義變成自身觀念，不再忘失；或是通達佛法義理，有餘力學習其他；或是對諸法已能如實觀察，對佛法的信仰不再動搖。

「於日日中，常以二分修學佛語，一分學外，則無違犯。」以上這些人，才有資格在學佛之外涉獵世間法或外道學問，但在時間安排上也是有比例的。如果把每天的學習時間劃作三分，應該有二分學佛法義理，一分學世間法或外道知識。比如有十二小時的學習時間，就該用八小時學習佛法，四小時學習其他。這麼做就不會犯戒。

在這個問題上，戒條給我們指出了明確規則，一是資格上的細化，二是時間分配上的量化。這一條非常重要，尤其是現在，很多人在這個問題的處理上模糊不清，學佛和學世間法的關係無法平衡。在佛法上還沒下多少功夫，卻花很多時間學世間法，雖然獲得了一些知識，對解脫卻沒什麼幫助，甚至長養一堆習氣毛病及凡夫心，離佛道越來越遠。

文化和宗教會造就不同的人格。西方文化造就了西方人的人格，中國文化造就了中國人的人格。宗教也是如此，基督徒有基督徒的人格，佛教徒有佛教徒的人格。這種人格的造就，在很大程度上取決於你接受什麼樣的文化薰陶和宗教引導。我們接受菩薩道的文化薰陶，就會成為菩薩行者，最終成就佛菩薩的生命品質。反之，如果你接受錯誤、極端的觀念，最後就可能成為魔鬼。所以說，接受什麼樣的薰陶關係重大。

如何將自己從凡夫打造為菩薩行者？這就需要接受菩薩道的思想，以及菩薩的行為訓練。六度就是打造菩薩人格的六門功課，引導我們一項一項地進階。如果我們按照這些規則認真修行，一定會成為菩薩。關鍵在於，我們要真正認識它的意義，發自內心地接受它。

我們現在的學習，往往只是知道一個說法，還沒有發自內心地認同它，接受它，覺得自己必須修習布施，必須嚴持淨戒。怎麼讓這些法義成為理所當然的行為準則？對每一個項目，都要通過禪修去訓練，讓它真正轉變為我們的心行。所以，學布施不是在學習關於布施的道理，而是在學習布施的實踐，知道怎麼去修布施。學持戒不是在學習關於持戒的道理，而是在學習怎麼樣通過持戒，讓自己成為合格的菩薩行者。學忍辱也是一樣的，不是在學習忍辱的理論，而是通過修習忍辱來踐行菩薩道。現在所說的每一條學處，都是引導我們去落實菩薩應該具備的品質。絕不是說，這些是要求菩薩的，和我沒關係，那就大錯特錯了。

第二十八，專習異論戒

若諸菩薩安住菩薩淨戒律儀，越菩薩法，於異道論及諸外論研求善巧，深心寶翫，愛樂味著，非如辛藥而習近之，是名有犯，有所違越，是染違犯。

第二十八條是「專習異論戒」。前面講到的捨內學外，對內學還是有一定基礎，只是後來轉學其他。這一條更嚴重，乾脆不學佛法，專門學習世間和外道的學問。作為菩薩行者來說，這麼做是犯戒的。如果不學佛法，根本就不能獲得正見，更不能開發般若智慧。因為智慧是建立在正見的基礎上。釋迦牟尼佛給世界最大的貢獻，就是為我們提供了中道正見。

「若諸菩薩安住菩薩淨戒律儀，越菩薩法，於異道論及諸外論研求善巧，深心寶翫，愛樂味著，非如辛藥而習近之。」作為菩薩行者，首先要學習菩薩道的見地和修行。如果你越過菩薩應該修學的功課，非常用心地研究外道典籍，比如看相、算命之類，或是學習世間知識，學得非常深入，樂在其中，執著不捨，那就錯了。菩薩對學習外論應該是什麼態度呢？要像吃藥一樣，並不是出於喜歡，而是為了它的作用，為了利益眾生的需要。

古人說：自從一讀《楞嚴》後，不看世間糟粕書。這才是真正有智慧的人，能認識到佛法蘊含的大智慧，認識到其中的價值。但不是所有人都有這樣的認識高度，都能作出這樣的價值判斷。對很多普通人來說，究竟什麼好什麼不好，什麼有智慧什麼沒智慧，根本就分辨不出，只是根據自己的認識和需求去選擇。就像老子所說的：上士聞道，勤而行之；中士聞道，若存若亡；下士聞道，大笑之。上等根機者聽到大智慧，就會欣然接受，時時修習；中等根機者聽到，感覺兩可，做不做都行；而下等根機者聽到，卻是撫掌大笑，不當回事。

好與不好是相對的，關鍵要有智慧，才有能力辨別。我們學了佛法，就會看清世間知識究竟有多少智慧含量。在這樣的前提下讀世間書，只是為了利益眾生，並不是你喜歡學。就像吃藥，沒人是因為喜歡這個味道，而是為了達到治病的目的。

「是名有犯，有所違越，是染違犯。」如果有人因為喜歡，專門學習外道學說和世間法，就違犯了菩薩的行為準則，而且是染汙的違犯。因為這是出於愚痴形成的錯誤認識，將障礙自己獲得菩薩見地，影響般若智慧的開發。

第二十九，不信深法戒

若諸菩薩安住菩薩淨戒律儀，聞菩薩藏，於甚深處、最勝甚深真實法義、諸佛菩薩難思神力，不生信解，憎背誹謗，不能引義，不能引法，非如來說，不能利益安樂有情，是名有犯，有所違越，是染違犯。如是誹謗，或由自內非理作意，或隨順他而作是說。若諸菩薩安住菩薩淨戒律儀，若聞甚深最甚深處，心不信解，菩薩爾時應強信受，應無諂曲，應如是學：我為非善，盲無慧目，於如來眼隨所宣說，於諸如來密意、語言而生誹謗。菩薩如是自處無知，仰推如來於諸佛法無不現知，等隨觀見。如是正行，無所違犯，雖無信解，然不誹謗。

第二十九條是「不信深法戒」。深法，即甚深的大乘經論、見地和修行法門。作為菩薩行者，如果不能對大乘經教生起信心，就屬於犯戒行為。

「若諸菩薩安住菩薩淨戒律儀，聞菩薩藏，於甚深處、最勝甚深真實法義、諸佛菩薩難思神力，不生信解，憎背誹謗，不能引義，不能引法，非如來說，不能利益安樂有情，是名有犯，有所違越，是染違犯。」大乘從見地到修行，從自利行到利他行，都是非常深奧的。其法義之甚深，不僅超越凡夫的境界，也超越二乘的境界；而佛菩薩不可思議的神力，不僅是凡夫不能抵達的，也是二乘聖者無法完整認識的。作為踐行菩薩道的行者，如果聽聞菩薩道的經律論三藏後，對於大乘經教提供的殊勝見地，以及建立在此見地上的禪修和廣大菩薩行缺乏認識。因為不理解而無法相信，還加以誹謗，說通過這些教法和修行不能把人導向空性，導向真理，不能給人帶來解脫；甚至詆毀這些不是如來所說，否定它是真理，同時也否定它的價值，認為不能給眾生帶來利益安樂。那就違犯了菩薩戒，而且是染汙的違犯。因為這是在邪知邪見基礎上產生的詆毀，會障礙般若智慧的開發。

「如是誹謗，或由自內非理作意，或隨順他而作是說。」這些誹謗或是出於自己的錯誤思考，或是人云亦云，跟著別人說的，不管哪種都會犯戒。當然前者的問題更嚴重，因為這些思考對你產生的影響更大。

「若諸菩薩安住菩薩淨戒律儀，若聞甚深最甚深處，心不信解。」菩薩行者聽聞大乘的甚深經教後，在確實沒能力接受的情況下，應該採取什麼態度才不犯戒，才有利於菩薩道修行呢？

「菩薩爾時應強信受，應無諂曲。」這裡告訴我們，如果菩薩沒能力通過思考接受甚深教法時，應該以信仰要求自己接受。應無諂曲，說明這是真誠而非虛偽的接受。確實意識到自己智慧不足，同時百分百地深信佛陀所說，不是違心地強迫自己接受。

「應如是學：我為非善，盲無慧目，於如來眼隨所宣說，於諸如來密意、語言而生誹謗。」怎麼做到這一點？要對自己進行檢討和反省，想到：我不是上等根機，沒有智慧，看不到這些法義好在哪裡，竟然誹謗諸佛如來宣說的法義，誹謗諸佛如來的無上密意和法語。如果不對自己加以批判，就會自以為是，覺得這些說法就是不對，所以要從自己身上找問題，不要在如來經教找問題。

這個思考的意義在哪裡？我們對大乘經教的信仰是有基礎的，就是相信如來的智慧和德行。作為學佛者，我們還在路上，對有些法義不理解是正常的。這時就需要用信仰來接受，正如《金剛經》所說：「如來是真語者，實語者，如語者。」你信不信如來具備大智慧和大慈悲，信不信如來所說都是真實的，只是為了利益眾生？

「菩薩如是自處無知，仰推如來於諸佛法無不現知，等隨觀見。」另一方面，要意識到自己的無知、愚痴和局限，這是提升認識的重要前提。當我們把自己放在無知的位置上，仰望如來的大智慧，深信如來完全明瞭宇宙人生的真理，沒什麼是他不知道的。而且這種明瞭是通過修行親證的，確定無疑。

「如是正行，無所違犯，雖無信解，然不誹謗。」這樣去思惟的話，就不會違背菩薩戒。雖然你這麼做了之後，還是不能發自內心地理解和接受大乘經教，但絕不會造作誹謗惡業。當你暫時沒能力相信甚深教法時，這是一個有效的對治方法。

第三十，愛恚讚毀戒

若諸菩薩安住菩薩淨戒律儀，於他人所有染愛心，有嗔恚心，自讚毀他，是名有犯，有所違越，是染違犯。無違犯者，若為摧伏諸惡外道，若為住持如來聖教，若欲方便調彼伏彼，廣說如前。或欲令其未淨信者發生淨信，已淨信者倍復增長。

第三十條是「愛恚讚毀戒」，愛是染著，恚是嗔恨。

「若諸菩薩安住菩薩淨戒律儀，於他人所有染愛心，有嗔恚心，自讚毀他，是名有犯，有所違越，是染違犯。」作為菩薩行者，如果出於我執、我見、我慢，生起染愛心或嗔恨心，覺得自己了不起，別人都不行，產生自讚毀他的行為，就違背了菩薩戒，而且是染汙的違犯，因為他已陷入我執我見。

四重戒中，第一就是「欲貪求利養恭敬，自讚毀他」。二者的區別在於，前者是為了貪著利養而自讚毀他。菩薩本來應該廣修布施，利益眾生，現在卻貪著不捨，就犯了重戒。這裡指因為我執產生的自讚毀他，性質相對沒那麼惡劣，是屬於輕戒。

「無違犯者，若為摧伏諸惡外道。」什麼情況下，自讚毀他也不違犯菩薩戒呢？如果這麼做是為了摧伏外道，比如你說佛教怎麼究竟、圓滿，外道法怎麼有問題，這樣的自讚毀他不是出於染汙心，只是客觀地加以分析，目的是為了慈悲幫助對方。

「若為住持如來聖教，若欲方便調彼伏彼，廣說如前。」或者這麼做是為了住持如來聖教，比如我們弘揚哪個宗派，就說哪個宗派殊勝、了義，甚至和其他學說作些對比；或是為了調伏對方，類似前面說到的情況。

「或欲令其未淨信者發生淨信，已淨信者倍復增長。」有時候，是通過自讚毀他讓那些對佛法沒有信心的人生起信心，對佛法已有信心的人增長信心。比如有些人接受了錯誤觀點，你告訴他，這個說法是不究竟的，真正的佛法應該怎樣。表面看也是一種自讚毀他，事實上是從慈悲出發，幫助對方建立正信。這種情況也是不犯戒的。

總之，犯戒的前提是出於愛和恚，就是由我執產生的自讚毀他，那就是犯戒行為。如果出於慈悲而自讚毀他，就不會犯戒，甚至還有功德。

第三十一，不聽正法戒

若諸菩薩安住菩薩淨戒律儀，聞說正法論議抉擇，驕慢所制，懷嫌恨心，懷恚惱心而不往聽，是名有犯，有所違越，是染違犯。若為懶惰懈怠所蔽而不往聽，非染違犯。無違犯者，若不覺知，若有疾病，若無氣力，若知倒說，若為護彼說法者心，若正了知彼所說義是數所聞、所持、所了，若已多聞，具足聞持，其聞積集，若欲無間於境住心，若勤引發菩薩勝定，若自了知上品愚鈍，其慧鈍濁，於所聞法難受難持，難於所緣攝心令定，不往聽者，皆無違犯。

第三十一條是「不聽正法戒」。不聽正法，就意味著不能從法中獲得正見，不能依正見修行，就會障礙般若智慧的開發。這條戒包括染犯、非染犯和不犯，這也是我們學習每條戒必須抓住的三點。

「若諸菩薩安住菩薩淨戒律儀，聞說正法論議抉擇，驕慢所制，懷嫌恨心，懷恚惱心而不往聽，是名有犯，有所違越，是染違犯。」菩薩行者安住菩薩律儀，聽到有法師在討論正法，本來這是加深理解、提升自己的機會，如果自以為是，瞧不起他人，或是懷著嫌恨心討厭對方，故意不去聽，就違背了菩薩戒，並且是染汙的違犯。因為他已被傲慢、嫌恨、恚惱等不良心理所染汙。

「若為懶惰懈怠所蔽而不往聽，非染違犯。」如果只是被懈怠、懶惰蒙蔽，沒有積極地前去聞法，同樣也是犯戒，但屬於非染違犯。

「無違犯者，若不覺知，若有疾病，若無氣力，若知倒說。」什麼情況下不犯戒呢？這裡說到很多種。比如沒意識到他們在討論正法，以為只是普通地說些什麼；或是生病了，沒精神聽；或是體力不支，沒力氣聽；或是知道對方看起來在討論法義，其實在那裡瞎掰，所說是有問題的。

「若為護彼說法者心，若正了知彼所說義是數所聞、所持、所了。」或是因為你去聽的話，對方會不高興，不希望看到你，你為了照顧對方情緒，就可以不去；或是知道對方所說的法義，你早已反覆聽聞，而且正在踐行，對這些內容非常清楚。

「若已多聞，具足聞持，其聞積集。」或是自己本身已有良好的聞思基礎，一向廣學多聞，對於聞法有深厚的積累，已經不需要再聽什麼了。

「若欲無間於境住心，若勤引發菩薩勝定。」或是目前需要禪修，需要讓心在一定時期安住於某個境界，或是要通過努力禪修來引發勝定。也就是說，當前已有修行重點，不能中斷。

「若自了知上品愚鈍，其慧鈍濁，於所聞法難受難持，難於所緣攝心令定，不往聽者，皆無違犯。」

或是知道對方說的法很深奧，自己沒智慧理解，也沒能力接受，沒辦法通過他們所說的修行攝心，令心安定，去了也是浪費時間。如果屬於以上這些情況的話，不去聞法也不會犯戒。

第三十二，輕毀法師戒

若諸菩薩安住菩薩淨戒律儀，於說法師故思輕毀，不深恭敬，嗤笑調弄，但依於文，不依於義，是名有犯，有所違越，是染違犯。

第三十二條是「輕毀法師戒」。輕毀，就是輕視和詆毀法師。學佛的關鍵，是找到一個好嚮導，通過親近善知識來聽聞正法。所以對善知識的恭敬、供養、信心非常關鍵，這種態度決定了我們能不能學好。這就是《道次第》所說的，依止善知識為入道根本。佛法博大精深，有無數的宗派法門。即便我們了解其中義理，但怎樣用心？修行重點是什麼？如果有善知識引導，修學上就會變得簡單。如果能依止善知識，對他具足信心，恭敬供養，其實是修學的捷徑，反之則會障礙我們的修行。

「若諸菩薩安住菩薩淨戒律儀，於說法師故思輕毀，不深恭敬，嗤笑調弄，但依於文，不依於義，是名有犯，有所違越，是染違犯。」如果菩薩行者故意對說法師輕視誹謗，不能生起深深的恭敬之心，甚至譏笑、捉弄法師。這麼做不是無意冒犯，也不是開玩笑，而是有意為之，性質就很惡劣了。所謂「但依於文」，是覺得這位法師在語言表達上不太清楚。事實上，我們對法師的恭敬，關鍵要看他所說的法，看他表達的義理，能不能使我們受益。這點非常重要，不能因為一些表面問題就輕視說法師。否則就違犯了菩薩戒，而且是染汙的違犯。

四法行為親近善知識、聽聞正法、如理作意、法隨法行。第一步是親近善知識，由此才能聽聞正法。所以對善知識的恭敬，決定了對法的聽聞程度，決定了法對我們的影響，也決定了我們能不能如理作意、法隨法行。這條戒很重要，代表了我們對善知識的態度。如果輕毀善知識，不僅影響到今生的聞法，也影響你未來和善知識結緣，甚至障礙生生世世的聞法機會。

世間聰明人很多，但多數是世智辯聰，真正具備慧根和正見，能看透生命真相，對人生作出智慧選擇的人，少之又少。古今中外出現過那麼多聖哲，如中國的諸子百家、古希臘的智者們，他們通過思考，建立了一套套哲學流派。此外還有各種宗教，印度婆羅門教就有三千多年的歷史。很多宗教師通過禪修體證，形成了不同的教義和修法。佛陀在世時，印度就有九十六種外道。

所有這些哲學、宗教，以及現代的科學，能不能像佛法這樣為我們提供正見，帶領我們走向覺醒，成就解脫？雖然有些已經接近，但最究竟的還是佛法。所以一個人不是靠自己的聰明，就能走向正道，走出輪迴。凡夫心最大的特點，就是看不清自己，看不清世界，越是小聰明的人，越自以為是，最後往往陷入自我的迷亂中，自己欺騙自己。包括文學、藝術，無非是玩一些情感、情緒上的東西，還是在無明中打轉。

我們要認識到，有機會聽聞正法，接受佛法傳承，是多生累劫的福報。我們必須以虔誠、恭敬的態度來接受，而不是吊兒郎當，否則永遠都學不好，所謂「聰明反被聰明誤」。總之，對法和法師的恭敬，決定了我們對法的接受，也直接關係到法在我們內心的分量，以及對生命的影響。所以這條戒非常重要。

依般若度建立的八個學處，可以保障般若的修行和成就。

7・違犯饒益有情

前面介紹的三十二條學處，屬於攝善法戒的範疇，依六度建立。以下十一個學處，屬於饒益有情戒的範疇。從戒律的角度告訴我們，菩薩行者應該如何饒益有情，怎麼做就會犯戒，怎麼做才不犯戒，是關於操作和審判的標準。

第三十三，不為助伴戒

若諸菩薩安住菩薩淨戒律儀，於諸有情所應作事懷嫌恨心，懷恚惱心，不為助伴。謂於能辦所應作事，或於道路若往若來，或於正說事業加行，或於掌護所有財寶，或於和好乖離諍訟，或於吉會，或於福業，不為助伴，是名有犯，有所違越，是染違犯。若為懶惰懈怠所蔽不為助伴，非染違犯。無違犯者，若有疹疾，若無氣力，若了知彼自能成辦，若知求者自有依怙，若知所作能引非義、能引非法，若欲方便調彼伏彼，廣說如前。若先許餘為作助伴，若轉請他有力者助，若於善品正勤修習不欲暫廢，若性愚鈍，於所聞法難受難持，如前廣說。若為將護多有情意，若護僧制，不為助伴，皆無違犯。

第三十三條是「不為助伴戒」。菩薩要為有情的事業作助伴，協助他們成就事業，這是直接利益眾生的方式。

「若諸菩薩安住菩薩淨戒律儀，於諸有情所應作事懷嫌恨心，懷恚惱心，不為助伴。」當有情要做什麼事，希望得到你的幫助，當然前提是如法的正命行為。作為菩薩行者，如果懷著討厭、仇恨，甚至惱害對方的心理，不肯幫助他，就是犯戒的。究竟有哪些事呢？這裡大體舉了幾種。

「謂於能辦所應作事。」能辦，就是你有能力做，也是菩薩身分可以做的，不是超出你能力和身分範圍的事。

「或於道路若往若來。」或是有情外出需要找個搭檔，方便在途中彼此照應。

「或於正說事業加行。」有些人外出時，因為不善於說方言、外語，或是不善與人溝通，需要得到語言上的支持。

「或於掌護所有財寶。」或是需要你一起來保護他的財富。在以前，是防止盜賊的偷竊搶奪，現在則是需要掌握儲蓄、投資的方法。

「或於和好乖離諍訟。」或是有了什麼矛盾，需要你從中調解，以此化解紛爭。

「或於吉會，或於福業。」或是參與一些有意義的活動，或是幫助他人的慈善公益行為。

「不為助伴，是名有犯，有所違越，是染違犯。」如果他人有以上這些情況希望得到菩薩的幫助，你卻袖手旁觀，不予幫助，就違犯了菩薩戒，而且是染汙的違犯。因為前面已經說了，是懷著嫌恨、恚惱之心，故意不肯幫助他人。

「若為懶惰懈怠所蔽不為助伴，非染違犯。」如果菩薩只是出於懶惰、懈怠，懶得去管這些事，雖然也犯戒，但屬於非染違犯。因為你並沒有損惱對方的心。

「無違犯者，若有疹疾，若無氣力，若了知彼自能成辦，若知求者自有依怙，若知所作能引非義、能引非法，若欲方便調彼伏彼，廣說如前。」在什麼情況下，菩薩不去做也沒有違犯呢？比如你生病了；

或是體力不足；或是知道對方有能力做好，你不幫也沒關係；或者知道請求幫助的人，本身是有其他依靠的；或是知道幫助對方會引起非議，或涉嫌非法行為；或是為了調伏對方才不幫助他，目的是促使他自我反省。如果有以上這些情況，包括之前談到的無違犯的前提，就可以不去做。

「若先許餘為作助伴，若轉請他有力者助，若於善品正勤修習不欲暫廢，若性愚鈍，於所聞法難受難持，如前廣說。」或是之前已經答應幫助別人，自己分身乏術；或是為他請求更有能力的人相助；或是自己正在精進用功，不想因為做事而影響聞思、修行；或是因為自己比較愚笨，對聽聞的佛法都很難理解並運用，沒辦法做到更多。此外，還包括前面所說的類似情況。

「若為將護多有情意，若護僧制，不為助伴，皆無違犯。」或是為了照顧到更多人的情緒，比如你幫助對方後，會引起很多人的煩惱；或是你去幫助的話，可能違背出家人的行為準則，為了維護僧制而不去做。如果屬於以上情況，不去幫助有情都不會犯戒。

第三十四，不往事病戒

若諸菩薩安住菩薩淨戒律儀，見諸有情遭重疾病，懷嫌恨心，懷恚惱心，不往供事，是名有犯，有所違越，是染違犯。若為懶惰懈怠所蔽，不往供事，非染違犯。無違犯者，若自有病，若無氣力，若轉請他有力隨順令往供事，若知病者有依有怙，若知病者自有勢力能自供事，若了知彼長病所觸，堪自支持，若為勤修廣大無上殊勝善品，若欲護持所修善品令無間缺，若自了知上品愚鈍，其慧鈍濁，於所聞法難受難持，難於所緣攝心令定，若先許餘為作供事。如於病者、於有苦者為作助伴，欲除其苦，當知亦爾。

第三十四條是「不往事病戒」。事病就是照顧病人，佛陀在僧團中特別提倡看護病人。作為菩薩行者，不僅應該照顧病比丘，包括普通人生病了，也要慈悲照顧。這是饒益有情的重要項目，否則就會犯戒。

「若諸菩薩安住菩薩淨戒律儀，見諸有情遭重疾病，懷嫌恨心，懷恚惱心，不往供事，是名有犯，有所違越，是染違犯。」作為菩薩行者，看到有情遭受重病，卻懷著嫌恨、恚惱之心，討厭對方，不肯去侍奉、照顧對方，就會違犯菩薩戒，而且是染汙的違犯。

「若為懶惰懈怠所蔽，不往供事，非染違犯。」如果沒有對立情緒，只是因為自己懶惰、懈怠，沒能好好照顧對方，雖然也是犯戒，但屬於非染違犯。

「無違犯者，若自有病，若無氣力，若轉請他有力隨順令往供事，若知病者有依有怙，若知病者自有勢力能自供事，若了知彼長病所觸，堪自支持。」什麼情況下，不去照顧病人也沒有違犯呢？比如自己本身有病；或是自己沒力氣做這些事；或是已經請有能力的人去照顧；或是知道病者是有人依靠和照顧的；或是知道病者有條件請人照顧自己；或是知道對方所患為慢性病，目前還有能力自理。

「若為勤修廣大無上殊勝善品，若欲護持所修善品令無間缺，若自了知上品愚鈍，其慧鈍濁，於所聞法難受難持，難於所緣攝心令定。」或是自己正在精進地聞思、修行；或是為了護持自己所修善法不能間斷；或是知道自己根機非常愚鈍，在修學期間不能受到其他事情干擾，否則就會影響對法的聞思和修行。

「若先許餘為作供事。如於病者、於有苦者為作助伴，欲除其苦，當知亦爾。」或是之前已經答應給別人幫忙，也是不犯戒的。前面說的是病者，以此為例，對於內心痛苦的有情，菩薩也應該為作助伴，慈悲開導，幫助他們解除痛苦。這個道理是一樣的。

第三十五，非理不為說法戒

若諸菩薩安住菩薩淨戒律儀，見諸有情為求現法、後法事故，廣行非理，懷嫌恨心，懷恚惱心，不為宣說如實正理，是名有犯，有所違越，是染違犯。若由懶惰懈怠所蔽不為宣說，非染違犯。無違犯者，若自無知，若無氣力，若轉請他有力者說，若即彼人自有智力，若彼有餘善友攝受，若欲方便調彼伏彼，廣說如前。若知為說如實正理起嫌恨心，若發惡言，若顛倒受，若無愛敬，若復知彼性弊𢤱悷，不為宣說，皆無違犯。

第三十五條是「非理不為說法戒」，作為菩薩行者，應該用佛法真理利益無明眾生，如果不肯為眾生說法，也是犯戒的。因為說法是饒益眾生的重要方式。以財富饒益，對眾生只有暫時的意義；以法饒益，才能對他們具有究竟且永久的意義。

「若諸菩薩安住菩薩淨戒律儀，見諸有情為求現法、後法事故，廣行非理，懷嫌恨心，懷恚惱心，不為宣說如實正理，是名有犯，有所違越，是染違犯。」作為菩薩行者，看到眾生出於無明，為了眼前的現實利益或未來的長遠利益，做出種種不該做的事，應該慈悲地教化、開導、幫助他們。如果看不慣這些眾生，討厭他們，對他們懷嫌恨心，不肯對他們開示佛法正理，就違犯了菩薩的行為準則，而且是染汙的違犯。

「若由懶惰懈怠所蔽不為宣說，非染違犯。」如果只是因為懶惰、懈怠而沒有說，不是帶著強大的染汙心，雖然也犯戒，但屬於非染違犯。

「無違犯者，若自無知，若無氣力，若轉請他有力者說，若即彼人自有智力，若彼有餘善友攝受，若欲方便調彼伏彼，廣說如前。」什麼情況下，不說法也沒有違犯呢？或是自己缺乏智慧，沒辦法開導對方；或是自己沒力氣說法；或是轉請有能力的人為他開導；或是對方其實心裡明白，知道這麼做是不對的；或是知道對方身邊有善知識，可以得到幫助和攝受；或是採取默擯，以不說讓對方反省，這也是一種幫助。包括前面說到的類似情況。

「若知為說如實正理起嫌恨心，若發惡言，若顛倒受，若無愛敬，若復知彼性弊𢤱悷，不為宣說，皆無違犯。」或是知道為他開導正法之後，反而會引起對方的嗔恨心；或是知道為他開導之後，會使對方造作口業；或是你為他開導之後，對方可能會錯誤理解，顛倒接受；或是知道他對法沒有恭敬心，多說無益；或是知道對方很愚鈍，說了也沒用。如果屬於以上這些情況，即便沒有為對方說法，也是不犯戒的。

第三十六，有恩不報戒

若諸菩薩安住菩薩淨戒律儀，於先有恩諸有情所，不知恩惠，不了恩惠，懷嫌恨心，不欲現前如應酬報，是名有犯，有所違越，是染違犯。若為懶惰懈怠所蔽，不現酬報，非染違犯。無違犯者，勤加功用，無力無能，不獲酬報，若欲方便調彼伏彼，廣說如前。若欲報恩而彼不受，皆無違犯。

第三十六條是「有恩不報戒」。菩薩要利益一切眾生，對有恩於己的人，更應該知恩報恩，這是慈悲心的基礎。如果對有恩於己的人都不能知恩報恩，何以利益眾生？這麼做連普通的做人標準都沒達到，對於菩薩行者來說，更是犯戒的行為。

「若諸菩薩安住菩薩淨戒律儀，於先有恩諸有情所，不知恩惠，不了恩惠，懷嫌恨心，不欲現前如應酬報，是名有犯，有所違越，是染違犯。」作為菩薩行者，對有恩於己的眾生，不知道他對自己有恩，或是沒有感恩心，覺得別人做什麼都是理所當然的。不僅如此，還懷著討厭、嫌棄、嗔恨對方的心，不肯如法地報答對方，就違背了菩薩的行為準則，而且是染汙的違犯。

「若為懶惰懈怠所蔽，不現酬報，非染違犯。」如果因為懶惰、懈怠，沒能報答對方的恩情，雖然也是犯戒，但屬於非染違犯。

「無違犯者，勤加功用，無力無能，不獲酬報，若欲方便調彼伏彼，廣說如前。」什麼情況下，不報答也沒有違犯呢？比如你很想報答，也付出了很大的努力，但沒能力報答；或是出於慈悲心，覺得不報答的方式於對方更有利，目的是為了調伏對方。包括前面說到的一些無違犯的情況。

「若欲報恩而彼不受，皆無違犯。」還有一種情況是，雖然你很想報答，但對方不肯接受，那就不會犯戒。

第三十七，患難不慰戒

若諸菩薩安住菩薩淨戒律儀，見諸有情墮在喪失財寶、眷屬、祿位、難處，多生愁惱，懷嫌恨心，不往開解，是名有犯，有所違越，是染違犯。若為懶惰懈怠所蔽不往開解，非染違犯。無違犯者，應知如前於他事業不為助伴。

第三十七條是「患難不慰戒」。菩薩發心饒益眾生，所以當眾生遭遇逆境時，應該主動安慰他們，為他們解除恐懼。如果在眾生患難時不去安慰、救濟，就是犯戒的。

「若諸菩薩安住菩薩淨戒律儀，見諸有情墮在喪失財寶、眷屬、祿位、難處，多生愁惱，懷嫌恨心，不往開解，是名有犯，有所違越，是染違犯。」作為菩薩行者，看到有情遭遇逆境，比如因被盜、破產等失去財富，或是失去妻子、兒女等親人，或是失去地位，或是遇到重大困難，為此憂愁苦惱。在這種情況下，菩薩要慈悲地開導他們，幫助他們擺脫憂愁。如果因為討厭、嫌恨而不想利益對方，不肯為他們做心理疏導，就違犯了菩薩行，而且是染汙的違犯。

「若為懶惰懈怠所蔽不往開解，非染違犯。」如果只是因為懶惰、懈怠沒有開導對方，雖然也是犯戒，但屬於非染違犯。

「無違犯者，應知如前於他事業不為助伴。」什麼情況下，菩薩不去安慰也沒有違犯呢？可以對照前面所說的「事業不為助伴」，符合這一條的相關規定，就不犯戒。

第三十八，希求不給戒

若諸菩薩安住菩薩淨戒律儀，有飲食等資生眾具，見有求者來正希求飲食等事，懷嫌恨心，懷恚惱心而不給施，是名有犯，有所違越，是染違犯。若由懶惰、懈怠、放逸不能施與，非染違犯。無違犯者，若現無有可施財物，若彼希求不如法物、所不宜物，若欲方便調彼伏彼，廣說如前。

若來求者王所匪宜，將護王意，若護僧制而不惠施，皆無違犯。

第三十八條是「希求不給戒」。面對那些物質匱乏且有需求的眾生，菩薩應該在經濟上饒益對方，滿足他們的所需，否則就會犯戒。

「若諸菩薩安住菩薩淨戒律儀，有飲食等資生眾具，見有求者來正希求飲食等事，懷嫌恨心，懷恚惱心而不給施，是名有犯，有所違越，是染違犯。」作為菩薩行者，如果自己擁有飲食、衣服、醫藥等生活用品，看到有人向你乞討這些物品，而且確實是他需要的，就應該慈悲地幫助他。如果懷著嫌恨、恚惱之心不作布施，不幫助眾生，就違犯了菩薩的行為準則，而且是染汙的違犯。

「若由懶惰、懈怠、放逸不能施與，非染違犯。」如果因為懶惰、懈怠、放逸等原因，沒有布施對方，雖然也是犯戒，但屬於非染違犯，因為其中沒有重大的染汙心。

「無違犯者，若現無有可施財物，若彼希求不如法物、所不宜物，若欲方便調彼伏彼，廣說如前。」什麼情況下，不作布施也不犯戒呢？或是當下沒有可以布施的財物；或是對方提出的要求不如法，或是這個物品可能會導致犯罪；或是為了慈悲、調伏對方故意不給，包括前面說到的類似情況。

「若來求者王所匪宜，將護王意，若護僧制而不惠施，皆無違犯。」或是因為他乞求的物品會違背國家法律；或是為了維護僧人的戒律及僧團管理條例。在這些情況下，不布施對方，都是不犯戒的。

第三十九，不如法攝眾戒

若諸菩薩安住菩薩淨戒律儀，攝受徒眾，懷嫌恨心，而不隨時無倒教授，無倒教誡。知眾匱乏，而不為彼從諸淨信長者、居士、婆羅門等，如法追求衣服、飲食、諸坐臥具、病緣醫藥、資身什物，隨時供給，是名有犯，有所違越，是染違犯。若由懶惰、懈怠、放逸不往教授，不往教誡，不為追求如法眾具，非染違犯。無違犯者，若欲方便調彼伏彼，廣說如前。若護僧制，若有疹疾，若無氣力不任加行，若轉請餘有勢力者，若知徒眾世所共知，有大福德，各自有力求衣服等資身眾具，若隨所應教授教誡，皆已無倒教授教誡，若知眾內有本外道，為竊法故來入眾中，無所堪能，不可調伏，皆無違犯。

第三十九條是「不如法攝眾戒」。攝眾，就是通過管理徒眾的方式饒益有情。菩薩如果不能如法住持道場，管理徒眾，也屬於犯戒行為。

「若諸菩薩安住菩薩淨戒律儀，攝受徒眾，懷嫌恨心，而不隨時無倒教授，無倒教誡。」菩薩行者管理徒眾或住持道場，要從法和財兩方面為大家提供支持，不僅讓大家在法上有所依止，同時能衣食無憂。如果菩薩行者懷著嫌恨心，不願為大家服務，不願安排大眾修學，隨時教導大家。無倒教授，指教理方面的開示；無倒教誡，指律儀方面的教誡。這是從修行來說，不能讓大家有所依止。

「知眾匱乏，而不為彼從諸淨信長者、居士、婆羅門等，如法追求衣服、飲食、諸坐臥具、病緣醫藥、資身什物，隨時供給，是名有犯，有所違越，是染違犯。」在生活方面，雖然知道大家缺乏資身用品，卻不為他們想辦法，不從那些有信仰的富豪、居士、婆羅門等護法那裡化緣，如法地為大家安排衣服、飲食、坐臥用品、醫藥和日用雜物，隨時為大家提供方便。總之，住持道場者有責任從這兩方面作出努力，讓大家修行上有依止，生活上無匱乏，這樣才能安心辦道。如果懷著嫌恨心，不願服務大眾，就違犯了菩薩戒，而且是染汙的違犯。

「若由懶惰、懈怠、放逸不往教授，不往教誡，不為追求如法眾具，非染違犯。」如果只是因為懶惰、懈怠、放逸，不從教理上引導大眾，不依戒律來訓誡大眾，也不為大眾謀求生活所需，雖然也是犯戒，但屬於非染違犯。

「無違犯者，若欲方便調彼伏彼，廣說如前。」什麼情況下，不做這些也無違犯呢？就像前面所說的，如果你是出於慈悲，通過這種方式來調伏對方，知道這樣對他更有利益，那就可以。

「若護僧制，若有疹疾，若無氣力不任加行，若轉請餘有勢力者，若知徒眾世所共知，有大福德，各自有力求衣服等資身眾具，若隨所應教授教誡，皆已無倒教授教誡，若知眾內有本外道，為竊法故來入眾中，無所堪能，不可調伏，皆無違犯。」此外，如果為了維護僧制而不做；或是你自己在生病，沒辦法做；或是你體力不支，沒精力做；或是你已經請其他更有能力的人來做這些；或是你知道這些弟子已經有名望，有福德，自己就能得到衣服飲食等生活用品；或是弟子們應該得到的法義和戒律方面的教導，之前都已經說過，沒有任何保留，也沒什麼可教的；或是知道僧團中混有外道，為了盜法埋伏在大眾中，而且你還沒辦法調伏對方，只能不教。如果屬於以上這些情況，那麼不為弟子作教授、教誡，都是不犯戒的。

第四十，不隨順眾生戒

若諸菩薩安住菩薩淨戒律儀，懷嫌恨心，於他有情不隨心轉，是名有犯，有所違越，是染違犯。若由懶惰、懈怠、放逸不隨其轉，非染違犯。無違犯者，若彼所愛非彼所宜，若有疾病，若無氣力，不任加行，若護僧制，若彼所愛雖彼所宜，而於多眾非宜非愛，若為降伏諸惡外道，若欲方便調彼伏彼，廣說如前，不隨心轉，皆無違犯。

第四十條是「不隨順眾生戒」，這條在饒益有情戒的十一相中就是「饒益求隨心轉」。菩薩通過隨順來饒益有情，並不是百依百順，前提是這個行為確實能給眾生帶去利益，這點非常關鍵。因為眾生的很多需求是迷亂而無明的，在這種情況下，菩薩必須以智慧抉擇，懂得如何隨順，才能真正對眾生有益。也就是說，隨順眾生只是手段，利益眾生才是目的。關於隨順的種類和內容，在饒益有情的十一相中已經講過，這裡是作出犯和不犯的判斷。

「若諸菩薩安住菩薩淨戒律儀，懷嫌恨心，於他有情不隨心轉，是名有犯，有所違越，是染違犯。」菩薩和眾生的根本區別在於，眾生是以自我利益為中心，而菩薩是以眾生利益為中心。所謂隨心轉，就是順著眾生的利益做事，而不是順著自己的利益做事。作為菩薩行者，如果懷著嫌恨心，不肯隨順眾生，不願利益眾生，不以眾生的利益為中心，就違犯了菩薩的行為準則，而且是染汙的違犯。

「若由懶惰、懈怠、放逸不隨其轉，非染違犯。」如果因為懶惰、懈怠、放逸的關係，不肯隨順眾生的利益做事，雖然也犯戒，但屬於非染違犯。

「無違犯者，若彼所愛非彼所宜，若有疾病，若無氣力，不任加行。」什麼情況下，不隨順眾生的要求也不犯戒呢？比如你知道眾生喜歡且想得到的，並不是健康的需求；或是你現在有病在身；或者是你沒力氣為他們做事，無法滿足他們的要求。

「若護僧制，若彼所愛雖彼所宜，而於多眾非宜非愛，若為降伏諸惡外道，若欲方便調彼伏彼，廣說如前，不隨心轉，皆無違犯。」或是為了維護僧團制度；或是他們的要求雖然合理，但不是大眾願意看到的，如果幫助了他，會傷害到很多人；或是為了降伏外道，通過不隨順來降伏對方，此外還可參照之前說到的一些情況。在這些情況下，不隨順是沒問題的，都不會犯戒。

第四十一，不隨喜讚揚戒

若諸菩薩安住菩薩淨戒律儀，懷嫌恨心，他實有德不欲顯揚，他實有譽不欲稱美，他實妙說不讚善哉，是名有犯，有所違越，是染違犯。若由懶惰、懈怠、放逸不顯揚等，非染違犯。無違犯者，若知其人性好少欲，將護彼意，若有疾病，若無氣力，若欲方便調彼伏彼，廣說如前。若護僧制，若知由此顯揚等緣，起彼雜染、憍舉、無義，為遮此過，若知彼德雖似功德而非實德，若知彼譽雖似善譽而非實譽，若知彼說雖似妙說而實非妙，若為降伏諸惡外道，若為待他言論究竟，不顯揚等，皆無違犯。

第四十一條是「不隨喜讚揚戒」。對應饒益有情的十一相，就是饒益正行者。對於踐行菩薩道的人，我們要以隨喜給予支持和鼓勵。尤其是對普通人來說，當他們有了德行，我們尤其要隨喜讚歎，使他在修行過程中更有動力。這也是《普賢行願品》的一個重要修行內容，是饒益有情的有效方式。

「若諸菩薩安住菩薩淨戒律儀，懷嫌恨心，他實有德不欲顯揚，他實有譽不欲稱美，他實妙說不讚善哉，是名有犯，有所違越，是染違犯。」作為菩薩行者來說，因為不喜歡對方，懷著嫌恨心，看到對方確實有很高的榮譽和德行，卻不願意稱揚他；看到對方說法很善巧，卻不願意讚歎他，就違犯了菩薩的行為準則，而且是染汙的違犯。

稱揚讚歎是一種隨喜，這一行為本身就功德無量。從對方來說，因為他的德行能被別人隨喜，就會得到支持，更有力量。所以菩薩對他人所做的一切功德，都要隨喜讚歎。正如《普賢行願品》所說，上至十方諸佛菩薩，下至法界一切有情，乃至他們一絲一毫的功德，都要真誠隨喜。這是集資淨障的重要修行。

「若由懶惰、懈怠、放逸不顯揚等，非染違犯。」如果因為懶惰、懈怠、放逸等原因，沒有稱揚讚歎對方，就屬於非染違犯。

「無違犯者，若知其人性好少欲，將護彼意，若有疾病，若無氣力，若欲方便調彼伏彼，廣說如前。」在什麼情況下，你不讚歎也不犯戒呢？比如你知道對方很低調，不喜歡被稱揚讚歎，那你為了照顧他的意願，不讚歎也沒關係。或是你有病在身，或是你沒有力氣，或是你想通過不讚歎的方式來調伏對方，覺得這樣對他更有利。此外，還包括前面所說的類似情況。

「若護僧制，若知由此顯揚等緣，起彼雜染、憍舉、無義，為遮此過，若知彼德雖似功德而非實德，若知彼譽雖似善譽而非實譽，若知彼說雖似妙說而實非妙，若為降伏諸惡外道，若為待他言論究竟，不顯揚等，皆無違犯。」或是為了維護僧制；或是知道因為你的讚歎，可能會增長對方的染汙心和驕慢心，自高自大，為了防止這些過失而不稱讚；或是知道對方看起來有功德，實際並沒有什麼功德；或是知道對方雖然有很好的榮譽，但並不符合實際情況；或是知道對方說得天花亂墜，其實並沒有多少智慧含量；或是為了降伏惡行外道；或是等他全部說完之後再稱揚。如果符合以上這些條件，即使不稱讚對方，都是不犯戒的。

第四十二，不行威折戒

若諸菩薩安住菩薩淨戒律儀，見諸有情應可呵責，應可治罰，應可驅擯，懷染汙心而不呵責，或雖呵責而不治罰、如法教誡，或雖治罰、如法教誡而不驅擯，是名有犯，有所違越，是染違犯。若由懶惰、懈怠、放逸而不呵責乃至驅擯，非染違犯。無違犯者，若了知彼不可療治，不可與語，喜出粗言，多生嫌恨，故應棄捨。若觀待時，若觀因此鬥訟諍競，若觀因此令僧喧雜、令僧破壞。知彼有情不懷諂曲，成就增上猛利慚愧，疾疾還淨，而不呵責乃至驅擯，皆無違犯。

第四十二條是「不行威折戒」。對應饒益有情的十一相，是饒益邪行者。邪行就是行為不正、不善、不如法，對於這種行為不端甚至犯戒的有情，菩薩行者可能要通過懲罰才能幫助他，如果聽之任之，也是一種犯戒行為。

「若諸菩薩安住菩薩淨戒律儀，見諸有情應可呵責，應可治罰，應可驅擯。」作為菩薩行者，如果看到那些行為不端的有情，應該對他們批評、治罰，甚至把他們逐出身邊。僧團就有這樣的處罰措施，如果有人做了不善行，影響到團體，應該對他批評教育，進行相應處罰，嚴重的需要逐出僧團。這麼做的目的是為了幫助犯錯者，維護僧團清淨。對於菩薩行者來說，這些呵責和驅擯也是饒益有情的方式，是出於慈悲心而不是嗔恨心。

「懷染汙心而不呵責，或雖呵責而不治罰、如法教誡，或雖治罰、如法教誡而不驅擯，是名有犯，有所違越，是染違犯。」如果菩薩懷著染汙心，因為不喜歡對方，不想管他，對他不加批評；或是雖然批評了，但不根據過錯程度加以處罰，也不如法地教誡對方；或是雖然處罰並教誡了，但該驅逐的沒有驅逐。在這些教誡方式中，呵責最輕，治罰其次，驅擯是最重的，是讓他停止一段時間的團體生活。總之，要根據對方所犯過錯的輕重程度，採取相應手段。如果不能如法處罰對方，對菩薩來說是失責的，違背了菩薩的行為準則，而且是染汙的違犯。

「若由懶惰、懈怠、放逸而不呵責乃至驅擯，非染違犯。」如果因為懶惰、懈怠，不對他進行呵責或驅擯，就是非染違犯。

「無違犯者，若了知彼不可療治，不可與語，喜出粗言，多生嫌恨，故應棄捨。」什麼情況下，菩薩不責罰對方，也是不犯戒的呢？如果你知道這個有情已經不可救藥，而且不可理喻，沒辦法和他說些什麼。你批評之後，他非但不能接受，還會惡言相向，對你生起嗔心，甚至和你吵鬧不休，這種情況下就只能捨棄。不是菩薩不想慈悲，而是對方實在沒法相應。

「若觀待時。」或者雖然現在沒有批評責罰，只是在等待時機，尋找更好的教育機會。

「若觀因此鬥訟諍競。」或是看到如果處罰的話，會產生更大的衝突、對立、爭鬥。

「若觀因此令僧喧雜、令僧破壞。」或是看到因為這個處罰，會引起僧團內部的矛盾，破壞僧眾之間的和合關係。

「知彼有情不懷諂曲，成就增上猛利慚愧，疾疾還淨。」或者知道對方有很強的慚愧心，自己就有能力改變，而且很快能懺已還淨，令身心恢復清淨。

「而不呵責乃至驅擯，皆無違犯。」如果屬於以上這些情況，不去呵責乃至驅擯對方，不對他們加以責罰，都是不違犯的。

第四十三，不神力折攝戒

若諸菩薩安住菩薩淨戒律儀，具足成就種種神通變現威力，於諸有情應恐怖者能恐怖之，應引攝者能引攝之，避信施故，不現神通恐怖引攝，是名有犯，有所違越，非染違犯。無違犯者，若知此中諸有情類多著僻執，是惡外道，誹謗賢聖，成就邪見，不現神通恐怖引攝，無有違犯。

第四十三條是「不神力折攝戒」。對應饒益有情的十一相，是用神通折伏有情。菩薩行者有時應該用神通來折伏某些有情，如果不這麼做的話，也是犯戒的。

「若諸菩薩安住菩薩淨戒律儀，具足成就種種神通變現威力，於諸有情應恐怖者能恐怖之，應引攝者能引攝之。」作為菩薩行者，如果具足種種神通變化的威力，對某些剛強難調的有情，應該適當用神通去恐嚇他。就像佛陀給外道說法時，對方拒不回應，密跡金剛就拿著金剛杵放在他的頭上：你不回應的化，馬上把你的頭敲成七瓣。外道就趕快回應了。這就是用威猛的方式攝受眾生，關鍵是懷著慈悲而不是嗔恨去做，恐嚇只是手段而非目的。此外，是以柔軟的手段引導並攝受。比如佛菩薩放大光明，或是雨天曼陀羅花之類的，眾生看了信心大增。雖然兩種方式截然不同，但慈悲心是一樣的，利益眾生的目的也是一樣的。如果其中夾雜嗔恨，或是對名聞利養的貪著，性質就變了。

「避信施故，不現神通恐怖引攝，是名有犯，有所違越，非染違犯。」在常規方式不奏效，必須運用神通的時候，菩薩為了避免引起信眾關注，避免有人因此崇拜或供養，就不以顯現神通的方式恐嚇或攝受對方，也是違犯菩薩戒的，但不是染汙的違犯。因為他不肯用神力的出發點是「避信施」。

「無違犯者，若知此中諸有情類多著僻執，是惡外道，誹謗賢聖，成就邪見，不現神通恐怖引攝，無有違犯。」什麼情況下，菩薩不現神通也不犯戒呢？比如知道對方是很偏執的惡見外道，如果顯現神通，可能會使他們誹謗聖賢，引發邪見。在這樣的情況下，不現神通是不犯戒的。

又一切處無違犯者，謂若彼心增上狂亂，若重苦受之所逼切，若未曾受淨戒律儀，當知一切皆無違犯。

「又一切處無違犯者，謂若彼心增上狂亂。」這裡還講到三種情況，如果屬於這些原因，那麼任何情況下都不犯戒。一是你的心智已經狂亂，精神不正常，那麼沒持菩薩戒是不犯的。現在法律判定一個人是否犯罪，也有這一條。如果精神不正常，就不算犯罪。

「若重苦受之所逼切。」二是菩薩已陷入重大的苦受中，根本沒有能力持戒。

「若未曾受淨戒律儀，當知一切皆無違犯。」三是還沒有受戒。雖然自己以菩薩行者自居，但並沒有正式受戒，自然也談不上犯戒。如果是以上三種情況，都不犯戒。

菩薩戒的四重四十三輕戒，分別依三聚淨戒而建立。根據律儀戒建立四他勝處，即四種重罪；根據攝善法戒，也就是六度建立三十二條；根據饒益有情戒建立十一條。所以說，四重四十三輕戒是幫助我們落實三聚淨戒，圓滿菩薩行。

如果我們要深入了解菩薩的修行，最好學一學《瑜伽師地論．菩薩地》。如種性品、發心品等，是引導我們發起菩提心。施品、戒品、忍品、精進品、靜慮品、慧品、攝事品，則對六度四攝作了廣泛而詳細的闡述。

我們現在學習的內容屬於《戒品》。其中關於忍辱的學處，是建立在「忍品」的基礎上。如果對菩薩如何修習忍辱波羅蜜有完整了解，再來看四十三輕戒中有關忍的學處，就會更清楚。

三、從犯護心之法

復次，如是所起諸事菩薩學處，佛於彼彼素怛纜中隨機散說，謂依律儀戒、攝善法戒、饒益有情戒。今於此菩薩藏摩怛履迦綜集而說。菩薩於中應起尊重，住極恭敬，專精修學。是諸菩薩從他正受戒律儀已，由善清淨求學意樂、菩提意樂、饒益一切有情意樂，生起最極尊重恭敬，從初專精，不應違犯。

第三個大問題，是「從犯護心之法」。這段話首先告訴我們，瑜伽菩薩戒到底從哪裡來的。在漢傳佛教系統中，大家比較熟悉的「梵網菩薩戒」是出自《梵網經》，由佛陀親自宣說，而「瑜伽菩薩戒」是出自論典。我們知道，論是根據經典思想編寫而成，是對經典的注釋。所以，此處說明菩薩戒和經典的淵源關係。

「復次，如是所起諸事菩薩學處，佛於彼彼素怛纜中隨機散說，謂依律儀戒、攝善法戒、饒益有情戒。今於此菩薩藏摩怛履迦綜集而說。」素怛纜，即經典。摩怛履迦，即論藏，又稱本母、智母、行母等。我們現在所學的四重四十三輕菩薩學處，散見於佛陀所說的各種大乘經典中。也就是說，並不是佛陀在某次法會中一次性宣說的，而是在不同經典中多次說到的，然後根據律儀戒、攝善法戒、饒益有情戒，在論中彙集而成，形成三聚淨戒。完整的內容，則是《戒品》。

「菩薩於中應起尊重，住極恭敬，專精修學。」對於這些學處，菩薩行者應該生起尊重之心，以極其恭敬的態度，專注、認真地學習。

「是諸菩薩從他正受戒律儀已，由善清淨求學意樂、菩提意樂、饒益一切有情意樂，生起最極尊重恭敬，從初專精，不應違犯。」作為發菩提心的行者，依戒和尚受了菩薩戒之後，要具備三種意樂。一是善清淨求學意樂，就是以清淨、純正的發心修學三聚淨戒。二是菩提意樂，要有成就無上菩提的願望，本著這樣的願望修學並行持菩薩戒。三是饒益一切有情的意樂，帶著利益眾生之心修學菩薩戒。以這樣三種意樂，對菩薩戒生起殷重心，以至誠的尊重和恭敬，專注、認真地修學並踐行，沒有任何違犯。

這段話說明菩薩戒的來源，以及我們受戒之後，應該以什麼樣的發心和態度來修學。三種意樂中，善清淨求學意樂包含對三聚淨戒的修學。通過這樣的學習，生起成就無上菩提、利益一切眾生的意樂。這是修行的重點所在。

四、犯已還出之方便

設有違犯，即應如法疾疾悔除，令得還淨。又此菩薩一切違犯，當知皆是惡作所攝，應向有力於語表義能覺能受、小乘大乘補特伽羅發露悔滅。若諸菩薩以上品纏，違犯如上他勝處法，失戒律儀，應當更受。若中品纏，違犯如上他勝處法，應對於三補特伽羅，或過是數，應如發露除惡作法，先當稱述所犯事名，應作是說：長老專志，或言大德，我如是名，違越菩薩毗奈耶法，如所稱事，犯惡作罪。餘如苾芻發露悔滅惡作罪法，應如是說。若下品纏，違犯如上他勝處法及餘違犯，應對於一補特伽羅發露悔法，當知如前。若無隨順補特伽羅可對發露悔除所犯，爾時，菩薩以淨意樂起自誓心：我當決定防護，當來終不重犯。如是於犯還出還淨。

「瑜伽菩薩戒」的主要內容是三聚淨戒，必須通過受戒和持戒，實踐四重四十三輕的戒相。但作為還是凡夫的菩薩行者，在受持戒律的過程中，難免會犯戒。這就必須通過懺悔，使戒體和身心保持清淨。第四部分，是介紹犯戒後出罪的方便。出罪，即怎麼從所犯罪行走出來。比丘戒有比丘戒的懺悔方法，菩薩戒同樣有菩薩戒的懺悔方法。菩薩行者違犯四重罪或四十三輕罪之後，應該如何懺悔？

「設有違犯，即應如法疾疾悔除，令得還淨。」菩薩行者一旦違犯所受戒律，不論是違犯重罪，即他勝處；還是違犯輕罪，即惡作類，都要立刻用相應的方法懺罪。這裡所說的」如法「，是指和所犯罪業對應的懺罪法。比如他勝處，有他勝處的懺悔方法，其中又分上品纏犯、中品纏犯和下品纏犯。四十三輕罪也是同樣。疾疾就是迅速懺除，使自己恢復清淨的菩薩身分。懺悔是人格的清洗劑，僧團中的布薩，又稱淨住，就是通過懺悔來清洗罪業，恢復清淨如法的生活。

「又此菩薩一切違犯，當知皆是惡作所攝，應向有力、於語表義能覺能受、小乘大乘補特伽羅發露悔滅。」這裡重點指四十三輕罪。菩薩戒的一切違犯，在罪行名稱上，都屬於惡作的範疇。所謂惡作，在比丘戒中就是突吉羅，在菩薩戒中叫作輕垢罪。一旦犯惡作罪，應該馬上找人懺悔。這個為你懺悔的所緣境，有什麼要求呢？首先是有能力；其次是對你表達的語言能聽清楚，明白你說的是什麼；第三是佛法修行者，不論大乘還是小乘行者皆可。你向他發露自己所犯的罪行，通過真誠懺悔，達到消除罪業的效果。

下面就不同程度的罪業應該怎麼懺悔，提出了不同方法。

「若諸菩薩以上品纏，違犯如上他勝處法，失戒律儀，應當更受。」上品纏，即出於嚴重的貪嗔痴所犯的他勝處法，且具備前面所說的深生愛樂等條件。如果罪業屬於上品纏犯，就會失去菩薩的資格，那麼光靠懺悔是不行的，必須重新發起菩提心，對菩薩戒生起殷重的渴求之心，然後再次受戒，由此獲得的戒體才是有效的。

「若中品纏，違犯如上他勝處法，應對於三補特伽羅，或過是數，應如發露除惡作法，先當稱述所犯事名，應作是說：長老專志，或言大德，我如是名，違越菩薩毗奈耶法，如所稱事，犯惡作罪。」關於中品纏犯的他勝處法，應該對著三位大小乘行者，或是更多人，然後發露，並像消除惡作法一樣地懺悔。懺罪對象的標準，如前所說。具體方式是，先指出自己犯了什麼罪，違背哪條戒律，然後對那些行者說：長老請您專心聽我懺悔，或者稱呼大德也可以。接著說：我的名字是某某，做了某件事，違犯了菩薩戒，犯了什麼惡作罪，或是他勝處的某個罪。也就是說，要對罪行有具體說明。

「餘如苾芻發露悔滅惡作罪法，應如是說。」其他就像比丘發露惡作罪那樣說，如：「我於長老發露悔除，我安樂住，不露不悔則不安樂。」我犯了罪，在長老面前發露悔除，心因此安樂；如果不發露不懺悔，就不安樂。對方會問：「汝於此見罪否？」你認識到自己的過錯嗎？這時要回答：我已經看到自己犯的罪。問云：「後防護否？」以後你能不能自我防護，不再犯罪？應該回答：「如法如律，善為奉持。」我以後要如法地奉持戒律。懺悔時還要具備相應威儀，如合掌、禮拜、長跪等。

「若下品纏，違犯如上他勝處法及餘違犯，應對於一補特伽羅發露悔法，當知如前。」如果屬於下品纏犯，犯的是四他勝處法或四十三惡作罪，那麼只要找一個人懺罪即可，方式和前面一樣，就是說明自己是誰，犯了什麼戒，然後請求懺悔。

「若無隨順補特伽羅可對發露悔除所犯，爾時，菩薩以淨意樂起自誓心：我當決定防護，當來終不重犯。如是於犯還出還淨。」如果找不到相應的懺悔對象，菩薩也可以自我懺悔。必須以清淨心發誓（最好對著佛菩薩像）：我決心至誠懺悔，未來絕不重犯。生起真誠的慚愧、懺悔和防護之心，同樣能達到懺罪效果。當然，這個做法僅限於下品纏犯。

五、無師自受法

又諸菩薩欲受菩薩淨戒律儀，若不會遇具足功德補特伽羅，爾時應對如來像前自受菩薩淨戒律儀。應如是受，偏袒右肩，右膝著地或蹲跪坐，作如是言：我如是名，仰啟十方一切如來、已入大地諸菩薩眾，我今欲於十方世界佛菩薩所誓受一切菩薩學處，誓受一切菩薩淨戒，謂律儀戒、攝善法戒、饒益有情戒。如是學處，如是淨戒，過去一切菩薩已具，未來一切菩薩當具，普於十方現在一切菩薩今具。於是學處，於是淨戒，過去一切菩薩已學，未來一切菩薩當學，普於十方現在一切菩薩今學。第二、第三亦如是說。說已應起，所餘一切如前應知。

受戒是持戒的基礎。通常，我們是依戒和尚受菩薩戒，但找不到戒和尚的情況下，也可以自誓受，即無師自受法。就像前面說的懺悔一樣，如果找不到懺罪對象，就可以自己懺悔。我們需要有個對象，幫助自己生起殷重懇切之心，所以關鍵在於懺罪之心。如果沒有對象，你也能生起這樣的心，同樣會達到懺罪效果，可以如法出罪，犯已還淨。

前面講過的受戒法，是有師長的情況。那麼找不到菩薩和尚給你授戒的情況下，怎麼才能自受呢？

「又諸菩薩欲受菩薩淨戒律儀，若不會遇具足功德補特伽羅，爾時應對如來像前自受菩薩淨戒律儀。」如果行者發起菩提心之後，想要進一步受菩薩戒，卻找不到功德具足的戒師（相關條件前面講過）。這種情況下，就可以自己在佛像前宣誓受戒，獲得清淨的菩薩戒戒體。這裡雖然沒有說出「誓」字，卻是關鍵所在。

受戒是宣誓的過程。受三皈，是宣誓以佛法僧三寶作為生命的歸宿和依賴，通過宣誓獲得皈依體。受菩薩戒也是同樣，我們選擇菩提道，以追求覺醒和解脫，同時幫助一切眾生走向覺醒，作為自己盡未來際的使命。有了這樣的願望，還需要對十方諸佛宣誓。這個誓言必須發自內心，且真誠懇切，才能具有力量。

「應如是受，偏袒右肩，右膝著地或蹲跪坐，作如是言。」自誓受同樣要具足威儀，如果是出家人，需要偏袒右肩，或是右膝著地跪著，或是蹲跪坐，然後在佛菩薩面前，完成這樣一段宣誓。

「我如是名，仰啟十方一切如來、已入大地諸菩薩眾，我今欲於十方世界佛菩薩所誓受一切菩薩學處，誓受一切菩薩淨戒，謂律儀戒、攝善法戒、饒益有情戒。」首先自稱法名，然後說：啟白十方世界一切如來，及已經登地的所有菩薩眾，我現在要在十方諸佛菩薩面前發誓，受持菩薩的一切學處，以及一切清淨戒律，也就是攝律儀戒、攝善法戒和饒益有情戒。

「如是學處，如是淨戒，過去一切菩薩已具，未來一切菩薩當具，普於十方現在一切菩薩今具。於是學處，於是淨戒，過去一切菩薩已學，未來一切菩薩當學，普於十方現在一切菩薩今學。」這裡還是宣誓的內容：這些學處和淨戒，過去一切菩薩都已具足，他們依菩薩戒，成就菩提道的修行。未來一切菩薩也將具備，十方現在一切菩薩同樣要學習並遵循這些淨戒。也就是說，我們要像過去、現在、未來的菩薩一樣，發誓接受並踐行菩薩戒。要向菩薩學習，過去、現在、未來的菩薩們怎麼做，我也怎麼做。

「第二、第三亦如是說。說已應起，所餘一切如前應知。」這段誓言要說三遍。說了第一遍之後，第二遍和第三遍也這麼說。說完之後就可以起來。其他相關事項，和前面所說的一樣。師授法中說到的各種條件，同樣是要具備的。

比如發菩提心，這是受戒的首要前提。再如請師，雖然我們現在請不到現實中的師長，還是要以殷重心祈求佛菩薩為我們授戒。此外，必須沒有障礙，而且在受戒前學習並了解菩薩戒，知道自己有心並有能力去做，而不是什麼都不知道就受了。總之，自誓受必須具備相關條件，不是僅僅宣誓就行了。

六、佛說貪心罪輕之密意

又於菩薩犯戒道中無無餘犯，如世尊說，是諸菩薩多分應與嗔所起犯，非貪所起。當知此中所說密意，謂諸菩薩愛諸有情，憐諸有情，增上力故，凡有所作，一切皆是菩薩所作，非非所作，非作所作，可得成犯。若諸菩薩憎諸有情，嫉諸有情，不能修行自他利行，作諸菩薩所不應作，作不應作，可得成犯。

佛經中，佛陀經常講到要對治貪心，但在菩薩戒中，出於貪心違犯的罪行卻比較輕，而以嗔心犯戒的罪過會特別重。其中隱含什麼樣的密意？此處就是說明這個問題。

「又於菩薩犯戒道中無無餘犯，如世尊說，是諸菩薩多分應與嗔所起犯，非貪所起。」在菩薩的犯戒道中，更多是出於嗔恨心，如戒條所說的「菩薩驕慢所制」、「懷嫌恨心，懷恚惱心」而捨棄有情等。相比之下，由貪心導致的犯戒相對較少。是不是說，貪心就不會犯戒呢？其實不然，如自讚毀他、貪著利養，以及關於布施的一些障礙，都和貪有關。那為什麼世尊說，很多犯戒和嗔恨有關，是由嗔心而不是貪心引起的？什麼情況下的貪，是不容易犯戒的，什麼情況下是容易犯戒的？這裡要作一個說明。

「當知此中所說密意，謂諸菩薩愛諸有情，憐諸有情，增上力故，凡有所作，一切皆是菩薩所作，非非所作，非作所作，可得成犯。」要知道，佛陀這麼說是有特別用意的。因為菩薩要愛護有情，慈悲有情，但如果不是大菩薩的話，這種愛護和慈悲難免帶有貪著的成分。如果徹底去除貪著，就是大菩薩了。菩薩行者出於愛護和憐愍有情的強大力量，做種種利益眾生的善行，其中多少帶有一點貪心成分。雖然如此，依然屬於菩薩行，是菩薩該做的，符合菩薩戒的範疇，並不是菩薩不該做的。也就是說，不是屬於那種為了貪名聞利養、自讚毀他的貪，否則就是犯罪了。

「若諸菩薩憎諸有情，嫉諸有情，不能修行自他利行，作諸菩薩所不應作，作不應作，可得成犯。」如果菩薩行者從嗔心出發，嗔恨有情，嫉妒有情，因為這種嗔恨和嫉妒，不去修自利和利他的行為，同時還做了菩薩不該做的事，那就是犯罪了。

這是對菩薩戒中，關於貪心罪輕的解讀。

七、犯罪輕重之差別

又諸菩薩軟中上犯，如《攝事分》應當了知。

第七個問題，說明犯罪輕重的差別。

「又諸菩薩軟中上犯，如《攝事分》應當了知。」同樣是犯罪，還有犯輕和犯重的差別。軟是輕微的犯罪，中是中等的犯罪，上是嚴重的犯罪。關於三等的犯罪情況，《攝事分》從五個方面作了區分。

第一是從自性，即學處本身的差別來區分犯罪性質，是上品纏、中品纏還是下品纏。比如四十三輕戒就屬於下品。

第二是從犯罪的意樂，看來自什麼樣的煩惱。前面說過，犯罪分染違犯和非染違犯。即使在染違犯中，也分上中下，比如貪心有不同程度，嗔恨也有上等、中等、下等的區別，都是不一樣的。

第三是從毀犯時的心理狀態來分，用滿不在乎的心犯罪，屬於上等的違犯；因為猛利的煩惱，自己控制不住而犯罪，屬於中等的違犯；因為放逸、懈怠而犯罪，屬於下等的違犯。

第四是從犯罪的對象來分，比如殺生，如果出佛身血、殺父、殺母、殺阿羅漢，是上等的犯罪；殺同類屬於中等的犯罪；殺動物則是下等的犯罪。

第五是從所犯的次數來區分，同樣的犯罪行為，通過不斷串習，力量會越來越大。所以五次以下屬於下等，五次到十次屬於中等，再多了就是上等。

《攝事分》中，從不同角度對犯罪行為作了區分。

八、安樂住緣

如是菩薩依止一切自毗奈耶，勤學所學，便得成就三種圓滿，安樂而住。一者成就加行圓滿，二者成就意樂圓滿，三者成就宿因圓滿。云何名為加行圓滿？謂諸菩薩於淨戒中行無缺犯，於身語意清淨現行，不數毀犯，發露自惡，如是名為加行圓滿。云何名為意樂圓滿？謂諸菩薩為法出家，不為活命；求大菩提，非為不求；為求沙門，為求涅槃，非為不求。如是求者，不住懈怠下劣精進，不雜眾多惡不善法，雜染後有，有諸熾然眾苦異熟，當來所有生老病死，如是名為意樂圓滿。云何名為宿因圓滿？謂諸菩薩昔餘生中修福修善，故於今世種種衣服、飲食、臥具、病緣醫藥、資身什物，自無匱乏，復能於他廣行惠施，如是名為宿因圓滿。菩薩如是依毗奈耶勤學所學，成就如是三種圓滿，安樂而住。與此相違，當知成就三種衰損，危苦而住。

如是略廣宣說菩薩若在家品、若出家品一切戒已。自斯已後，即於如是一切戒中，分出所餘難行戒等差別之相，應當了知。

第八，我們要獲得身心安樂，應該具備什麼樣的因緣。

「如是菩薩依止一切自毗奈耶，勤學所學，便得成就三種圓滿，安樂而住。」毗奈耶，即戒律。菩薩依止菩薩戒的規範，精進學習，成就三種圓滿，這就使得菩薩可以安樂而住，成為安樂自在的菩薩。

「一者成就加行圓滿，二者成就意樂圓滿，三者成就宿因圓滿。」哪三種圓滿？一是成就加行圓滿，二是成就意樂圓滿，三是成就宿因圓滿。

「云何名為加行圓滿？謂諸菩薩於淨戒中行無缺犯，於身語意清淨現行，不數毀犯，發露自惡，如是名為加行圓滿。」什麼叫作加行圓滿？是說菩薩在持戒過程中如法如律，沒有任何缺犯。身語意都能保持清淨，如法地按菩薩戒去實踐，不會經常毀犯。即使偶爾毀犯，也能及時發露自身罪行，懺悔還淨。這就稱為加行圓滿。

「云何名為意樂圓滿？謂諸菩薩為法出家，不為活命；求大菩提，非為不求；為求沙門，為求涅槃，非為不求。」什麼叫作意樂圓滿？意樂就是發心、意願。作為菩薩行者，應該為了求法而出家，不是為了解決生計問題；應該發起願菩提心，以追求無上正等菩提為目標，不是不求菩提；應該為了證悟沙門果，為了追求涅槃和解脫，不是不追求解脫。

「如是求者，不住懈怠下劣精進，不雜眾多惡不善法，雜染後有，有諸熾然眾苦異熟，當來所有生老病死，如是名為意樂圓滿。」菩薩行者有崇高的精神追求，就不會落入懈怠及下劣的精進中，內心不會被惡不善法所染汙，不會因此染汙後有，引發輪迴。因為這些煩惱非常熾盛，會招感老病死的苦果。菩薩發心追求無上菩提，為此精進努力，使他不再陷入煩惱和輪迴，這就叫作意樂圓滿。

「云何名為宿因圓滿？謂諸菩薩昔餘生中修福修善，故於今世種種衣服、飲食、臥具、病緣醫藥、資身什物，自無匱乏，復能於他廣行惠施，如是名為宿因圓滿。」什麼叫作宿因圓滿？因為過去修福修慧，種下圓滿善因，使菩薩在現生修行中具足資糧。對生活所需的衣服、飲食、臥具、醫藥、生活用品等，不僅自己沒有任何匱乏，同時還有能力廣行布施，幫助大眾。就像維摩詰居士，就是當時最富有的長者之一。這就是宿因圓滿，有大福報。

「菩薩如是依毗奈耶勤學所學，成就如是三種圓滿，安樂而住。與此相違，當知成就三種衰損，危苦而住。」菩薩行者依毗奈耶精進修學，努力踐行三聚淨戒，最後才能成就三種圓滿，安樂而住。如果反其道而行之，不能精進持戒，將不能成就三種圓滿，從加行、意樂到宿因都不圓滿，而且會造成三種衰損，落入痛苦中。

「如是，略廣宣說菩薩若在家品、若出家品一切戒已。自斯已後，即於如是一切戒中，分出所餘難行戒等差別之相，應當了知。」以上，廣泛宣說了在家和出家的菩薩戒，總的來說，就是三聚淨戒，也叫一切戒。其中包含菩薩的一切學處。在接下來的內容中，從一切戒中又分出難行戒、善士戒、一切總戒等差別。這些都是根據戒的特徵，從不同角度加以區分，是對一切戒的補充說明，並沒有超出三聚淨戒的範疇。

第四章　釋其差別

所謂釋其差別，就是從不同角度再次介紹三聚淨戒的內容。這部分共分七節，分別是難行戒、一切門戒、善士戒、一切種戒、遂求戒、此世他世樂戒、清淨戒。

第一節　難行戒

云何菩薩難行戒？當知此戒略有三種。

「云何菩薩難行戒？當知此戒略有三種。」什麼是菩薩難行戒？這一部分說明，在實踐菩薩戒的過程中，有三種難行的情況。

一、第一難行

謂諸菩薩現在具足大財大族、自在增上，棄捨如是大財大族、自在增上，受持菩薩淨戒律儀，是名菩薩第一難行戒。

第一種難行，為難行能行。

「謂諸菩薩現在具足大財大族、自在增上，棄捨如是大財大族、自在增上，受持菩薩淨戒律儀，是名菩薩第一難行戒。」作為菩薩行者，當下就擁有非常多的財富，同時擁有特殊的身分、地位、權力，現在他主動捨棄已經擁有的這一切，實踐菩薩戒，做利益眾生的事業。這就稱為菩薩第一難行戒。對於初發心菩薩來說，當前還是凡夫，難免有貪著之心，所以要捨棄世間的這一切並不容易。

二、第二難行

又諸菩薩受淨戒已，若遭急難乃至失命，於所受戒尚無少缺，何況全犯，是名菩薩第二難行戒。

第二種難行，是寧失生命，不違淨戒。

「又諸菩薩受淨戒已，若遭急難乃至失命，於所受戒尚無少缺，何況全犯，是名菩薩第二難行戒。」作為菩薩行者，即使遇到再大災難，甚至連命都保不住，在這樣的情況下，依然還能維護戒律。因為他把戒律看得比命更重要，絲毫都不違犯，何況全犯。面對命難都能守護戒律，也是有難度的，因為命是我們今生擁有的最寶貴的東西。

三、第三難行

又諸菩薩如是如是遍於一切行住作意，恆住正念，常無放逸，乃至命終，於所受戒無有誤失，尚不犯輕，何況犯重，是名菩薩第三難行戒。

第三難行，是從不違犯。

「又諸菩薩如是如是遍於一切行住作意，恆住正念，常無放逸，乃至命終，於所受戒無有誤失，尚不犯輕，何況犯重，是名菩薩第三難行戒。」如是如是，即如此這般。作為菩薩行者，在一切行住坐臥中，時時都能安住持戒的正念，沒有絲毫放逸。即使臨命終時，也沒有任何犯戒行為。菩薩連輕戒都不犯，何況重戒呢？也就是說，受戒後時時安住在持戒的正念中，持之以恆，始終如一，這也是難以做到的。

第二節　一切門戒

云何菩薩一切門戒？當知此戒略有四種：一者正受戒，二者本性戒，三者串習戒，四者方便相應戒。正受戒者，謂諸菩薩受先所受三種菩薩淨戒律儀，即律儀戒、攝善法戒、饒益有情戒。本性戒者，謂諸菩薩住種性位，本性仁賢，於相續中身語二業，恆清淨轉。串習戒者，謂諸菩薩昔餘生中，曾串修習如先所說三種淨戒，由宿因力所住持故，於現在世一切惡法不樂現行，於諸惡法深心厭離，樂修善行，於善行中深心欣慕。方便相應戒者，謂諸菩薩依四攝事，於諸有情身語善業恆相續轉。

一切門戒說明，有四種戒能幫助我們契入三聚淨戒之門。具備這些基礎，使我們能如法地實踐三聚淨戒。

「云何菩薩一切門戒？當知此戒略有四種：一者正受戒，二者本性戒，三者串習戒，四者方便相應戒。」什麼是菩薩一切門戒？概括地說有四種。一是正受戒，二是本性戒，三是串習戒，四是方便相應戒。下面具體解釋。

「正受戒者，謂諸菩薩受先所受三種菩薩淨戒律儀，即律儀戒、攝善法戒、饒益有情戒。」第一是正受戒，當行者想要踐行菩薩戒，首先要正式受持三種淨戒，即攝律儀戒、攝善法戒、饒益有情戒。因為受戒是持戒的基礎，沒有受戒，就說不上持戒。

「本性戒者，謂諸菩薩住種性位，本性仁賢，於相續中身語二業，恆清淨轉。」第二是本性戒，這和唯識思想有關。《瑜伽師地論》說，具有菩薩種性是成為菩薩的前提，也是實踐菩薩戒的生命基礎。所謂本性戒，即具備菩薩種性的人，本身就很仁賢，天性富有愛心。而且不易犯錯。因為在他的心相續中，身語二業始終都能保持清淨。一個人的天性很重要，直接決定了他能不能有效持戒。如果他是菩薩種性，就容易持好菩薩戒；如果他是聲聞種性，就容易持好聲聞戒。

「串習戒者，謂諸菩薩昔餘生中，曾串修習如先所說三種淨戒，由宿因力所住持故，於現在世一切惡法不樂現行，於諸惡法深心厭離，樂修善行，於善行中深心欣慕。」第三是串習戒。串習就像一大堆東西串在一起，當行為被不斷重複，就會形成習慣，成為心理力量。如果菩薩曾在過去生中不斷修三種淨戒，在宿世串習力的影響和主導下，現世就會深深厭惡一切惡法。同時，會發自內心地喜歡攝善法戒、饒益有情戒等善行，對此充滿嚮往之心。生命是無盡的積累，每個人都會在積累中形成不同串習，影響我們的生活。這是我們能否持好戒的重要力量。

「方便相應戒者，謂諸菩薩依四攝事，於諸有情身語善業恆相續轉。」第四是方便相應戒，指四攝，這是菩薩利益眾生的方便。有了這種方便，菩薩就能不斷利益有情，他的身語善業就能不斷相續利他行。

這四種戒，可以幫助我們契入一切菩薩戒之門。

第三節　善士戒

云何菩薩善士戒？當知此戒略有五種，謂諸菩薩自具尸羅，勸他受戒，讚戒功德，見同法者深心歡喜，設有毀犯，如法悔除。

第三節是善士戒。

「云何菩薩善士戒？當知此戒略有五種。」什麼叫作菩薩善士戒？概括地說共有五種，依菩薩成為善士的特徵而建立。這五種行為能使菩薩斷除沒有利益的事，成就一切利益的事情，從而成為善士。

「謂諸菩薩自具尸羅。」哪五種行為呢？一是自具尸羅，你已經受戒，而且能如法持戒。

「勸他受戒。」二是勸他受戒。我們認識到菩薩戒的功德，從菩薩戒的實踐中得到利益，就希望更多眾生走上菩提道，實踐菩薩行，所以要勸人受戒。

「讚戒功德。」三是讚戒功德。三聚淨戒的內容非常殊勝，世間沒有比此更高尚的道德，能按這樣去實踐，確實能幫助我們走上菩薩道，成為偉大的菩薩行者。

「見同法者深心歡喜。」四是看到同樣的菩薩行者非常歡喜。社會上講同行相輕，但菩薩行者不存在這個問題。當然，如果你還有凡夫心，有我執我見，也難免有這種現象。如果你是真正的菩薩行者，一定不會同行相輕。正相反，看到別人實踐菩薩道，弘揚菩薩精神，會無比歡喜。這是作為菩薩非常重要的素養。我們自己受益了，就希望別人也能從中受益。

「設有毀犯，如法悔除。」五是一旦犯戒，立刻如法地悔罪。菩薩戒的懺悔比較簡單，比起比丘戒，手續上簡單得多。

第四節　一切種戒

論曰：「云何菩薩一切種戒？當知此戒以要言之，六種七種總十三種。言六種者：一迴向戒，迴向大菩提故；二廣博戒，廣攝一切所學處故；三無罪歡喜處戒，遠離耽著欲樂、自苦二邊行故；四恆常戒，雖盡壽命，亦不棄捨所學處故；五堅固戒，一切利養、恭敬、他論、本隨煩惱不能伏故，不能奪故；六尸羅莊嚴具相應戒，具足一切戒莊嚴故。尸羅莊嚴，如《聲聞地》應知其相。言七種者：一止息戒，遠離一切殺生等故；二轉作戒，攝一切善故，饒益有情故；三防護戒，隨護止息、轉作戒故；四大士相異熟戒；五增上心異熟戒；六可愛趣異熟戒；七利有情異熟戒。」

第四節是一切種戒。

「論曰：云何菩薩一切種戒？當知此戒以要言之，六種七種總十三種。」什麼是菩薩的一切種戒？概括地說共有十三種，包括前六種和後七種。二者的側重點不同，前六種主要說明菩薩戒所具備的功德，後七種主要說明菩薩戒的自性，以及不同結果的差別。

「言六種者：一迴向戒，迴向大菩提故。」先講前六種。一是迴向戒。修習菩薩戒最終都要導向無上菩提，以佛果作為修行的最終目標，從這個角度來說，叫作迴向戒。

「二廣博戒，廣攝一切所學處故。」二是廣博戒。菩薩戒具有廣闊和博大精深的特點。為什麼說它又廣又博？因為菩薩的三聚淨戒廣泛攝受了一切學處，包括止惡和行善，包括自利和利他。

「三無罪歡喜處戒，遠離耽著欲樂、自苦二邊行故。」三是無罪歡喜處戒。菩薩戒可以幫助我們遠離貪著欲樂和自苦其身的兩種極端修行，是一種中道行。

「四恆常戒，雖盡壽命，亦不棄捨所學處故。」四是恆常戒。聲聞戒的有效期是盡形壽，而菩薩戒的有效期是盡未來際。恆常是說明菩薩戒的永久性，即使這期生命結束，菩薩戒體還是有效的。如果我們過去受了菩薩戒，今生再受的話，其實不是新受，而是激發過去所受的戒。

「五堅固戒，一切利養、恭敬、他論、本隨煩惱不能伏故，不能奪故。」五是堅固戒。如果我們努力踐行菩薩戒，安住於此，就不會被一切利養、恭敬、外道言論，以及自身的根本煩惱和隨煩惱障礙，更不會被它們戰勝。

「六尸羅莊嚴具相應戒，具足一切戒莊嚴故。尸羅莊嚴，如《聲聞地》應知其相。」六是尸羅莊嚴具相應戒，和戒的莊嚴相應。菩薩戒具足了一切戒的功德和莊嚴。關於戒的莊嚴，《聲聞地》中有詳細介紹，這裡就不展開說明了。

以上六種，根據菩薩戒的德行特徵來說明。接下來的七種戒中，前三種是根據戒的自性歸納，後四種是根據戒所招感的結果歸納。

「言七種者：一止息戒，遠離一切殺生等故。」七種戒中，一是止息戒，即止持，要嚴格制止某些行為。菩薩戒具有止息的特徵，通過受持攝律儀戒，可以止息並遠離殺生等一切不善行。

「二轉作戒，攝一切善故，饒益有情故。」二是轉作戒，即作持。在三聚淨戒中，攝律儀戒屬於止持，攝善法戒和饒益有情戒屬於作持，應該積極踐行，不僅要修習一切善法，還要饒益一切有情。

「三防護戒，隨護止息、轉作戒故。」三是防護戒，這是建立在止息戒和轉作戒的基礎上，對止持和作持的戒加以防護。凡是止持戒就不要做，作持戒就積極地做。

後四條，是從菩薩戒招感的結果來說。

「四大士相異熟戒。」四是大士相異熟戒。異熟，即結果；大士相，即大菩薩的相好莊嚴。也就是說，受持菩薩戒能成就菩薩特有的相好莊嚴。

「五增上心異熟戒。」五是增上心異熟戒。增上心是指受持菩薩戒，能引發禪定的功德，即通常所說的由戒生定。從這個角度說，這些戒叫作增上心異熟戒。

「六可愛趣異熟戒。」六是可愛趣異熟戒。可愛趣，指人天乘的良好結果和福報。這樣的結果，也是由受持菩薩戒感得的。

「七利有情異熟戒。」七是利有情異熟戒。受持菩薩戒，能成就利益眾生的結果。

綜上所述，一切種戒是從自性和功德兩個角度，說明戒的差別。

第五節　遂求戒

云何菩薩遂求戒？當知此戒略有八種。謂諸菩薩自諦思惟：如我希求，勿彼於我現行斷命、不與而取、穢欲邪行、虛妄、離間、粗惡、綺語、手塊杖等諸非愛觸加害於我。我求是已，他若相違而現行者，我求不遂，我意不悅。如我希求，他亦如是。勿我於彼現行斷命，廣說乃至惡觸加害。彼求是已，我若相違而現行者，彼求不遂，彼意不悅。我之所作，若有令他所求不遂意、不悅者，何現行為？菩薩如是審思惟已，命難因緣亦不於他現行八種所求不遂、不悅意事。如是八種，說名菩薩遂求戒。

第五節是遂求戒。

「云何菩薩遂求戒？當知此戒略有八種。」遂求，即希求。但這裡的希求，不是通常所說的希望，而是依自己不想要的內容建立菩薩戒，類似古人的「己所不欲，勿施於人」。有哪八種呢？

「謂諸菩薩自諦思惟：如我希求，勿彼於我現行斷命、不與而取、穢欲邪行、虛妄、離間、粗惡、綺語、手塊杖等諸非愛觸加害於我。」菩薩想到：正如我所希求的那樣，別人不要殺害我，不要偷盜或非法占有我的物品，不要對我或家人有不正當性行為，不要對我打妄語，不要對我說離間語、粗惡語、綺語，也不要用手腳、石頭、棍棒等打我。總之，不希望別人用不良行為對待我，不希望這些事發生在我身上。

「我求是已，他若相違而現行者，我求不遂，我意不悅。」我有這些願望，如果別人不這麼做，還是對我非理加害，我就達不到自己的願望，會不高興。事實上，任何人被侵犯之後都會不開心，不歡喜。

「如我希求，他亦如是。勿我於彼現行斷命，廣說乃至惡觸加害。」將心比心，就像我們希望的那樣，別人也如是希望：不要讓我被殺、被盜，不要讓我遇到前面所說的種種惡行，不要被這些行為加害。

「彼求是已，我若相違而現行者，彼求不遂，彼意不悅。」當對方生起這些願望，而我們違背了對方的願望，做出傷害他們的行為，就意味著，他們不能滿足自己的所求，就會因此不高興。我們不希望被人傷害，否則就不高興。同樣的，別人也不希望被我們傷害，受到傷害後同樣會不高興。

「我之所作，若有令他所求不遂意、不悅者，何現行為？」如果我的所作所為讓對方不高興，和對方的希望相違背，怎麼可以去做呢？當然不能也不該去做。

「菩薩如是審思惟已，命難因緣亦不於他現行八種所求不遂、不悅意事。」菩薩行者通過這樣的智慧審視，即使遇到生命危險，也絕不做出任何傷害眾生的事。這裡概括了八種己所不欲的事，其實泛指一切會讓眾生受到傷害的行為。

「如是八種，說名菩薩遂求戒。」以上概括的八種，就稱為菩薩遂求戒。所謂遂求，是菩薩通過將心比心，滿足眾生的需求，不和眾生的正常意願相違，不做讓眾生不歡喜的事。

第六節　此世他世樂戒

云何菩薩此世他世樂戒？當知此戒略有九種。謂諸菩薩為諸有情，於應遮處而正遮止；於應開處而正開許；是諸有情應攝受者正攝受之；應調伏者正調伏之。菩薩於中身語二業常清淨轉，是則名為四種淨戒。復有所餘施、忍、精進、靜慮、般若波羅蜜多俱行淨戒則為五種。總說名為九種淨戒。如是菩薩所有淨戒，能令自他現法後法皆得安樂，是故說名菩薩此世他世樂戒。

第六節是此世他世樂戒。

「云何菩薩此世他世樂戒？當知此戒略有九種。」什麼是菩薩此世他世樂戒？就是能引發這一世和下一世安樂的戒律。關於這個內容歸納為九種。

「謂諸菩薩為諸有情，於應遮處而正遮止。」這裡先講到四種。其一，菩薩行者為了利益有情，對於應該制止的行為就要制止。比如有些不善行會引發痛苦的結果，就應該遮止；有些行為會影響菩薩在世人心目中的形象，也應該護世譏嫌，不再去做。

「於應開處而正開許。」其二，某些行為會帶來利益和快樂的結果，菩薩就應該積極地做。包括前面講到的，在特殊情況下，有些性戒也應該開許。

「是諸有情應攝受者正攝受之。」其三，對那些有意願踐行菩薩戒的有情，菩薩行者應該如法地攝受對方。

「應調伏者正調伏之。」其四，對那些應該調伏的犯戒有情，也要如法地折伏對方，該批評的就批評，該處罰的就處罰。

「菩薩於中身語二業常清淨轉，是則名為四種淨戒。」菩薩能這樣在身語二業中清淨而行，就叫作四種淨戒。

「復有所餘施、忍、精進、靜慮、般若波羅蜜多俱行淨戒則為五種。」此外，還有和布施、忍辱、精進、靜慮、般若俱行的五種淨戒。所謂俱行淨戒，是建立在布施、忍辱、精進、靜慮、般若基礎上的戒律。我們知道在菩薩戒中，有的是根據布施安立的，有的是根據忍辱安立的，有的是根據精進、靜慮、般若安立的。所有這些規範，都是為了幫助我們實踐菩薩行，是菩薩行的保障。

「總說名為九種淨戒。」和五度相應的戒律有五種，加上前面所說的四種，此世他世樂戒共有九種。

「如是菩薩所有淨戒，能令自他現法後法皆得安樂，是故說名菩薩此世他世樂戒。」如果菩薩實踐這些淨戒的話，就能讓自己和他人，從今生到來生都得到安樂。從這個角度說，這九條就被稱為菩薩此世他世樂戒。

第七節　清淨戒

云何菩薩清淨戒？當知此戒略有十種。一者初善受戒，唯為沙門三菩提故，非為命故。二者不太沉戒，於違犯時遠離微薄生悔愧故，及不太舉戒，遠離非處生悔愧故。三者離懈怠戒，於睡眠樂、倚樂、臥樂不耽著故，晝夜勤修諸善品故。四者離諸放逸所攝受戒，修習如前所說五支不放逸故。五者正願戒，遠離利養恭敬貪故，不願生天，而自要期修梵行故。六者軌則具足所攝受戒，於諸威儀所作眾事，善品加行妙善圓滿，如法身語正現行故。七者淨命具足所攝受戒，離矯詐等一切邪命過失法故。八者離二邊戒，遠離受用欲樂、自苦二邊法故。九者永出離戒，遠離一切外道見故。十者於先所受無損失戒，於先所受菩薩淨戒無缺減故，無破壞故。如是十種，是名菩薩清淨戒。

第七節是清淨戒。菩薩戒的實踐，可以成就清淨的特徵。

「云何菩薩清淨戒？當知此戒略有十種。」什麼是菩薩清淨戒？可以從十個方面的實踐，來體現清淨的特點。

「一者初善受戒，唯為沙門三菩提故，非為命故。」第一，受戒之初的發心如法，確實是為了成就三種菩提而受戒，而不是為了生存。三菩提，即聲聞菩提、緣覺菩提、無上菩提。

「二者不太沉戒，於違犯時遠離微薄生悔愧故，及不太舉戒，遠離非處生悔愧故。」第二，心不是因為沉溺在犯戒或不良串習中而缺乏力量。微薄，就是不把犯戒看得太嚴重，不當作一回事，雖然也有慚愧心，但只是一點點。如果持戒的意識很強，當他稍微有所違犯時，就會生起極大的慚愧心。所以要認識到戒的重要性，培養持戒的意識，這是持好戒的基礎。不太舉戒，就是過分警覺，甚至過分躁動，搞得草木皆兵，即使沒犯戒也以為犯了戒，隨時隨地都感覺自己在犯戒，明明沒錯還在懺悔。這也是菩薩行者應該避免的。換言之，要遠離兩邊，既不能不把戒當回事，也不能過分緊張，使內心失去平靜。應該對戒保持適度的警覺，犯戒後立刻心生慚愧，如法懺悔。

「三者離懈怠戒，於睡眠樂、倚樂、臥樂不耽著故，晝夜勤修諸善品故。」第三是遠離懈怠。如果不貪著睡眠的快樂，也不貪著躺著、靠著的快樂，就能夜以繼日地精進修習善法。這是屬於攝善法戒，能勤修善法。

「四者離諸放逸所攝受戒，修習如前所說五支不放逸故。」第四是遠離放逸所攝受的戒。放逸就是放縱串習，放縱貪嗔痴，會影響到我們持戒，產生犯戒乃至破戒的行為。只有遠離放逸，才能有效持戒，從攝律儀戒、攝善法戒到饒益有情戒都是如此。必須遠離放逸，才能安住在持戒的正知正念中，保持戒的如法清淨。前面說到五支不放逸，這是需要修習的。

「五者正願戒，遠離利養恭敬貪故，不願生天，而自要期修梵行故。」第五是正願。持戒要建立正確的願力，遠離對利養、恭敬的貪著，也不是為了生天才持戒，而是為了讓自己保持清淨的身心。這是我們修習梵行、邁向解脫的重要基礎。

「六者軌則具足所攝受戒，於諸威儀所作眾事，善品加行妙善圓滿，如法身語正現行故。」第六是按照戒律的規範，如法地生活，如法地行住坐臥，如法地修種種善行。在菩薩戒中，就是指攝律儀戒、攝善法戒、饒益有情戒的行為軌則。作為菩薩行者，從外在威儀到所做的各種善事都清淨如法，乃至達到圓滿。總之，身口意三業完全按照戒的規則去實踐。

「七者淨命具足所攝受戒，離矯詐等一切邪命過失法故。」第七是淨命具足，即具有正當的謀生手段，否則就會使戒不清淨，甚至犯戒。什麼才是清淨的戒？就要遠離矯詐等一切邪命和過失。

「八者離二邊戒，遠離受用欲樂、自苦二邊法故。」第八是遠離二邊，包括行為、生活上的二邊，既不貪著受用欲樂，也不自苦其身，而是建立中道的生活。

「九者永出離戒，遠離一切外道見故。」第九是能導向出離。這就需要以正見為基礎，遠離一切邪知邪見，由此成就解脫的修行。

「十者於先所受無損失戒，於先所受菩薩淨戒無缺減故，無破壞故。」第十是對於前面所受的菩薩戒沒有損失，可以圓滿地受持，沒有任何毀犯。

「如是十種，是名菩薩清淨戒。」這十種就叫作菩薩清淨戒。

菩薩行者在持戒過程中，必須遠離十種過失，成就清淨戒。

第五章　尸羅勝利

如是菩薩大尸羅藏，能起當來大菩提果。謂依此故，菩薩淨戒波羅蜜多得圓滿已，現證無上正等菩提。乃至未證無上菩提，依此無量菩薩戒藏正勤修習，常能獲得五種勝利。一者常為十方諸佛護念。二者將捨命時，住大歡喜。三者身壞已後，在在所生，常與淨戒若等若增諸菩薩眾為其同分，為同法侶，為善知識。四者成就無量大功德藏，能滿淨戒波羅蜜多。五者現法後法常得成就自性淨戒，戒成其性。

第五章是尸羅勝利。實踐菩薩戒能給我們帶來什麼樣的殊勝利益？通常來說有兩種，一是究竟利益，一是現實利益。

「如是菩薩大尸羅藏，能起當來大菩提果。謂依此故，菩薩淨戒波羅蜜多得圓滿已，現證無上正等菩提。」大尸羅藏，即菩薩的三聚淨戒。受持這些戒律，能導向無上菩提之果。因為布施、持戒、忍辱、精進、禪定、般若六度，是六種到彼岸的途徑。通過三聚淨戒的實踐，就能圓滿菩薩戒，圓滿六波羅蜜，同時也能使我們成就無上正等菩提。這是戒給我們帶來的究竟利益。

「乃至未證無上菩提，依此無量菩薩戒藏正勤修習，常能獲得五種勝利。」而在證悟無上菩提之前，我們只要依菩薩戒去實踐，就能獲得五種殊勝利益。

「一者常為十方諸佛護念。」其一，菩薩行者受持菩薩戒時，會得到十方諸佛的攝受和護念。因為菩薩的發心、行為和十方諸佛相通，所以這種護念是自然感應。並不是說，你受了菩薩戒，佛菩薩就特別關照你；不受菩薩戒，佛菩薩就不管。

「二者將捨命時，住大歡喜。」其二，菩薩行者臨命終時，會安住在大歡喜中，充滿安樂地離開這個世界。

「三者身壞已後，在在所生，常與淨戒若等若增諸菩薩眾為其同分，為同法侶，為善知識。」其三，此期生命結束之後，無論未來生到哪裡，都能和同樣受持菩薩戒，或是比你持戒更圓滿的菩薩眾共同修學，或是成為法侶，或是依止他作為善知識。也就是說，因為認真持戒的關係，未來會招感很多菩提道上的夥伴。

「四者成就無量大功德藏，能滿淨戒波羅蜜多。」其四，能成就無量大功德藏，即佛果的大慈悲、大智慧，以及種種遊戲神通。同時在持戒過程中，使你的淨戒逐步圓滿。

「五者現法後法常得成就自性淨戒，戒成其性。」其五，今生和未來生中，因為受持戒律的串習，可以成就自性淨戒。戒律不僅會成為你的行為規範，還會成就你的人格。這就意味著，你會成為戒的化身。

這是持戒所成就的五種殊勝利益。

第六章　尸羅總攝

> 如是，如上所說一切、自性戒等九種尸羅，當知三種淨戒所攝，謂律儀戒、攝善法戒、饒益有情戒。

第六章是尸羅總攝，屬於最後的總結。前面講到，戒波羅蜜共分九門，分別是自性戒、一切戒、難行戒、一切門戒、善士戒、一切總戒、遂求戒、此世他世樂戒、清淨戒。其中，自性戒是說戒的自體；一切戒是以三聚淨戒涵括菩薩戒的一切內容；其他七門是在三聚淨戒的基礎上，從不同角度說明戒的差別。

「如是，如上所說一切、自性戒等九種尸羅，當知三種淨戒所攝，謂律儀戒、攝善法戒、饒益有情戒。」總之，以上所說的一切戒、自性戒等九種戒，不外乎是三聚淨戒，即攝律儀戒、攝善法戒、饒益有情戒。換言之，三聚淨戒囊括了菩薩戒的所有內容，是整個菩薩戒的重心。

四重四十三輕戒，也是建立在三聚淨戒的基礎上，幫助我們實踐三聚淨戒。這個總結再次強調，我們需要從三聚淨戒出發，去理解一切菩薩戒。

第七章　尸羅所作

如是三種菩薩淨戒，以要言之，能為菩薩三所作事。謂律儀戒能安住其心，攝善法戒能成熟自佛法，饒益有情戒能成熟有情。如是總攝一切菩薩所應作事，所謂欲令現法樂住，安住其心，身心無倦，成熟佛法，成熟有情。如是菩薩唯有爾所菩薩淨戒，唯有爾所淨戒勝利，唯有爾所淨戒所作，除此無有若過若增。過去菩薩求大菩提，已於中學；未來菩薩求大菩提，當於中學；普於十方無邊無際諸世界中，現在菩薩求大菩提，今於中學。

第七章是尸羅所作，說明受持菩薩戒的作用是什麼，要達到什麼樣的具體目的。

「如是三種菩薩淨戒，以要言之，能為菩薩三所作事。」這樣的三種菩薩淨戒，簡單地歸納，能為菩薩道修行完成三方面的事。

「謂律儀戒能安住其心，攝善法戒能成熟自佛法，饒益有情戒能成熟有情。」其中，攝律儀戒能阻止不善行的發生，阻止貪嗔痴不善串習的延續，使菩薩行者安住其心。攝善法戒是通過修習善法，使我們成就無上菩提，偏向自己的成就。饒益有情戒是從各個方面利益眾生，偏向對眾生的成就。在菩薩道修行中，包含自成熟和他成熟，一方面要成就自己，一方面要成就眾生。當然，成就自己和成就眾生無法絕對分開，而是彼此增上的，所謂區分只是相對的。

「如是總攝一切菩薩所應作事，所謂欲令現法樂住，安住其心，身心無倦，成熟佛法，成熟有情。」如此，總的概括菩薩該做的事，無非是這些內容。首先要讓自己現法樂住，當下就從踐行佛法中得到法喜，安住於法，安住於菩提道，使自己的身心不會疲倦。這樣才有能力成就無上菩提，進而成就眾生。

「如是菩薩唯有爾所菩薩淨戒，唯有爾所淨戒勝利，唯有爾所淨戒所作，除此無有若過若增。」菩薩奉行的戒律主要是三聚淨戒，其殊勝利益有兩個方面，一是究竟利益，二是現實利益。其作用則分三種：以攝律儀戒安住其心，以攝善法戒成就自己，以饒益有情戒成就眾生。這是對三聚淨戒的概括性說明。除了這些，並沒有更多的內容。

「過去菩薩求大菩提，已於中學；未來菩薩求大菩提，當於中學；普於十方無邊無際諸世界中，現在菩薩求大菩提，今於中學。」過去的菩薩行者為了成就無上菩提，已經按這些戒律去學習，去實踐，走在菩提道上。未來的菩薩行者為了走上菩提道，成就無上菩提，也要按這些戒律去學習，去實踐。現在十方世界的菩薩行者，為了走上菩提道，成就無上菩提，也必須按這些戒律去學習，去實踐。

所以說，三聚淨戒是菩薩道的普世規範，不論過去、現在、未來的菩薩行者，都必須學習並實踐這些內容。所謂普世性的道德規範，即不論在哪個時空都適用。在印度適用，在中國也適用。這和聲聞戒還不太一樣，因為毗奈耶是因緣所顯，每條戒都有特定的文化和時代背景，但菩薩戒是根據菩薩道修行的普遍性而建立，不會過時。

學習菩薩戒，絕不是簡單聽一下課就能真正理解、領會並接受的。對於戒律的內容，以及菩薩行者的德行，課後還要進一步思惟。對於攝律儀戒、攝善法戒、饒益有情戒，以及依此建立的四重四十三輕戒，每一點都要深入思考，直到發自內心地接受它。

「瑜伽菩薩戒」的內容非常豐富，我給你們講課，也要花不少時間去研究。在學修過程中，發自內心地認識到這些內容的殊勝。從你們現在的學習來說，只是被動地聽著，課後有沒有進一步聞思？三級修學模式中，提倡「理解、接受、運用」。學員對每個內容都要聽三遍以上，有的會聽五六遍、七八遍甚至更多。通過反覆聽聞、做筆記，然後結合人生思考，才能學得深入。在這方面，我覺得佛學院教學有些薄弱。當然這和課程太多有一定關係，也和自己用功不足有一定關係，使得學習流於表面，淺嘗輒止。

你們雖然是專業學習，但一方面學得比較雜，一方面可能用心不夠。這樣的話，對法義就沒多少感覺。所以我建議大家，要反覆聽講課影音，適當看一些菩薩戒的參考資料。對於每一條戒，都要領會它的精神和修行意義，只有真正理解、接受之後，才談得上運用。

關於學佛的態度模式，我們提出了「真誠、認真、老實」，這是根據大眾修學現狀總結的。很多人為什麼學不好？原因就是自以為是，在態度上不真誠、不認真、不老實，在方法上缺乏理解、接受、運用，東學西學，東看西看，最後聰明反被聰明誤。即使一些很有學問的人，靠自己的小聰明，也不容易學到位。把佛法智慧理解透徹，不僅要有多年的功夫，還要有一定的實踐，否則往往是在不斷試錯。最好的捷徑，就是老老實實地選擇一個權威教材，反覆聽聞，反覆思惟，將別人探索後的理解，直接轉化為自己的觀念。

在三級修學學員中，有的之前學了十幾年甚至更多，但未必有什麼優勢，因為他們往往有自己的串習；而有些剛進來的小白，能真誠、認真、老實地投入，反而更容易學好。所以關鍵不在於你的前期積累，而在於當下的態度和方法。如果本身的根機不夠，又不夠努力，還不肯老實，最後肯定是學不好的。努力並不是蠻幹，而是要依止善知識，有方法，有善巧。我們這裡的氛圍，在佛法修學上探索的思路、模式，以及和時代的連線性，都是不可多得的，關鍵在於你們自己。

學習必須有主動性，被動是學不好的。在此過程中，分享非常重要。通過對所學內容的交流，一是可以加深自己對法義的理解；二是在分享心得的同時，對別人是一種觸動，會形成互相增上的氛圍；三是可以鍛鍊口才，很多人本來不太會講話，尤其不會在公共場合講話，通過這些鍛鍊，就學會了表達。現在西方一些高校的教育也是討論式的，導師主要起到評判的作用。

希望大家逐步養成交流的習慣，從被動學習到主動學習，從到處涉獵到一門深入。一方面自己學好並踐行佛法，一方面培養面向社會弘法的能力。我們是佛法的住持者，要有內修外弘的責任感和使命感。

受持瑜伽菩薩戒的意義

漢傳佛教屬於大乘，多數出家人是依「三壇正範」的傳統受戒，在一個戒期內受完沙彌戒、比丘戒、菩薩戒。對在家居士來說，也往往以受菩薩戒為標配。但是否對菩薩戒有明確認識，是否有能力踐行？其實未必。怎麼使菩薩戒落到實處？我在弘揚菩提心教法的同時，還宣講《瑜伽菩薩戒品》，並根據其中要求編寫了菩薩戒的傳授儀軌，為四眾傳授瑜伽菩薩戒。希望大家在明確菩薩戒的意義和要求後，如法受持，努力踐行，成為心行一致的大乘佛子。本文是為三級修學學員的授戒記錄，包含儀軌和受戒意義的開示。

一、請師

大德一心念，弟子某甲今請大德傳授瑜伽菩薩戒，願大德為我傳授瑜伽菩薩戒。我依大德故，得受瑜伽菩薩戒，慈愍故。（三說）

二、唱爐香讚

爐香乍爇，法界蒙熏。諸佛海會悉遙聞，隨處結祥雲。誠意方殷，諸佛現全身。南無香雲蓋菩薩摩訶薩！（三稱）

三、戒師開示

今天是觀音菩薩聖誕，我們在這個殊勝而吉祥的日子受菩薩戒，有著特殊的意義。受菩薩戒就是學做菩薩，而菩薩最重要的特質是慈悲。尤其觀音菩薩，更是大慈大悲的典範。

大家有這份發心，既是多生累劫的善根福德因緣，也是通過多年修學，對人生有了清晰的定位，深刻認識到輪迴本質是痛苦的，以貪嗔痴為基礎的生命是沒有出路的。如果不能擺脫這種狀態，只會帶來無盡的痛苦。同時我們還看到，每個生命都有覺悟潛質，蘊含與十方諸佛無二無別的品質。我們嚮往這樣的品質，希望以佛菩薩為楷模，斷除煩惱，成就他們那樣的功德。推己及人，還要想到六親眷屬，乃至一切眾生，同樣深陷無明、煩惱、迷惑中，無法自拔。所以我們不僅是為了自己修行，還要幫助眾生走出惑業泥潭，走向生命覺醒。

大家在此受菩薩戒，是看清生命現狀之後作出的選擇。而不像有些信眾，聽到大家說菩薩戒殊勝，就跟風受一受，卻不清楚這個身分意味著什麼，具有什麼內涵。自然也就不知道，受戒前要做哪些心理準備，受戒後又該如何落到實處。

我們此前已受過菩提心戒，這點特別重要，意味著對菩薩道已經有了明確選擇。社會上有句話，叫作「選擇比努力更重要」。當然這不是否定努力，而是突出選擇的作用。因為選擇是需要智慧的，如果選擇出錯，越努力，越是南轅北轍。大千世界，芸芸眾生，或從政經商，或研究科學，或從事藝術，有才華的人比比皆是，努力的人更比比皆是。但如果沒有佛法指引，就看不清生命真相，只能在貪嗔痴中忙來忙去。這樣的生命是看不到希望的。

發菩提心，是對生命作出最有價值的選擇，同時也意味著，對法界眾生作出承諾：不僅自己走向覺醒，還要帶領眾生走向覺醒，以此作為盡未來際的使命。這是莊嚴的承諾，更是偉大的承擔。所以當我們真正發起菩提心時，法界都會為之震動，十方諸佛都會為之歡喜。這是受持菩薩戒的重要基礎。我經常說，很多人雖然受了菩薩戒，但既沒有菩提心，也生不起慈悲心，結果成了假冒偽劣的菩薩。

菩薩的內涵是智慧和慈悲。有智慧，我們才有能力拯救自己；有慈悲，我們才會願意幫助他人，否則對眾生是無感的，更談不上幫助。三級修學正是圍繞智慧和慈悲，施設明確的路線和方法，還有一群夥伴共同前行。雖然菩薩道充滿艱辛，但在我們營造的良好氛圍中，可以彼此增上，相互激勵。

菩提心，包括願菩提心、行菩提心和勝義菩提心。願菩提心，是發自內心的真切願望。行菩提心，是在願心引導下，受菩薩戒，行菩薩行。我們學過《道次第》，上士道安立的六度四攝，就是菩薩行的項目。其中，六度的重點是自身成長，四攝的重點是饒益有情。這些只是道德要求，而菩薩戒是把相關內容制度化，成為必須落實的行為規範。

和聲聞戒相比，菩薩戒的內涵更為廣泛。比如聲聞戒的受持時間是盡形壽，而菩薩戒是盡未來際。聲聞戒是偏向止惡，告訴我們不要做什麼。而菩薩戒有三聚淨戒，包括攝律儀戒、攝善法戒、饒益有情戒，不僅告訴我們不能做什麼，還提醒我們必須做什麼。對於其中規定的自利利他的善行，不做同樣會犯戒。

菩薩戒有很多種傳承，漢地流傳最廣的是「梵網菩薩戒」，有十重四十八輕，即十條重戒、四十八條輕戒，要求最為嚴格。還有「優婆塞菩薩戒」，有六重二十八輕，即六條重戒，二十八條輕戒，要求相對簡單。我們今天受持的「瑜伽菩薩戒」，將三聚淨戒統攝為四重四十三輕，即四條重戒、四十三條輕戒。其中，對什麼情況屬於犯戒，什麼情況不算犯戒，以及犯戒後如何懺悔，開遮非常善巧。當年，太虛大師就特別宣導並弘揚此戒。

今天有些人是正式受，也有些人是隨喜受，不論哪一種，都要至誠發起菩提心。希望大家珍惜善緣，為未來修行打下基礎。

四、請聖

受戒者至誠迎請十方三寶的加持和證明。我念一句，大家跟一句。

香花迎！香花請！弟子〇〇一心奉請：盡虛空遍法界三世一切諸佛。

香花迎！香花請！弟子〇〇一心奉請：盡虛空遍法界十方三世一切尊法。

香花迎！香花請！弟子〇〇一心奉請：盡虛空遍法界十方三世一切賢聖僧。（三說三拜）

五、大乘皈依

發心者憶念輪迴苦，憶念三寶功德，生起至誠皈依之心。我念一句，大家跟一句。

諸佛正法賢聖僧，直至菩提永皈依，

我以所修諸善根，為利有情願成佛。（三說三拜）

六、受持七支供

受持七支供，是依普賢菩薩的見地，幫助我們打開心量，快速淨化業障，積累成佛資糧，為受持菩薩戒營造良好的心靈環境。

所有十方世界中，三世一切人獅子，我以清淨身語意，一切遍禮盡無餘。
普賢行願威神力，普現一切如來前，一身復現剎塵身，一一遍禮剎塵佛。
於一塵中塵數佛，各處菩薩眾會中，無盡法界塵亦然，深信諸佛皆充滿。
各以一切音聲海，普出無盡妙言辭，盡於未來一切劫，讚佛甚深功德海。
以諸最勝妙華鬘，伎樂塗香及傘蓋，如是最勝莊嚴具，我以供養諸如來。
最勝衣服最勝香，末香燒香與燈燭，一一皆如妙高聚，我悉供養諸如來。
我以廣大勝解心，深信一切三世佛，悉以普賢行願力，普遍供養諸如來。
我昔所造諸惡業，皆由無始貪嗔痴，從身語意之所生，一切我今皆懺悔。
十方一切諸眾生，二乘有學及無學，一切如來與菩薩，所有功德皆隨喜。
十方所有世間燈，最初成就菩提者，我今一切皆勸請，轉於無上妙法輪。
諸佛若欲示涅槃，我悉至誠而勸請，唯願久住剎塵劫，利樂一切諸眾生。
所有禮讚供養福，請佛住世轉法輪，隨喜懺悔諸善根，迴向眾生及佛道。
乃至虛空世界盡，眾生及業煩惱盡，如是四法廣無邊，願今迴向亦如是。

七、發心乞戒

作為戒子，要祈請和尚為自己傳授菩薩戒。

戒子：大德一心念，我今欲於大德所乞受一切菩薩淨戒，若我無諸障損，唯願哀愍聽受。（三說）

戒師：隨喜各位，我可以為大家傳授菩薩戒。

八、審查受戒條件

菩薩戒乃具緣成辦，作為戒子，具備相應條件方能得戒。所以正式納受戒體前，先要做一番審查。

·動機是否清淨

首先要考量，受菩薩戒是否發自內心的自覺選擇，是否認識到這是生命的究竟出路，還是外在因緣使你作出選擇？

戒師問：汝今受菩薩淨戒，非為競勝他人否？非為他人自在、驅使否？

戒子答：否。

戒師問：汝今受菩薩淨戒，是否自願、自覺之抉擇？

戒子答：是。

・對菩薩戒的認識

其次，要對菩薩戒有所了解，具足信心，而不是盲目受戒。

戒師問：於諸菩薩經藏、論藏（特指《菩薩地論》）已聽聞否？

戒子答：少許聽聞。

戒師問：已有知解否？

戒子答：少許知解。

戒師問：具足信心否？

戒子答：具足。

戒師問：有力持守否？

戒子答：有力持守。

・審查發心

這是關於發心的審查，是否將利益眾生作為發自內心的願望。

戒師問：善男子、善女人應聽受：汝今於諸有情，願未得度者令其得度否？未解脫者令其解脫否？未安穩者令其安穩否？未涅槃者令其般涅槃否？紹隆佛種令不中斷否？

戒子答：願意。

・是否發起願菩提心

這是關於受菩提心戒的審查，在此基礎上，才有資格進一步受菩薩戒。

戒師問：汝發起願菩提心否？

戒子答：已發。

・當下決定

最後確定，戒子是否願意在這位戒師和尚座下受戒。

戒師問：汝今欲於我所受諸菩薩一切學處、受諸菩薩一切淨戒否？

戒子答：願意。

完成如上問答，我們就有資格納受菩薩戒體。

九、正行儀軌

正行儀軌是通過三次羯摩宣誓完成。大眾長跪，合掌恭聽。

汝如是名，善男子、善女人應當聽受：如是學處，如是淨戒，過去一切菩薩已具；如是學處，如是淨戒，未來一切菩薩當具；如是學處，如是淨戒，普於十方現在一切菩薩今具。於是學處，於是淨戒，過去一切菩薩已學，未來一切菩薩當學，普於十方現在一切菩薩今學。如是菩薩一切學處、一切淨戒，謂攝律儀戒、攝善法戒、饒益有情戒，汝能受否？

戒子答：能受。（三說）

在此過程中，要伴隨相應觀想。戒師宣說第一遍羯摩文時，戒子觀想戒體在法界震動；宣說第二遍羯摩文時，觀想戒體湧入虛空，如雲如蓋，遍布大千；宣說第三次羯摩文時，觀想戒體自虛空降臨，從頭頂進入內心，在阿賴耶識種下菩薩戒的戒體。這將成為未來菩提道上的強大動力，因為三世諸佛及一切菩薩都是依此成就的。

隨著戒師的三問，戒子三答「能受」。在第三遍時，戒子應觀想，菩薩戒未得者令新得，得已衰微者令其恢復，得已未衰微者令加倍增長。

十、啟白請證

戒師恭敬合掌，啟請十方諸佛菩薩證明：

某名（通常念一主要戒子名）菩薩等，今已於我所（能授戒師自稱），乃至三說受菩薩戒。我某菩薩已為某受戒菩薩作證，唯願十方無邊無際諸世界中諸佛菩薩第一真聖，於現不現一切時處一切有情皆現證者，於此現前受戒菩薩亦為作證。（三說）

（如是受戒羯摩已，從此無間，普於十方無邊無際諸世界中現住諸佛、已入大地諸菩薩前，法爾相現。謂於座處起震動相，由此表示，如是菩薩已受菩薩所受淨戒。爾時，十方諸佛菩薩復於如是菩薩法爾之相，生起憶念；由憶念故，正智見轉；由正智見轉，如實覺知某世界中某名菩薩於某菩薩所正受菩薩淨戒。諸佛視此受戒菩薩如子，菩薩視此受戒菩薩如弟，生親善意，眷念憐愍。由佛菩薩眷念憐愍，令是菩薩希求善法，倍復增長，無有退減。當知是名受菩薩戒啟白請證。）

從今往後，我們就能成為如來大家庭中的一分子，以十方諸佛為家長，以無量菩薩為兄長，時時感得佛菩薩的憶念和加持。這並不是因為佛菩薩有分別心，而是我們已和他們進入同一軌道，自然容易被憶念，被加持。我們要追隨古聖先賢的腳步，成就佛菩薩的利生事業。從當下來說，就是要從三級修學中受益，進而幫助眾生從迷惑走向覺醒。

菩薩戒是「如何做好菩薩」的行為規範，我們受戒之後，還要經常讀誦，努力受持，同時不斷檢討、完善，真正成為合格的菩薩行者。

十一、迴向

最後，我們把受戒功德迴向法界眾生。

受戒功德殊勝行，無邊勝福皆迴向。普願沉溺諸眾生，速離迷惑得解脫。

十方三世一切佛，一切菩薩摩訶薩，摩訶般若波羅蜜。

學著做菩薩——《瑜伽菩薩戒品》講記

作　　　者　濟群法師
責 任 編 輯　徐藍萍、張沛然

版　　　權　吳亭儀、江欣瑜
行 銷 業 務　周佑潔、賴正祐
總　編　輯　徐藍萍
總　經　理　彭之琬
事業群總經理　黃淑貞
發　行　人　何飛鵬
法 律 顧 問　元禾法律事務所王子文律師
出　　　版　商周出版　台北市 104 民生東路二段 141 號 9 樓
電話：(02) 25007008　傳真：(02)25007759
E-mail：ct-bwp@cite.com.tw　Blog：http://bwp25007008 · pixnet.net/blog
發　　　行　英屬蓋曼群島商家庭傳媒股份有限公司城邦分公司
台北市中山區民生東路二段 141 號 2 樓
書虫客服服務專線：02-25007718　02-25007719
24 小時傳真服務：02-25001990　02-25001991
服務時間：週一至週五 9:30-12:00　13:30-17:00
劃撥帳號：19863813　戶名：書虫股份有限公司
讀者服務信箱 E-mail：service@readingclub.com.tw
香 港 發 行 所　城邦（香港）出版集團有限公司
香港九龍九龍城土瓜灣道 86 號順聯工業大廈 6 樓 A 室
電話：(852)25086231　傳真：(852)25789337　E-mail: hkcite@biznetvigator.com
馬 新 發 行 所　城邦（馬新）出版集團 Cite (M) Sdn Bhd
41, Jalan Radin Anum, Bandar Baru Sri Petaling, 57000 Kuala Lumpur, Malaysia.
Tel: (603) 90578822　Fax: (603) 90576622　Email: cite@cite.com.my

封 面 設 計　張燕儀
印　　　刷　卡樂彩色製版印刷有限公司
總　經　銷　聯合發行股份有限公司　新北市 231 新店區寶橋路 235 巷 6 弄 6 號 2 樓
電話：(02) 2917-8022　傳真：(02) 2911-0053

2023 年 12 月 5 日初版　　Printed in Taiwan

定價 400 元

城邦讀書花園
www.cite.com.tw

線上版回函卡

ISBN 978-626-318-869-3

國家圖書館出版品預行編目 (CIP) 資料

學著做菩薩：<< 瑜伽菩薩戒品 >> 講記 / 濟群法師著 . --
初版 . -- 臺北市：商周出版出版：英屬蓋曼群島商家庭傳媒股份有限公司城邦分公司發行 , 2023.12
面；　公分
ISBN 978-626-318-869-3(平裝)

1.CST: 瑜伽部 2.CST: 彌勒菩薩

222.13　　112015414